INSTRUCTION GENERALE
SUR LA
JURISDICTION
CONSULAIRE,

AVEC UN RECUEIL DES EDITS, DECLARATIONS, Lettres Patentes du Roy, & Arrêts des Parlemens donnez en faveur de Messieurs les Juge & Consuls de la Bourse Commune des Marchands de la Ville de Bordeaux.

ENSEMBLE L'ETABLISSEMENT DES DEUX FOIRES FRANCHES, *& le nom de tous les Bourgeois qui ont été Juges & Consuls depuis l'Installation de la Cour de la Bourse jusques à present.*

Imprimé par Ordre

DE MESSIEURS { JEAN CARPENTEY Citoyen, Juge.
JEAN SAIGE Bourgeois, premier Consul.
PIERRE CROZILHAC Bourgeois, second Consul

A BORDEAUX,
Chez MATTHIEU CHAPPUIS, Imprimeur & Libraire de la Cour de la Bourse, ruë Saint Jâmes, aux quatre Evangelistes, prés l'Hôtel de Ville.

M. DC. XCVII.

A MESSIEURS
LES JUGE ET CONSULS
De la Cour de la Bourse Commune des Marchands,
ETABLIE PAR LE ROY A BORDEAUX,
MESSIEURS

JEAN CARPENTEY Citoyen, Juge.
JEAN SAIGE Bourgeois, premier Consul.
PIERRE CROZILHAC Bourgeois, second Consul.

ELEUS DU CONSEIL.

JACQUES LAMY, Doyen.	ETIENNE PUJOL jeu. Sous-D.
BERTRAND MASSIEU	GERAULT SEGUIN
PIERRE VERDERY	JOSEPH GRATELOUP
VINCENT BATTANCHON	PIERRE POLICARD
JOSEPH LAMOTHE	JEAN B. VANDENBRANDE
NOEL TILHAUT	PIERRE BRETHOUS
JEAN LAVILLE	EDOVVARD LUKER
NICOLAS CRUPENIN	JOSEPH GERAULT.

LE dessein que j'ai formé, MESSIEURS, d'enrichir mon Imprimerie du Livre que je vous presente aujourd'hui, n'est pas pour vous mettre devant les yeux les Regles sur lesquelles vous devez former vos Jugemens dans la difpenfation de la Juftice que vous exercez, ni pour vous flater d'une Jurifdiction fans bornes, & d'une Souveraineté dont SA MAJESTÉ vous a revêtus par les Edits & Déclarations que le Public trouvera dans cét Ouvrage. La connoiffance parfaite des Loix & des Ordonnances que vous avez acquife dans vos fonctions, l'intelligence que vous faites paroître dans leurs applications, & la pureté qu'on révére dans vos Jugemens, font des confiderations puiffantes pour vous faire préfumer que j'agis par un autre principe. Le veritable motif, MESSIEURS, c'eft pour apprendre au Public la protection que leurs droits trouveront auprés de vôtre Tribunal : Et lui faire connoître que fi vôtre Souveraineté eft maintenant hors d'atteinte, le nombre des Arrêts reçûs qui la confirment, eft le fruit de vos Lumiéres, de vôtre définterefement & de vôtre bonne foy. Le prefent que je vous fais vous appartient comme vôtre propre Ouvrage, il n'y a du mien qu'une proteftation fincere avec laquelle je fuis,

MESSIEURS,

Vôtre tres-humble & tres-obeïffant
Serviteur
M. CHAPPUIS.

INSTRUCTION GENERALE
SUR LA
JURISDICTION
CONSULAIRE
DES MARCHANDS.

CHAPITRE PREMIER.

E Roy Charles IX. desirant pourvoir au soulagement de ses Sujets, en reformant le cours ordinaire de la procedure sur le fait du Negoce, qui par sa longueur engageoit les parties en des fraix extraordinaires, créa *un Juge & deux Consuls* par son Edit donné à Paris en Decembre 1563. pour rendre cette Justice gratuitement sans aucun salaire ny aucune retribution. Cét Edit quoique salutaire, & pour mieux dire, si necessaire au public, a été neanmoins traversé par les Lieutenans Civils, Prevôts, Baillifs, Sénéchaux, & autres Juges ordinaires, qui n'ont pas laissé de s'y opposer toûjours, & d'essayer d'en empêcher le cours & l'exécution, même de l'étouffer, s'il leur eût été possible, quasi dés sa naissance, comme il se voit & justifie

A

par les Déclarations, & Arrêts de la Cour donnez en conséquence d'iceluy.

Or ces empêchemens n'ont pas été seulement tentez par le Prevôt de Paris & ses Lieutenans, mais par tous les autres Juges ordinaires, faisant défenses aux Sergens d'ajourner les parties pardevant lesdits *Juge* & *Consuls*, ny de mettre à exécution leurs Sentences, répondans ordinairement des Requêtes portant défenses d'exécuter les Sentences des *Consuls*, élargissant les prisoniers emprisonnez en vertu desdites Sentences; & eux & autres Juges ordinaires des moindres Villes, comme Pontoise, Senlis, Meaux, Melun, & autres: Faisans défenses aux Sergens de leur ressort d'ajourner aucuns Justiciables de leurs Jurisdictions, pardevant lesdits *Juge* & *Consuls*.

Et quoy que les défenses d'iceux Juges d'exécuter lesdites Sentences n'ayent point de lieu, par les termes precis de l'Edit, par lequel en l'article onze les Appellations des Sentences doivent être relevées en la Cour, & l'on s'y doit pourvoir, sans avoir égard ausdites défenses.

Et quoy qu'aussi par ce même Edit il y ait commandement exprés à tous Huissiers & Sergens d'ajourner les parties devant lesdits *Juge* & *Consuls*, & mettre à exécution leurs Commissions, Sentences & Mandemens, nonobstant les défenses des Juges ordinaires; neanmoins parce qu'au mépris les Juges ordinaires ne laissoient pas de continuer leurs entreprises, est intervenu la Déclaration du Roy donnée à Bordeaux le 28. jour d'Avril 1565. Ce qui est confirmé par une autre Déclaration donnée à Paris le 4. Octobre 1611. verifiée à la Cour, par lesquelles le Roy a confirmé ce qui étoit des défenses faites aux Juges ordinaires d'entreprendre sur la Jurisdiction Consulaire, suspendre ny empêcher l'exécution de leurs Sentences, à peine d'être responsables des dépens, dommages & interêts des parties, en leurs propres & privez noms. Suivant ces Edits & Déclarations est intervenu Arrêt le 14. jour de Mars 1611.* entre *Nicolas Marcher*, appellant comme de Juge incompetant des Jugemens du Prevôt de Paris, d'une part; & *Jacques Audiger* intimé & apellant des Sentences des *Consuls* d'autre: par lequel entr'autres choses, la Cour a fait inhibitions & défenses au Prevôt de Paris, ses Lieutenans & Presidiaux du Châtelet, de proceder par cassation des Sentences des *Consuls*, & au Substitut du Procureur General d'en empêcher l'exécution, à peine des dommages &

Sur la Iurisdiction Consulaire.

interêts des parties, en leurs propres & privez noms, sauf à icelles à se pourvoir par appel ou autrement.

Par Arrêt du 5. Mars 1615. le Lieutenant Civil ayant cassé une Sentence des *Consuls*, par laquelle *Jean Darquy* avoit été condamné & emprisonné à la Requête de *Jean Guillebon* & *Martin Parisis*, & élargi le prisonnier, lesdits *Guillebon* & *Parisis* se sont portez pour appellans, comme de Juge incompetant: La Cour a dit qu'il avoit été mal, nullement & incompetemment jugé, ordonné, procedé & exécuté, bien appellé par les appellans: A cassé, revoqué & annullé comme attentat tout ce qui a été fait par le Prevôt de Paris: Ordonné que les amandes, si aucunes ont été payées, seroient renduës, & à ce faire ceux qui les auroient reçûës, contraints par les mêmes voyes qu'avoient été les apellans: Condamné l'intimé és dépens de la cause d'appel: Et fait iteratives défenses au Prevôt de Paris de proceder par cassation des Sentences des *Consuls*, sauf aux parties à se pourvoir par appel.

Il y en a un autre du 12. Mars 1615. entre *Loüis Perdoux*, appellant d'une part, & *Nicolas Jacquet* intimé, qui ordonne la même chose que le precedent.

Il appert donc qu'en vertu des Edits, Déclarations & Arrêts donnez à cét effet, le Prevôt de Paris, ses Lieutenans, ny autres Juges ordinaires & subalternes, ne peuvent faire défenses d'exécuter les Sentences, les Jugemens & Commissions des *Consuls*, sur Requête, ny autrement; ne peuvent élargir les prisonniers en vertu de l'Ordonnance desdites Sentences, Jugemens & Commissions, ne peuvent empêcher les Sergens d'ajourner les parties devant lesdits *Juge* & *Consuls*. Et quand ils le font, l'appel comme de Juge incompetant se trouve bon, comme il est porté par lesdits Arrêts.

Nonobstant tous ces Edits, Déclarations, Arrêts, & plusieurs autres en cas semblables, les Juges ordinaires ne laissent (& notamment le Lieutenant Civil) de faire & accorder lesdites défenses, à quoy obeïssent les Sergens du Châtelet, comme à leur Superieur; mais le remede est en cas de défenses, de faire proceder aux exécutions desdites Sentences & Jugemens par des Sergens des Eaux & Forêts, Huissiers des Eleus, Cour des Monnoyes, Chambre des Comptes, de la Prevôté de l'Hôtel, des Requêtes du Palais, Cour des Aydes, Grand Conseil, Parlement, & autres en nombre infini, qui ne sont

A ij

sujets aux Juges ordinaires, & qui ne deferent pas à leurs Ordonnances. Cependant pour plus grande précaution l'on peut se pourvoir au Parlement, appeller comme de Juge incompetant, & obtenir Arrêt de défenses particulieres, qui ne se refusent point en ce rencontre, y en ayant une infinité qui ont été obtenus en cas semblable, parce que le Lieutenant Civil étant Juge ordinaire & Royal, n'a pas de pouvoir sur la Justice Consulaire, qui est pareillement Royale & ordinaire pour les matieres dont la connoissance luy est attribuée.

Les *Juge* & *Consuls* doivent connoître de toutes causes *de Marchand à Marchand, & pour fait de Marchandise*; sur laquelle qui voudroit croire les Juges ordinaires & leurs Procureurs, l'Edit ne s'étendroit qu'entre personnes de même qualité, comme de Drapier à Drapier, Epicier à Epicier, Marchand à Marchand, & ainsi des autres; mais si ces raisons avoient lieu la *Justice des Consuls* seroit bien petite, & n'auroit point falu d'Edit pour ce regard; car des personnes de même vacation n'ont pas souvent affaire ensemble : Mais outre que les qualitez pareilles ayant quelque different, doivent être terminées & vuidées par lesdits *Juge* & *Consuls*, sont encore entendus de *Marchand à Marchand* : Les Marchands & Epiciers qui vendent des drogues aux Teinturiers pour teindre, les Boulangers & Patissiers qui achetent leur bled d'un marchand Blatier, les Tailleurs qui achetent des étoffes pour employer en des habits qu'ils ont marchandé de fournir, les Carriers qui vendent leur pierre aux Massons, les Plâtriers de même, les Messagers, Courtiers de vin, Imprimeurs, Libraires, Brodeurs, Voituriers par eau & par terre, Paveurs, & generalement tous ceux qui achetent pour revendre, qui font commerce de marchandise en quelque sorte & maniere que ce soit, parce que leur negoce entre dans le commerce.

Cette proposition est conforme aux Arrêts de la Cour, le premier du 12. Mars 1615. rendu entre *Loüis Perdoux* Courtier de vin, & *Nicolas Jacquet* Cabaretier; un second du 7. Janvier 1628. rendu entre *Gilles Ardel* faiseur d'Instrumens de musique, & *André Bertin* Maître Mirouëttier; un troisiéme du 7. Septembre 1629. entre *Nicolas de la Vigne* Imprimeur, & *Savinien Pigoreau* Libraire; un quatriéme du 6. Mars, 1634. entre *Jean Clement* Marchand à Paris, & *Jean Dupuis* Maître Brodeur; un cinquiéme du 28. Septembre 1647. entre

Sur la Iurifdiction Confulaire.

Antoine Brunet Sergent Royal à Eftampes, & *Françoife Merlin* & confors; le fixiéme du 24. Avril 1654. entre *Jean Alleaume* Voiturier par terre, & *Guillaume Thibault* Marchand; le feptiéme du 22. Janvier 1659. entre *Iean Vatel* Maître Paveur, & les Jurez dudit métier; Et le huitiéme rendu le 16. Mars 1658. entre les *Iuge & Confuls* de Soiffons d'une part, & les Prefidiaux dudit lieu, par lequel il a été jugé deux chofes, l'une, que les *Confuls* doivent connoitre des differens de Marchand à Marchand pour fait de marchandife, de Marchand à Artifan, & d'Artifan à Marchand pour le fait des marchandifes par eux achetées des Marchands pour employer aux ouvrages qu'ils revendront; l'autre qu'il s'agiffoit de marchandife, de Porcs vendus par un privilegié, qui en demandoit le payement à un Cabaretier & à fes coheritiers qui n'étoient point Marchands, & cependant la Cour n'a pas laiffé de confirmer la Sentence qui avoit été renduë par lefdits *Iuge & Confuls*, parce que dans le fond il s'agiffoit de marchandife achetée pour revendre; que celuy qui l'avoit venduë, ayant fait la vente, avoit dérogé & fait fonction de Marchand, & que ceux qui étoient affignez reprefentoient un Marchand.

Etant obfervé que la plûpart de ces Arrêts font intervenus à l'Audience fur les conclufions de Meffieurs les Avocats Generaux Talon & Bignon, qui en ont rendu raifon, parce qu'en effet les Teinturiers achetans les étoffes, les Boulangers le bled, les Maîtres d'Hôtels, Pourvoyeurs & Cuifiniers, les viandes, chair, poiffon & épices, les Meffagers & Voituriers, amenans les denrées, un Maffon qui a entrepris un bâtiment, de la chaux, pierre, brique & carreaux, un Charpentier le bois pour employer à l'entreprife qu'il fait, un Cordonnier, Savettier & Carroffier d'un Corroyeur, le Corroyeur d'un Tanneur, un Maréchal & Serrurier qui achete d'un Marchand de fer; un Vitrier du verre, & un infinité d'autres; c'eft pour trafiquer, marchander, negocier, & gagner fur l'achat qu'ils font. Ce qui eft conforme à la Déclaration du Roy, donnée à Bordeaux le 28. Avril 1565. verifiée le 19. Juillet enfuivant, par laquelle il y a un article precis, qui porte que tous Marchands feront convenus & jugez par lefdits *Iuge & Confuls*, nonobftant les fins d'incompetance & de renvoy qu'ils pourroient requerir en vertu de leurs lettres de Committimus aux Requêtes de l'Hôtel & du Palais, comme payeur de compagnie, & autres Officiers Royaux qui font trafic de marchandises, Conservateurs des privileges des Universitez, Messagers & autres Officiers d'icelles, par le moyen des privileges qu'aucun d'eux voudroient prétendre leur avoir été donnez, au contraire confirmez & verifiez en la Cour, ausquels privileges il est dérogé, & lesdits privilegiez déboutez du renvoy qu'ils pourroient demander.

Lesdits *Juge* & *Consuls* peuvent aussi connoître de toutes Lettres de change, credit, & entre toutes sortes de personnes de quelque état, qualité & condition qu'elles soient, les changes étans une espece de commerce & trafic, comme il a été reconnu & remarqué par le defunt Roy Henry le Grand de tres heureuse & loüable memoire, en son Edit de la réduction des rentes au denier seize, donné à Paris au mois de Juillet l'an 1601. verifié en la Cour de Parlement le 18. de Fevrier 1602. par lequel Sa Majesté défend à tous ses Juges d'avoir aucun égard, & declare nuls, & de nul effet & vertu toutes promesses d'interêts sous seing privé, à quelque prix que ce soit, & de changes & rechanges, sinon entre Marchands pour fait de marchandise, ou des Marchands hantans & frequentans les Foires de Lyon : de sorte qu'il appert que ceux qui font change, & ne sont Marchands, sont justiciables desdits *Iuge* & *Consuls*. Pour raison desd. lettres & billets de change, lesdits *Iuge* & *Consuls* condamnent par corps à quelques sommes qu'ils puissent monter, & ils sont fondez en Edits & en Arrêts. Et par l'article seize de l'Edit de leur création commençant pour faciliter la commodité du commerce, le Roy permet aux Marchands d'imposer & lever sur eux telle somme de deniers qu'ils aviseront necessaire pour l'achat ou loüage d'une maison qui sera appellée la Place commune des Marchands, laquelle il a établie à l'instar, & tout ainsi que les places appellées le Change en la ville de Lyon, & Bourses des villes de Toulouse & Roüen, avec tels & semblables privileges, franchises & libertez dont joüissent les Marchands frequentans les Foires de Lyon, Places de Toulouse & Roüen. Or par l'Edit du Roy François I. donné au mois de Fevrier 1535. verifié en Parlement, portant Reglement touchant la competance du Conservateur de Lyon, il luy a été donné pouvoir de juger par corps pour quelque somme que ce puisse être : Ce qui a été confirmé par Arrêt du Conseil contradictoirement rendu & signé en commandement le 15. Septembre 1642. par lequel en conséquence de l'Edit de l'année 1635. & verification d'iceluy ; la Jurisdiction dudit Juge Conservateur des privileges des Foires de Lyon est confirmée, & particulierement pour l'exécution de ses Jugemens, tant par prise de corps, & biens meubles des parties condamnées, que par criées & decrets des immeubles ; ainsi les *Iuge & Consuls* étant créez à l'instar dudit Conservateur, ont même pouvoir que luy pour les lettres & billets de change aussi par Arrêt du 8. Fevrier 1653. sur l'appel interjetté par *Iean Rolland*, d'une Sentence renduë par lesdits *Iuge & Consuls* à l'encontre de luy, au profit de *Nicolas de Canville*, portant condamnation par corps de la somme de trois mil livres, contenuë en une lettre de change ; ladite Sentence a été confirmée & l'appellant condamné en une amande, d'autant que ce sont deniers privilegiez qui doivent être payez ponctuellement, & à jour nommé, autrement cela ruineroit le commerce.

Outre cette condamnation par-corps pour fait & lettres de changes, lesdits *Iuge & consuls* jugent & condamnent aussi par corps pour quelque somme que ce puisse être, pour marchandise de Salines, d'autant que c'est un privilege particulier accordé par plusieurs Déclarations du Roy aux Marchands de Salines, & notamment par Arrêt de la Cour de Parlement du 27. Juillet 1635. rendu entre *Iean du Lot* & sa femme, appellans de la Sentence renduë par le Prevôt de Paris ou son Lieutenant, anticipez d'une part, & *Laurent le Redde* Marchand Bourgeois de Paris & sa femme, anticipez d'autre : encore entre *Robert le Liebre* & autres Marchands, par lequel la Cour a declaré que le pouvoir de contraindre ceux ausquels le poisson est vendu par prise de corps, sera doresnavant gardé & observé ; ainsi jugé & confirmé par Arrêt du 6. May 1652.

Les Sentences desdits *Iuge & Consuls* sont exécutoires jusqu'à la somme de cinq cens livres tournois, nonobstant oppositions ou appellations quelconques, & par provision jusqu'à l'infini, sur les biens & par corps, après les quatre mois, suivant l'Edit. Et encore qu'il soit défendu aux Secretaires de signer des reliefs d'appel, & aux Maîtres des Requêtes de les sceller au dessous de cinq cens livres tournois ; neanmoins la verité est qu'ils ne laissent pas d'en expedier, d'autant que les parties taisent les sommes portées par la Sentence ; mais quand on en vient plaider au Parlement, les Avocats ne veulent conclure, à cause de la fin de non recevoir qu'allegue l'intimé, portée par l'Edit, au dessous de cinq cens livres.

Et par Arrêt servant de Reglement general rendu toutes les Chambres assemblées, sur les Conclusions de Messieurs les Gens du Roy le 29. Janvier 1658. il a été arrêté que les Sentences desdits *Juge & Consuls* seroient exécutées nonobstant l'appel, quelques sommes qu'elles se pussent monter, & que contre icelles ne seroit donné aucunes defenses particulieres.

Aucuns entrent en doute si lesdits *Juge & Consuls* peuvent donner permission d'obtenir & faire publier Monitoires.

S'ils peuvent permettre de faire enquêtes par autres Juges que par eux.

S'ils admettent & instruisent l'inscription en faux.

S'ils peuvent permettre sur Requête faire proceder par voye de saisie & Arrêt.

S'ils peuvent condamner en plus grosses amandes que celles portées par l'Edit.

S'ils peuvent permettre de prendre des prisonniers les Fêtes & Dimanches, & dans les quinzaines des Fêtes solemnelles.

S'ils peuvent permettre de faire ouverture des coffres, buffets, chambres & autres lieux.

Et autres choses que l'on peut faire, & dont aucuns font question pour raison de ladite Jurisdiction.

A ces questions & autres se peut dire & répondre en un mot, que lesdits *Juge & Consuls* peuvent permettre toutes les choses susdites avec Justice & raison.

La raison est en un mot, qu'ils sont Juges Royaux établis & confirmez par les autoritez Royales pour reconnoître le droit & l'équité des parties sur leurs demandes & défenses, & pour leur rendre justice.

Et neanmoins afin de contenter les plus timides & craintifs, ils considereront que puis qu'ils sont Juges pour rendre le droit à qui il appartient, & que l'une des parties ne peut justifier son droit

que

Sur la Iurisdiction Consulaire.

que par monition, ils peuvent donner permission de la faire publier aux fins de revelation selon les formes, pour icelle étant rapportée au Greffe, être les témoins oüis sur les revelations par un des *Consuls*, ayant sous luy le principal Commis du Greffe du *Consulat*; & ce fait être recollez & confrontez en la Chambre du Conseil en la presence des Juges, pour par eux proceder incontinent au jugement du procez.

Peuvent aussi lesdits *Iuge* & *Consuls*, si bon leur semble, faire l'enquête sommaire sur les revelations qui serviront de recollement & confrontation.

Si les témoins revelans ne sont de la ville, lesdits *Iuge* & *Consuls* peuvent ordonner pour éviter aux frais des parties, que les revelations seront portées au plus prochain Juge Royal des lieux, & aux demeurances des parties, pour icelles être autorisées & reconnues pardevant ledit Juge Royal, & apportées pardevant iceux *Iuge* & *Consuls*, & la confrontation, si besoin est, étant faite en la presence desdits *Iuge* & *Consuls*, proceder au jugement du procez.

Le même se peut faire pour les enquêtes, & ordonner qu'elles se feront par le plus prochain Juge Royal des lieux & demeurances des parties ou témoins pour icelles rapportées être fait droit comme dessus, & ne faut oublier toûjours à commetttre le plus prochain Juge Royal, d'autant que cette *Iustice Consulaire* est Royale.

Quant à la permission de faire proceder par voye de saisie & Arrêt sur Requête il n'y a aucune difficulté, étant l'assurance du creancier contre son debiteur en hazard de s'absenter ou détourner ses biens; aussi cette permission est autorisée par Arrêt du 12. Mars 1615. au profit de *Loüis Perdoux* contre *Nicolas Iacquet* & sa femme, appellans de la permission de saisie desdits *Iuge* & *Consuls*; mais il est bon de mettre & ajoûter, *sans transporter, en baillant par le saisi, gardien solvable*.

Quant aux amandes, elles sont limitées à dix livres tournois, moitié applicable aux pauvres, & l'autre moitié pour les necessitez de la maison; mais il n'est pas défendu selon l'Edit, d'en faire des plus grandes selon le délit.

Il est question de sçavoir s'ils peuvent permettre de prendre des prisonniers les Fêtes & Dimanches, & dans les quinzaines de Fêtes so-

B

lemnelles, à cause de la rencontre d'icelles.

C'est un point qui ne reçoit aucune difficulté, d'autant que les debiteurs & mauvais payeurs se cachent ordinairement les jours ouvrables, & autres qu'ils pensent pouvoir être apprehendez, & bravent leurs créanciers, & se mocquent d'eux aux jours de Fêtes, au moyen de quoy, puis que toutes exécutions se font en vertu des Sentences, Jugemens & Ordonnances des Juges qui les ont émanez, & qu'à eux privativement appartient de connoître de l'effet desdites exécutions, & notamment ausdits *Iuge* & *Consuls*, comme il est porté par la Déclaration du Roy du 11. Octobre 1611. où il est défendu à tous Huissiers & Sergens de faire aucuns exploits, ny assigner les parties pardevant les Juges ordinaires en exécution des Sentences & Jugemens desdits *Iuge* & *Consuls*, à peine des dommages & interêts des parties; il est sans doute que lesdits *Iuge* & *Consuls* ont pouvoir de donner permission d'emprisonner les debiteurs Fêtes & Dimanches, & dans les quinzaines des Fêtes solemnelles, pour éviter la perte aux créanciers, & punir les bravades des mauvais & téméraires debiteurs, qui mangent le bien, & se moquent de leurs créanciers.

Aussi par deux Arrêts des 7. Juin 1658. & 8. Avril 1659. la Cour en la séance du Preau au Châtelet, a renvoyé ausdits *Iuge* & *Consuls* pour pourvoir sur les Requêtes à fin d'élargissement de ceux qui avoient été emprisonnez en vertu de leurs Sentences & Ordonnances, & ainsi approuvé qu'ils ont le droit de permettre d'emprisonner les jours de Fêtes & Dimanches.

Lesdits *Iuge* & *Consuls* peuvent permettre sur Requête au premier Huissier ou Sergent, de faire faire ouverture des chambres, coffres ou bahuts, & autres choses des parties condamnées, pour sûreté des créanciers, & éviter le transport des biens du débiteur, & ladite description des biens & ouverture être faite en la presence de l'hôte de la maison, de deux témoins, & de deux ou trois notables voisins, à l'un desquels seront lesdits biens baillez en garde, jusqu'à ce qu'autrement & par justice en ait été ordonné, & ce toutefois après un procez verbal & rapport fait de ne point trouver la partie.

Toutes ces permissions doivent être données aux perils & fortunes des Supplians, pour éviter aux faux donnez à entendre.

Sur la Jurisdiction Consulaire.

Bref, puis que les *Juge & Consuls* sont Juges, & leurs Jugemens exécutoires, ils peuvent donner toutes sortes de contraintes & autres actes pour les faire exécuter, même contraindre leurs Audienciers à ce faire, à peine de suspension de leurs charges.

Il ne peut être nié que dés le precedent siécle de 1500. jusqu'à 1660. quoyque florissant & celebre par quantité d'hommes excellens en toutes professions, sciences, arts, vacations & métiers, jusqu'aux plus mecaniques, les esprits ne soient devenus grandement processifs & litigieux, en telle façon que la chicane ne fut jamais si grande en France.

Ce sont les paysans & le menu peuple, quoy que ce soit principalement en aucuns païs, qui sont les plus hardis, affectionnez & passionnez à plaider.

Cette passion a aussi occupé les esprits des Marchands, la loyauté & fidelité n'étant plus que peu ou point en quelques uns; ce qui a donné lieu à la création d'*un Juge & quatre Consuls*.

Laquelle création n'est sans exemple dans l'antiquité; car nous apprenons de Demosthenes *oratione contra Apaturium*, qu'il y en avoit à Athenes & à Rome qui étoient Juges constituez dans chacun métier pour les differens procedans entre personnes, & à cause du même métier, *certæ professionis vel negotiationis reus ad Iurisdictionem pertinet ejus, qui huic negotiationi præst. L. periniquum 7. C. de Iurisd. omnium Iud.*

Les *Consuls des Marchands* sont Juges, qu'eux-mêmes doivent & peuvent élire d'entr'eux, chacun an, en chacune Ville où ils sont établis, habitans d'icelle, natifs du Royaume, qui ont jurisdiction & connoissance des differens entre Marchands pour fait de marchandise seulement, privativement à tous autres Juges.

Cette définition est prise des Edit de création, Ordonnances Royaux, & Arrêts qui s'en sont ensuivis.

Par laquelle definition se voit que necessairement lesdits *Consuls* doivent être Marchands, ou qu'ils ayent été Marchands.

Item, Originaires & natifs de France.

Item, Qu'ils soient demeurans en la Ville du *Consulat*; car nuls autres que ceux qui sont ou ont été Marchands, qui sont natifs de la Ville, ou de quelque lieu que ce soit du Royaume, & habitent en la Ville du *Consulat*, peuvent sçavoir les mœurs, & bien connoître toutes les circonstances, & ce qui est requis pour bien juger entre Marchands pour fait de Marchandise, *Artis suæ quibusque peritis de eadem arte, potius quam cuipiam credendum. Val. Max. lib. 8. cap. 11.* conformément à plusieurs textes de Droit.

Or leur nombre doit être ordinairement de cinq, par les termes de l'Edit de création d'iceux pour Paris en ces termes. Pour Juge & Consuls *de nôtre ville de Paris, seront élus* cinq Marchands, *natifs & originaires de nôtre Royaume, demeurans en ladite Ville, la charge desquels ne durera qu'un an, sans que pour quelque cause ou occasion que ce soit, aucun d'iceux puisse être continué.*

De plus la forme de l'Election est prescrite par l'article second en ces termes : ORDONNONS *& permettons ausdits cinq* Juge & Consuls *assemblez trois jours avant la fin de leur année, jusqu'au nombre de* soixante Marchands, Bourgeois de la Ville, *qui en éliront* trente *d'entr'eux, lesquels sans partir du lieu & sans discontinuer, procederont avec lesdits* Juge & Consuls, *à l'instant & le même jour, à peine de nullité, à l'Election de cinq nouveaux* Juge & Consuls des Marchands, *qui feront le serment devant les anciens ; & sera la forme susdite gardée & observée en l'Election desdits* Juge & Consuls, *nonobstant oppositions ou appellations quelconques.*

Item, A été permis aux Marchands, Bourgeois de Paris, & depuis à tous ceux des autres Villes, ausquelles le Roy a permis l'établissement des *Juge & Consuls*, de dresser un lieu qui seroit appellé *la Place commune des Marchands*, laquelle le Roy établissoit à l'*instar*, & tout ainsi que les Places appellées *le Change* en la ville de Lyon, & *Bourse* és villes de Toulouse & de Rouën.

Les Marchands élûs pour exercer ladite Charge, s'ils la refusent, peuvent être contraints de l'accepter & de l'exercer, par les mêmes moyens que les autres Charges de Ville.

Et si aucun par necessité est contraint de s'absenter par longue absence, il en doit avertir le *Consulat*, demander son congé, & les Marchands doivent là-dessus s'assembler, pour faire Election & subrogation d'un autre en sa place.

Le même se pratique, s'il advient qu'aucun décede pendant l'an de son *Consulat*.

Or étans une fois élûs, ils ne peuvent être démis sans connoissance de cause, même après avoir prêté le serment devant qui ils sont tenus de le faire, *l. sed reprobari. De excusat. Tutor. l. ut gradatim §. reprobari. De muneribus & honoribus l. 2. C. de Profess. & medic. l. Quod semel. De Decret. abord. faciend.*

Mais pour cause infamante ils peuvent être demis, *causa cognita & judicata*, de même que les Juges ordinaires.

DE LA JURISDICTION DESDITS JUGE ET CONSULS
és causes dont ils peuvent connoître.

CHAPITRE II.

QUELLE est la Jurisdiction des *Juge & Consuls* ; c'est à dire entre quelles personnes, & de quels procez & differends ils peuvent connoître, cela est exprimé par les Edit de leur création, Ordonnances Royaux, & Arrêts des Cours Souveraines, qui depuis ladite création se sont ensuivis pour servir de reglemens entre les Juges ordinaires & tous autres.

L'Ordonnance du Roy Charles IX. à Paris, en Decembre 1563. art. 1. porte : *Les* Juge & Consuls *connoîtront de tous procez & differends qui seront mûs entre* Marchands *pour fait de* marchandise, *leurs* Veuves Marchandes publiques, *leurs* Facteurs, Serviteurs & Commis; *soit que lesdits differends procedent d'obligations, cedules, récepissez, Lettres de change ou credit, réponses, assurances, transports de debtes & novation d'icelles, comptes, calculs ou erreurs en iceux, compagnies, societez ou associations, desquelles matieres & differends Nous avons commis & attribué la connoissance, jugement & decision ausdits* Juge & Consuls, *& à trois d'entr'eux, privativement à tous nos juges appellez avec eux, si la matiere y est sujette, & en sont requis par les parties, tel nombre de personnes de Conseil qu'ils aviseront.*

Or par l'Ordonnance du même Roy Charles IX. faite à Bordeaux l'an 1565. Il ordonna que les *Juge & Consuls* établis à Paris, connussent & jugeassent en premiére instance de tous differends entre *Mar-*

chands habitans de Paris pour marchandise venduë & achetée en gros & en détail, sans que pour ce la Cour de Parlement de Paris & autres Juges Royaux en pûssent prendre aucune Jurisdiction ou connoissance, soit par appel ou autrement, sinon és cas qui excederont la somme de cinq cens livres tournois, les termes de l'Edit sont.

Et quant à la marchandise venduë, achetée, ou promise livrer, & payement pour icelle, destiné à faire en ladite Ville par les Marchands, en gros & en détail, tant habitans de ladite Ville, qu'autres Iurisdictions & Ressorts de nôtre Royaume, par cedules, promesses ou obligations, encore qu'elles soient passees (porte l'Edit) sous le scel de nôtre Châstelet de Paris: Avons iceux Juge & Consuls desdits Marchands de nôtre Ville de Paris, declarez Juges competans, & à eux attribuons la connoissance des differends qui naîtront entre lesdits Marchands pour les cas que dessus: Pour raison dequoy nous voulons tous lesdits Marchands y être convenus, appellez & jugez, nonobstant les fins d'incompetance & de renvoy, qu'ils pourroient requerir en vertu de nos Lettres de Commitimus, pardevant les Gens tenans les Requêtes de nôtre Hôtel, ou Requête de nôtre Palais à Paris comme payeurs de Compagnies, & autres de nos Officiers qui font trafic de marchandise, & aussi pardevant les Conservateurs des Privileges des Universitez, comme Messagers & autres Officiers d'icelles qui sont Marchands, par le moyen des Privileges qu'aucuns d'eux voudroient pretendre leur avoir été donnez au contraire par nos Predecesseurs, dont pour ce regard, & entant qu'ils sont Marchands, nous les déboutons, & ne voulons iceux Juge & Consuls y avoir aucun égard; ainsi leur permettons passer outre, nonobstant oppositions ou appellations d'incompetance, qui pourroient être interjettées en fraude, & sans préjudice d'icelles, demeurans lesdits Privileges en autres choses en leur entier.

Cela est conforme aux opinions des Docteurs, qui ont tenu que les Marchands Forains, soit qu'ils tiennent magazin & boutique, ou non, même les Clercs, Prêtres, Gens-d'armes, & autres privilegiez doivent subir Jurisdiction devant lesdits *Consuls*, quand ils font trafic de marchandise: Car audit cas ils renoncent à leur Privilege.

Pour le regard des Marchands Forains qui ont boutique au lieu de l'établissement des *Consuls*, ils y doivent proceder pardevant eux, &

Sur la Iurisdiction Consulaire.

c'est l'opinion des Docteurs, *in l. heres absens §. si quis Tutelam. De Iudic. Paul. Castr. in l. Argentarium eodem.*

N'étant recevable leur déclinatoire, sous pretexte qu'ils n'ont leurs livres de raison audit lieu, *asserri enim sumptibus & periculo illorum lex jubet*, dit Accurse, *ad l. Prator. ait. §. fin de edend.*

Quant au regard du Marchand Forain qui n'a magazin ny boutique au lieu où les *Consuls* sont établis, on a distingué, sçavoir, que si on luy a vendu marchandise à la charge d'être payé promptement, ou bien payé en intention, & à la charge de recevoir promptement la marchandise : & neanmoins le Marchand qui doit payer ou fournir promptement la marchandise, ne satisfait, & peut s'en aller d'heure à autre ; audit cas il peut être poursuivi devant les *Consuls* de la Ville où il est, sans qu'il puisse valablement décliner, *ex l. Si Longius §. 1. De Iudic. l. ait. Prætor. l. si debitorem. De his quæ in fraudem Cred.* parce que l'intention a été de chacune des parties, que l'achat seroit reciproquement accompli de part & d'autre, & promptement par délivrance de chose & payement de prix, *l. Si quasi D. de Pig. act.* & telle a été l'opinion de *Bart. Bald. Ang. & Castr.* sur ledit §. 1.

Les Marchandes publiques peuvent être poursuivies pardevant lesdits *Iuge & Consuls* pour fait de marchandise contre Marchands, ainsi qu'il a été jugé par Arrêt du 1. Mars 1580.

Et combien que les veuves & heritiers non Marchands ne soient de la *Iurisdiction des Consuls*, neanmoins ils sont tenus d'y subir Jurisdiction, en exécution de Jugement donné contre le defunt, suivant l'Arrêt du 19. May 1567. & d'un autre rendu au profit des *Iuge & Consuls* de Soissons, le 16. Mars 1658. & ils y doivent ainsi proceder.

Les autres Juges, quoy que Royaux, ne peuvent connoître d'oppositions ou d'appellations des Jugemens des *Consuls*, ny en empêcher l'exécution, quoy que notoirement ils l'ayent entrepris ; ainsi se faut pourvoir par appel, suivant l'Arrêt du 11. Janvier 1571. & celuy du 2. Decembre 1573. conformes aux Ordonnances de 1573. & 1586.

Quid Iuris des procez pour dépendances à cause de marchandise ; Comme par exemple de peine opposé en un contrat pour marchandise : *Paulus Castr.* est d'avis que les *Iuge & Consuls* ne peuvent connoître Idque *ex l. Quicunque §. si ei quem D. de Institor. act. & l. 1. C. ubi caus. fiscal.*

16 *Instruction Generale*

Le Marchand qui a delaissé & cessé de faire trafic, peut neanmoins être convenu devant les *Iuge & Consuls*, pour quelque negoce de mardise du passé, *Paul. Castr. ad l. fin. de Iurisd. omnium Iud. quo loco citat. l. 2. C. ubi de ratiocin. l. prætor. §. Idem ait. De edend. Aretin. ad l. demùm & l. De Opere. C. de Oper. Liber.*

De plus, les transports que l'on fait en fraude de la *Iurisdiction des Consuls*, ne sont considerables: Voicy les termes de l'Ordonnance.

Déclarons nuls tous les transports des cedules, obligations & debtes qui seront faits par lesdits Marchands, à personnes privilegiées, ou autres quelconques, non sujettes à la Iurisdiction desdits Juge & Consuls.

Mais n'ont lesdits *Iuge & Consuls* connoissance ny Jurisdiction aucune de cause criminelle, *argumento l. 1. D. De offic. ejus cui mandat. est Iurisd. Innocent. ad Cap. cum contingat. De Fort. compet.* Si ce n'est incidemment, comme si en la cause pendante devant eux on s'inscrit en faux contre quelque piece qui est produite; en ce cas ils en peuvent & doivent connoître.

EDIT DU ROY

PORTANT ERECTION DES JUGE ET CONSULS des Marchands en la Ville de Bordeaux, avec les Déclarations intervenuës pour le Reglement de ladite Jurisdiction.

CHARLES PAR LA GRACE DE DIEU ROY DE FRANCE; A tous presens & avenir, salut. Sçavoir faisons que sur la Requête tres-humble à nous faite en nôtre Conseil de la part des Marchands de nôtre bonne ville de Bordeaux, & pour le bien public & abreviation de tous procez & differens entre Marchands, qui doivent negocier ensemble de bonne foy, sans être astraints aux subtilitez des Loix & Ordonnances: Avons par l'avis de nôtre tres honorée Dame & Mere des Princes de nôtre sang, Seigneurs & Gens de nôtre Conseil, statué, ordonné & permis ce que s'ensuit.

Premiérement, avons permis & enjoint aux Maire & Jurats de nôtre Ville de Bordeaux, de nommer & élire en l'Assemblée de cinquante notables Bourgeois de ladite Ville, qui seront pour cét effet appellez & convoquez trois jours aprés la publication des Presentes, trois Marchands du nombre desdits cinquante, ou autres, absens, pourveu qu'ils soient natifs de nôtre Royaume, Marchands & demeurans en nôtredite Ville de Bordeaux: Le premier desquels nous avons nommé Juge des Marchands, & les deux autres, Consuls desdits Marchands, qui feront le serment devant lesdits Maire & Jurats; la Charge desquels trois ne durera qu'un an, sans que pour quelque cause ou occasion que ce soit, l'un d'eux puisse être continué.

2. Ordonnons & permettons ausdits trois Juge & Consuls, s'assembler & appeller trois jours avant la fin de leur année, jusqu'au nombre de quarante Marchands Bourgeois de ladite Ville, qui éliront vingt d'entr'eux, lesquels sans partir du lieu, & sans discontinuer, procederont avec lesdits Juge & Consuls en l'instant, & le jour même, à peine de nullité à l'élection de trois nouveaux Juge & Consuls des

C

Marchands, qui feront le ferment devant les anciens. Et fera la forme deſſus dite, gardée & obſervée d'oreſnavant en l'élection deſdits Juge & Conſuls, nonobſtant oppoſitions ou appellations quelconques, dont nous reſervons à nôtre perſonne, & à nôtre Conſeil la connoiſſance, icelle interdiſant à nos Cours de Parlement dudit Bordeaux & Senéchal de Guienne.

3. Connoîtront leſdits Juge & Conſuls des Marchands, de tous procez & differens qui feront cy aprés meus entre Marchands pour de marchandiſe ſeulement, leurs veuves Marchandes publiques, leurs facteurs, ſerviteurs & commis étans tous Marchands, ſoit que leſdits differens procedent d'obligations, cedules, recepiſſez, lettres tres de change ou credit, recomptes, calcul, où erreur en iceux, compagnies, ſocietez ou aſſociations déja faites, ou qui ſe feront cy-aprés.

4. Deſquelles matieres & differens, nous avons de nôtre pleine puiſſance & autorité Royale, attribué & commis la connoiſſance, jugement & deciſion auſdits Juge & Conſuls, & aux deux d'iceux privativement à tous nos Juges appellez avec eux, ſi la matiere y eſt ſujette, & en ſont requis par les parties, tel nombre de perſonnes de Conſeil qu'ils aviſeront, exceptez toutefois & reſervez les procez de la qualité ſuſdite, déja intentez, & pendans pardevant nos Juges. Auſquels neanmoins enjognons les renvoyer pardevant leſdits Juge & Conſuls des Marchands, ſi les parties le requerent & conſentent.

5. Et avons dés à preſent déclaré nuls tous tranſports de cedules, obligations & debtes qui feront faits par leſdits Marchands à perſonnes privilegiées, ou autre quelconques non ſujets à la Juriſdiction deſdits Juge & Conſuls.

6. Et pour couper chemin à toute longueur, & ôter l'occaſion de fuïr & plaider : Voulons & Ordonnons que tous ajournemens ſoient libellez, & qu'ils contiennent demande certaine. Et feront tenuës les parties comparoir en perſonne à la premiére aſſignation pour être ouïs par leur bouche, s'ils n'ont legitime excuſe de maladie ou abſence, eſquels cas envoyeront par écrit leur réponſe ſignée de leur main propre, ou audit cas de maladie, de l'un de leurs parens, voiſins ou amis, ayans de ce charge & procuration ſpeciale, dont il ſera

Sur la Iurisdiction Consulaire.

apparoir à ladite assignation, le tout sans aucun ministere d'Avocat ou Procureur.

7. Si les parties sont contraires, & non d'accord de leurs faits, delay competant leur sera prefix à la premiére comparition, dans lequel ils produiront leurs témoins qui seront oüis sommairement sur leur deposition, le different sera jugé sur le champ, si faire se peut, dont nous chargeons l'honneur & conscience desdits Juge & Consuls.

8. Ne pourront lesdits Juge & Consuls en quelque cause que ce soit, octroyer qu'un seul delay, qui sera par eux arbitré selon la distance des lieux & qualité de la matiere, soit pour produire pieces aux témoins; iceluy échû & passé, procederont du Jugement du different entre les parties sommairement & sans figure de procez.

9. Enjoignons ausdits Juge & Consuls vaquer diligemment en leur Charge durant le tems d'icelle, sans prendre directement ou indirectement en quelque maniere que ce soit, aucune chose, ny present ou don, sous couleur ou nom d'épices, ou autrement, à peine de crime de concussion.

10. Voulons, & nous plaît que les Mandemens, Sentences ou Jugemens qui seront donnez par lesdits Juge & Consuls des Marchands, ou les deux d'iceux, comme dessus, sur differens mûs entre Marchands, & pour fait de marchandise, l'appel ne soit reçû, pourveu que la demande & condamnation n'excede la somme de 500. l. tournois, pour une fois payer. Et avons dés à present declaré non recevables les appellations qui seront interjettées desdits Jugemens, lesquels seront executez en nôtre Royaume, Païs & terre de nôtre obeïssance, par le premier de nos Juges des lieux, Huissiers ou Sergens sur ce requis; Ausquels & à chacun d'eux enjoignons de ce faire, à peine de privation de leurs Offices, sans qu'il soit besoin de mander aucun placet, *visa*, ne pareatis.

11. Avons aussi dés à present declaré nuls tous reliefs d'appel, ou commissions qui seroient obtenuës au contraire pour faire appeller les parties, intimer ou ajourner lesdits Juge & Consuls : Et défendons tres-expressément à toutes nos Cours Souveraines & Chancelleries, de les bailler.

12. Es cas qui excederont ladite somme de 500. l. tournois, sera passé outre à l'entiére exécution des Sentences desdits Juge & Con-

suls, nonobstant oppositions ou appellations quelconques, & sans préjudice d'icelles : que nous entendons être relevées & ressortir en nôtre Cour de Parlement de Bordeaux, & non ailleurs.

13. Les condamnez à garnir par provision ou difinitivement seront contraints par corps, payer les sommes liquidées par lesd. Sentences & Jugemens qui n'excederont 500. l. tournois, sans qu'ils soient reçûs en nos Chancelleries à demander Lettre de respit. Et neanmoins pourra le crediteur faire exécuter son debiteur condamné en ses biens meubles ; & saisir les immeubles.

14. Contre lesdits condamnez Marchands ne seront adjugez dommages & interêts requis par le retardement du payement, qu'à raison du denier douze, à compter du jour du premier ajournement, suivant nos Ordonnances faites à Orleans.

15. Les saisies, établissement de Commissaires & vente de biens ou fruits seront faits en vertu desdites Sentences & Jugemens. Et s'il faut passer outre, les criées & interpositions de decret se feront par autorité de nos Juges ordinaires des lieux, ausquels expressément enjoignons, & à chacun d'eux en son détroit, tenir la main à la perfection desdites criées, adjudication des heritages saisis, & à l'entiere exécution des Sentences & Jugemens qui seront donnez par lesdits Juge & Consuls des Marchands, sans y user d'aucune remise ou longueur, à peine de tous dépens, dommages & interêts des parties.

16. Les exécutions commencées entre les condamnez par lesdits Juge & Consuls, seront parachevées contre les heritiers, & sur leurs biens seulement.

17. Mandons & Commandons aux Geoliers de nos prisons ordinaires, & de tous hauts Justiciers recevoir les prisonniers qui leur seront baillez en garde par nos Huissiers ou Sergens, en exécutant les Commissions ou Jugemens desdits Juge & Consuls des Marchands, dont ils seront responsables par corps, & tout ainsi que si le prisonnier avoit été amené par l'autorité de l'un de nos Juges.

18. Pour faciliter la commodité de convenir & negocier ensemble, avons permis & permettons aux Marchands Bourgeois de nôtre ville de Bordeaux, natifs & originaires de nôtre Royaume, Païs & Terre de nôtre obeïssance, d'imposer & lever sur eux telle somme de deniers qu'ils aviseront necessaire pour l'achat ou loüage d'une Maison, ou

Sur la Iurisdiction Consulaire.

lieu qui sera appellé la Place commune des Marchands; laquelle nous avons dés à present établie à l'instar, & tout ainsi que les Places appellées le Change en nôtre ville de Lyon, & Bourses de nos Villes de Toulouse & Roüen, avec tels & semblables privileges, franchises & libertez dont joüissent les Marchans frequentans les Foires de Lyon, & Places de Toulouse & Roüen.

19. Et pour arbitrer & accorder ladite somme, laquelle sera employée à l'effet que dessus, & non ailleurs, les Maire & Jurats de nôtre Ville de Bordeaux, assembleront en l'Hôtel de ladite Ville, jusqu'au nombre de trente Marchands & notables Bourgeois, qui en députerons dix d'entr'eux, avec pouvoir de faire les cottisations & département de la somme qui aura été, comme dit est, accordée en l'assemblée desdits trente Marchands.

Voulons & Ordonnons que ceux qui seront refusans de payer leur taxe ou cotte part, dans trois jours aprés la signification ou demande d'icelle, y soient contraints par vente de leurs marchandises, & autres biens meubles, & ce par le premier nôtre Huissier ou Sergent sur ce requis.

21. Défendons à tous nos Huissiers ou Sergens faire aucun exploit de Justice, ou ajournement en matiere Civile, aux heures du jour que les Marchands seront assemblez en ladite Place commune, qui seront de neuf à onze heures du matin, & de quatre jusqu'à six heures de relevée.

22. Permettons ausdits Juge & Consuls de choisir & nommer pour leur Scribe & Greffier, telle personne d'experience, Marchand ou autre qu'ils aviseront, lequel fera toutes expeditions en bon papier, sans user de parchemin. Et luy défendons tres-étroitement prendre pour ses salaires & vacations, autre chose que dix deniers tournois pour feüillet, à peine de punition corporelle, & d'en répondre par lesdits Juge & Consuls en leurs propres noms, en cas de dissimulation & connivence.

Si donnons en Mandement à nos amez & feaux les Gens tenans nôtre Cour de Parlement à Bordeaux, Senéchal de Guienne, & à tous nos autres Officiers qu'il appartiendra, que nos presentes Ordonnances ils fassent lire, publier & enregistrer, garder & observer chacun en son Ressort & Jurisdiction, sans y contrevenir, ny permettre qu'il y soit aucunement contrevenu en quelque maniere que ce soit. Et afin de perpetuelle & stable memoire, Nous avons fait apposer nôtre scel à ces Presentes. Donné à Paris au mois de Decembre, l'an de grace 1563. & de nôtre Regne le troisiéme.

Par le Roy en son Conseil, auquel étoient Messieurs le Cardinal de Chastillon, Duc de Montmorency Connêtable, les Seigneurs de Chastillon Admiral, de Boissi grand Ecuyer de France, du Mortier, les Evêques d'Orleans, de Valence & de Harlay, de la Roche Foucaut, & de Chaume, & autres presens.
Signé DE L'AUBESPINE; & plus bas, *Visa Contentor*, DE VABRES. Et scellé du grand Scel de cire verte.

Lecta, publicata & registrata audito Procuratore generali Regis, absque præjudicio tamen oppositionum & deductionum factarum per partes, super quibus oppositionibus & deductionibus proindebunt sibi per Regem, aut aliter prout juris & ut bonum eis videbitur. Actum Burdigalæ in Parlamento, vigesima septima Aprilis, anno Domini millesimo quingentesimo sexagesimo quarto. Sic signatum, DE PONTAC.

EXTRAIT DES REGISTRES de Parlement.

ENtre les Bourgeois & Marchands de la ville de Bordeaux, demandeurs & requerans la publication de certaines Lettres Patentes du Roy en forme d'Edit d'une part : Et le Senêchal de Guienne ou son Lieutenant, Prevôt Royal de Bordeaux, Maire Jurats de ladite Ville, & Juges de l'Amirauté & de la rigueur, & les Greffiers du Prevôt de la rigueur & privileges Royaux défendeurs, & opposans d'autre. VEU par la Cour, les Chambres d'icelle assemblées, les Lettres Patentes du Roy, dattées du mois de Decembre mil cinq cens soixante & trois, sur l'abreviation des procez & differens mûs entre Marchands : Corrigé du vingt-quatriéme de Fevrier dernier, contenant le dire desdits défendeurs, & ouï sur ce le Procureur General du Roy : Ladite Cour a ordonné & ordonne que lesdites Lettres seront lûës, publiées & enregistrées au Greffe d'icelle Cour, pour être d'oresna-

Sur la Iurisdiction Consulaire.

vant gardées & observées de point en point, selon leur forme & teneur, sans préjudice de l'opposition des défendeurs, sur laquelle se pourront pourvoir pardevant le Roy, comme ils verront être à faire.

Dit aux parties à Bordeaux, en Parlement le vingt-septiéme jour d'Avril, l'an mil cinq cens soixante-quatre. Signé, DE PONTAC.

DECLARATION
DE SA MAJESTÉ

En interpretation dudit Edit d'Erection, donnée à Bordeaux le 28. jour d'Avril 1565. contenant le pouvoir à eux donné, de connoître de certaines causes, non particuliérement specifiées audit Edit, comme contre Marchands privilegiez suivant la Cour, & autres du Royaume, demeurant és Villes où il y a Jurisdiction Consulaire ou autre: Ladite Declaration verifiée en Parlement le 19. Juillet 1565.

CHARLES par la grace de Dieu Roy de France; A nos amez & Feaux les Gens tenans nos Cours de Parlement, Baillifs, Senéchaux, & tous autres nos Juges qu'il appartiendra, & à chacun d'eux, SALUT. Nos chers & bien amez les Marchands & Gardes de la Draperie, Epicerie, Mercerie, Orphevrerie, Pelleterie, & la Communauté des Marchands de vin & poisson de mer, demeurans en nôtre bonne Ville & Cité de Paris, Nous ont par leur delegué treshumblement fait remontrer.

Que depuis pour bonnes causes & justes considerations, Nous avons en nôtredite Ville établi la Jurisdiction d'un Juge & quatre Consuls des Marchands: les Juges ordinaires & Conservateurs des Priviléges d'icelle, & autres nos Juges, ont par divers moyen empêché, & chacun jour empêchent le cours de ladite Jurisdiction, sous couleur que le pouvoir que nous avons attribué ausdits Juge & Consuls, n'est si amplement ny particulierement declaré par ledit Edit, qu'il est requis: Et le contenu en iceluy est par eux respectivement interpreté & restraint à leur avantage.

Ce qui a causé plusieurs difficultez & controverses, dont sont procedez diverses Sentences, Défenses, Jugemens & Arrêts contraires à nôtre Edit, qui rend ladite Jurisdiction illusoire, s'il n'y étoit par Nous pourvû : Nous suppliants déclarer nos vouloir & intention, afin que lesdits Juge & Consuls des Marchands sçachent la forme de se comporter en l'exercice de ladite Jurisdiction & exécution entière de nôtredit Edit, comme ils desirent.

Sçavoir Faisons, Que désirant singuliérement Justice être administrée à nos Sujets par les Juges que leur avons commis, sans qu'aucun excede le pouvoir à luy attribué, & que par entreprise ou autrement l'un n'empêche à l'autre au cours de la Jurisdiction qui luy est commise : Et après avoir fait voir en nôtre Conseil la Requête & remontrance desdits Marchands, avec plusieurs Sentences, Jugemens & Arrêts donnez tant en nôtre Cour de Parlement à Paris, qu'autres nos Juges, les reliefs d'appel & Requêtes répondues pour relever plusieurs appellations de Sentences données par lesdits Juge & Consuls pour somme non excedant la somme de cinq cens livres ; & défenses faites à nos Sergens de faire aucuns exploits ou ajournemens, & d'exécuter les Sentences & Mandemens d'iceux Juge & Consuls.

Avons par l'Avis & meure déliberation d'iceluy nôtredit Conseil, en interpretant nôtredit Edit, & pour faire cesser à l'avenir les difficultez & empêchemens susdits : Dit, Déclaré, Voulu & Ordonné : Disons, Déclarons, Voulons & Ordonnons par ces Presentes, de nos certaines sciences, pleine Puissance & Autorité Royale.

Que les Juge & Consuls des Marchands établis dans nôtredite Ville de Paris, connoissent & jugent en première instance de tous differens entre Marchands habitans de Paris, pour marchandise venduë ou achetée en gros ou en détail, sans que pour raison de ce nôtre Cour de Parlement à Paris, ou autres nos Juges en puissent prendre aucune Cour, connoissance & Jurisdiction, soit par appel ou autrement, sinon és cas qui excederont la somme de cinq cens livres tournois, suivant ledit Edit : & laquelle entant que besoin est ou seroit, Nous leur avons derechef interdite, & tres expressément défenduë, interdisons & défendons par ces Presentes.

Et

Sur la Iurisdiction Consulaire.

Et quant à la marchandise venduë ou achetée, ou promise livrer, & payement pour icelle destiné à faire en ladite Ville par les Marchands en gros & en détail, tant habitans de ladite Ville, qu'autres Jurisdictions & Ressorts de nôtre Royaume, par Cedules, Promesses, ou Obligations, encore qu'elles soient passées sous le Scel de nôtre Châtelet de Paris; Avons iceux Juge & Consuls desdits Marchands de nôtredite Ville de Paris déclarez & déclarons Juges competans; & à eux entant que besoin est, de nouveau attribué & attribuons la connoissance & Jurisdiction des differens qui naîtront entre lesdits Marchands pour les cas que dessus.

Pour raison de quoy Nous voulons tous lesdits Marchands y être convenus, appellez & jugez, nonobstant les fins d'incompetances & de renvoy qu'ils pourroient requerir en vertu de nos Lettres de *Committimus*, pardevant les Gens tenans les Requêtes de nôtre Hôtel, ou Requêtes de nôtre Palais à Paris: Comme payeurs de Compagnie, & autres de nos Officiers qui font trafic de marchandise, Conservateurs des Privileges des Universitez: comme Messagers & autres Officiers d'icelles, qui sont Marchands par le moyen des Privileges qu'aucuns d'eux voudroient pretendre leur avoir été donnez au contraire par nos Prédecesseurs, confirmez par Nous, & verifiez en nos Cours. Dont pour ce regard, & entant qu'ils sont Marchands, Nous les avons dés-à-présent comme pour lors, débouté & déboutons: Et ausdits Privileges dérogé & dérogeons, de nôtre pleine Puissance & Autorité Royale par cesdites Présentes.

Ne voulans iceux Juge & Consuls y avoir aucun égard, ains leur permettons passer outre, nonobstant oppositions ou appellations d'incompetence, qui pourroient être interjetées en fraude, & sans préjudice d'icelles: demeurans lesdits Privileges en autres choses en leur entier; Déclarons non recevables toutes appellations interjetées des Sentences & Jugemens donnez par lesdits Juge & Consuls entre Marchands pour fait de marchandise, & pour sommes non excedans la somme de cinq cens livres tournois, jusques à laquelle nous leur avons permis juger.

Et défendons à nos Amez & Feaux les Maîtres des Requêtes de nôtre Hôtel, ou Garde des Sceaux de nos Chancelleries, & à nos Secretaires, expedier aucunes Lettres de relief. Ensemble à nos Cours de

Parlement, répondre aucune Requête pour faire appeller les Parties. Comme aussi défendons à tous Procureurs occuper & soy charger desdites causes d'appel, ny de celles des Marchands, qui voudront pour fait de marchandise décliner la Jurisdiction desdits Juge & Consuls : & au cas de contrevention, avons permis & permettons ausdits Juge & Consuls des Marchands, proceder contre les Parties condamnées, par mulctes & amandes pécuniaires, applicables moitié aux pauvres de l'aumône generale de ladite Ville : & l'autre moitié pour l'entretenement de la Place commune desdits Marchands, pourveu que lesdites amandes n'excedent la somme de dix livres tournois.

Et pourtant qu'au moyen desdites défenses faites par aucuns de nos Juges, plusieurs nos Sergens ont refusé & refusent faire les exploits & adjournemens qui leur sont presentez à faire par lesdits Marchands, les uns contre les autres, pour fait de marchandise, assister aux Siéges desdits Juge & Consuls, pour le service de Justice, & exécuter leurs Commissions, Sentences & Mandemens, encore qu'il leur soit par exprés enjoint par nôtredit Edit : Nous en levant lesdites défenses, comme faites contre nos Vouloir & Intention. Avons derechef enjoint, & par exprés commandons à nosdits Sergens d'assister aux Siéges desdits Juge & Consuls, quand requis en seront : Et outre, faire tous exploits & adjournemens qui leur seront, comme dit est, baillez à faire par lesdits Marchands, pour les causes que dessus : Et aussi mettre à exécution tous Mandemens, Commissions & Jugemens donnez par lesdits Juge & Consuls, sans aucune rémise ou dilation, ne demander Placet, *Visa, ne pareatis*, à peine de privation de leurs Offices.

Et à cette fin, défendons à tous nos Juges d'aucunement empêcher lesdits Sergens ce faisant & exécutans ce que dessus, à peine de répondre en leurs noms des dépens, dommages & interêts des Parties procedans desdits empêchemens.

Si vous Mandons, & à chacun de vous endroit soy, expressement Enjoignons ; Que nôtredit Edit, si verifié n'a été, ensemble les présentes nos Lettres de Déclaration, vous fassiez lire, publier & enregistrer, sans aucune restrinction, modification, ny difficulté y faire, afin que lesdits Marchands ne soient contrains recourir à Nous pour cét effet.

Mandons à nos Procureurs Generaux esdites Cours, & leurs Substituts esdits Siéges, en réquerir la vérification, & iceluy Edit, & tout le contenu és Présentes faire entretenir, garder & observer de point en point selon leur forme & teneur, sans troubler, ny empêcher lesdits Juge & Consuls de nôtredite Ville de Paris, ny lesd. Sergens en l'exécution du contenu en iceluy, sur les peines que dessus : Nonobstant quelconques Ordonnances, Edits, Mandemens, Défenses, & Lettres à ce contraires.

Et pour ce que de ces Présentes l'on pourra avoir affaire en plusieurs & divers lieux, & est besoin que chacun Marchand entende le pouvoir par Nous attribué ausdits Juge & Consuls : Nous voulons qu'aux *Vidimus* d'icelles dûement collationnées aux Originaux par l'un de nos Amez & Féaux Notaires & Secrétaires, ou Notaires Royaux, foy soit ajoûtée comme au présent Original, & iceluy puissent faire imprimer, sans pour ce demander autres Lettres de congé & permission pour ce faire. CAR tel est nôtre plaisir. DONNE' à Bordeaux le 28. jour d'Avril, l'An de grace 1565. Et de nôtre Regne le cinquiéme. Ainsi signé, par le Roy en son Conseil, HERAULT. Et scellées du grand Scel en cire jaune.

Lûes, publiées & enregistrées ; Ouï sur ce le Procureur General du Roy, conformément à ses Conclusions, ainsi qu'il est contenu en l'Arrêt intervenu sur icelles. A Paris en Parlement, le 19. jour de Juillet, l'An 1565.
Ainsi signé, DU TILLET.

AUTRE DECLARATION
DU ROY CHARLES IX.
Sur l'Edit précedent.

CHARLES par la grace de Dieu Roy de France ; A tous ceux qui ces Présentes verront, SALUT. Sçavoir faisons, que sur les rémonstrances ci-devant à nous faites en nôtre Conseil privé par les Maîtres & Gardes des marchandises, & Jurez des Etats & Métiers de nôtre Ville de Paris, lesquelles de l'Ordonnance de nôtredit Conseil, ont été communiquées à nos Amez & Feaux Avocat & Procureur general en nôtre Cour de Parlement de Paris, à ce qu'à l'avenir la Jurisdiction & connoissance attribuée aux Juge & Consuls des Marchands de ladite Ville, ne soit mise en controverse, & tirée en aucun doute & difficulté. De l'avis des gens de nôtredit Conseil, & aprés avoir fait voir en icelui l'avis, que nosdits Avocat & Procureur nous ont envoyé par écrit sur lesdites rémonstrances à eux envoyées : Avons dit, déclaré & ordonné, disons, déclarons & ordonnons ; voulons & nous plaît, que lesdits Juge & Consuls des Marchands connoissent, suivant l'Edit de leur établissement, & les lettres de Déclaration sur iceluy en datte des 7. Mars 1563. & 28. Avril 1565. desquelles les *Vidimus* sont ci-attachez sous le contre-scel de nôtre Chancellerie, de tous differens de Marchand à Marchand, pour fait de marchandise seulement venduë, troquée ou debitée entr'eux en gros & en détail, sans toutefois qu'ils puissent prétendre connoissance de ce qui est, ou sera acheté pour l'usage des personnes, encore qu'ils soient Marchands, comme pain, vin, viandes, habillemens, chausses, & autres telles choses, pour servir à l'usage de la personne. Ne connoîtront aussi de ce qui consiste en ouvrages, ou artifice manuels, comme massonnerie, charpenterie, labeurs de terres, jardins, vignes, & autres choses semblables, qui ne sont pour fait de negociation & trafic : mais seulement pour l'usage & commodité particuliere des personnes.

2. Bien connoîtront de tous differens de Marchand à Marchand pour argent baillé par prêt l'un à l'autre, par cedule missive, ou lettre de change : ou à récouvrer, ou récevoir l'un pour l'autre dedans & dehors nôtre Roïaume.

3. Tous Marchands de nôtre Royaume non resdans en ladite Ville, qui y feront commerce, & auront acheté marchandise, ou leur sera dudit lieu envoyé suivant leurs mandemens, ou auront promis de les livrer, ou pour ce, payer quelque somme de deniers, seront tenus par vertu des commissions desdits Juge & Consuls, de comparoir pardevant eux, y répondre & souffrir condemnation, s'ils se trouvent rédevables.

4. Les veuves, heritiers, ou biens tenans d'aucuns Marchands qui se trouveront devoir à quelque Marchand de Paris, pour les causes que

Sur la Jurisdiction Consulaire.

dessus, seront tenus, nonobstant qu'ils ne soient Marchands, de comparoir en personne pardevant lesdits Juge & Consuls, ou par un Marchand, auquel ils passeront procuration pour souffrir condamnation, comme représentant le Marchand qui devoit, duquel ils possederont les biens, pourveu que la debte procede de fait de negociation & marchandise, & que ledit défunt fût actuellement Marchand.

5. Déclarons tous payeurs de Compagnies & autres nos Officiers de quelque état & condition qu'ils soient, faisans actuellement fait de marchandise par eux ou par personnes interposées justiciables desdits Juge & Consuls, tenus de comparoir en personne, s'ils sont appellez pour fait de marchandise, qu'ils auront venduë ou achetée, pour revendre & non autrement.

6. Connoîtront lesdits Juge & Consuls des Marchands, des gages, salaires & pensions des Commissionnaires, Facteurs & Serviteurs des Marchands, pour le fait de trafic seulement.

7. Et sur la plainte faite des entreprises de Jurisdiction qui se font journellement au préjudice de celles desdits Juge & Consuls; Défendons derechef tres-expressément à nos amez & feaux Maîtres des Requêtes ordinaires de nôtre Hôtel, Gardes des sceaux de nos Chancelleries, & à nos Secretaires d'expedier aucunes lettres de relief d'appel sur les Sentences desdits Juge & Consuls, s'ils n'excedent la somme de 500. livres suivant l'Edit, sur peine de nullité.

8. Les condamnez par lesdits Juge & Consuls à payer difinitivement, ou garnir par provision jusqu'à la somme de 500. livres, seront contrains par toutes voies duës & raisonnables, & par emprisonnement de leurs personnes, nonobstant & sans aucunement deferer aux appellations qui pourroient être interjettées. Défendons à nôtredite Cour de Parlement faire aucunes défenses particulieres, pour empêcher l'exécution desdites Sentences & Jugemens.

9. En cas de pretenduë incompetence desdits Juge & Consuls, celuy qui l'alleguera sera tenu de déclarer la cause d'icelle : & à faute de ce, Avons permis & permettons ausdits Juge & Consuls de passer outre. Et si la cause n'est suffisante, ou valable, pourront passer outre aux perils & fortunes de la partie, si elle le requiert.

10. Seront lesdits Juge & Consuls reçûs à communiquer au Parquet de nosdits Avocats & Procureurs generaux en nosdites Cours.

Lesquels toutefois quantes qu'ils se presenteront, les oüiront avec les parties pour les regler. Et au cas que les parties ne se puissent accorder en ladite communication, enjoignons à nosdits Avocats & Procureurs requerir pour eux audience à nôtredite Cour, pour definir sommairement les differens susdits qui s'offriront.

11. Enjoignons aussi à nôtredite Cour de juger promptement les appellations ci-devant interjetées & relevées : & celles qui seront ci-aprés interjetées pour pretenduë incompetence desd. Juge & Consuls des Marchands : lesquels ne pourront être pris à partie, sinon comme nos Juges és cas de l'Ordonnance, fraude, dol ou concussion.

Si donnons en mandement à nos Amez & Feaux les gens tenans nos Cours de Parlement de Paris, Toulouse, Roüen, Bordeaux, Dijon, Grenoble, Aix & Bretagne, que ces Présentes ils fassent lire, publier, & enregistrer, entretenir, garder & observer de point en point ; joüir & user lesdits Juge & Consuls du contenu en icelles pleinement & paisiblement, sans leur mettre ny souffrir être fait, ou donné aucun empêchement au contraire, contraignant & faisant contraindre à l'observation d'icelles, tous ceux qu'il appartiendra, par les voïes de justice requises & accoûtumées, nonobstant oppositions, ou appellations quelconques, pour lesquelles ne sera differé. Car tel est nôtre plaisir, nonobstant aussi quelconques Edits, Ordonnances, Restrinctions, Mandemens, Us, Coûtumes, Privileges de Chartre-Normande, & autres défences & Lettres au contraire. A quoi entant que besoin seroit, avons derogé & derogeons par cesdites Présentes : lesquelles Voulons être imprimées, à ce qu'aucun n'en pretende cause d'ignorance. En témoin de quoy Nous avons fait mettre nôtre scel à cesdites Présentes. Donné à Paris le 20. jour de Juillet, l'an de grace 1566. Et de nôtre Regne le 6. Ainsi signé par le Roy en son Conseil. BOURDIN. Et scellées sur double queüe de cire jaune du grand scel.

DECLARATION
DU ROY CHARLES IX.

QUI REGLE EN CAS DE MALADIE, ABSENCE, ou empêchement legitime, ceux qui doivent tenir la séance.

CHARLES par la grace de Dieu Roy de France ; A nos amez les Juge & Consuls des Marchands de nôtre Ville de Bordeaux Salut. Nous avons n'agueres établis pour ensemblement, ou deux de vous, administrer briéve & sommaire justice aux parties, suivant l'Edit de vôtre création. Toutefois d'autant que la maladie, absence ou autre empêchement legitime de deux de vous trois, l'exercice & expedition de vôtre Jurisdiction est souvent retardée au grand dommage & interêt de nos sujets ; Nous desirant y pourvoir selon l'exigence du cas : Voulons, entendons & nous plait, qu'en cas de maladie, absence, recusation ou autre empêchement legitime d'aucun de vous, vous ou l'un de vous, assisté du plus ancien des Marchands, qui sont appellez à vôtre Conseil, & en vôtre defaut les deux anciens desdits Marchands, comme en toutes Cours ordinaires & subalternes ; & de stil & coûtume, puissiez vaquer à l'expedition de ladite justice, & que les Jugemens faits & donnez en cette sorte, soient de même force & vigueur, que s'ils étoient donnez par vous trois ensemblement. Car tel est nôtre plaisir. Nonobstant toutes provisions & lettres qui sembleroient être contraires à l'effet de ces Presentes. Donné à Paris le 22. jour de Juillet 1566. & de nôtre Regne le 6. Signé par le Roy en son Conseil, ROBERTET. Et scellées de cire jaune du grand scel dudit Seigneur, sur simple queuë.   Signé DESTIVAL.

DECLARATION DU ROY,

CONCERNANT LES BILLETS DE CHANGE qui sont faits par les Gens d'affaires.

LOUIS, par la grace de Dieu Roy de France & de Navarre: A tous ceux qui ces presentes Lettres verront, SALUT; Encore que par l'article 1. du titre 7. de nôtre Edit du mois de Mars 1673. servant de Reglement pour le commerce régistré en nos Cours, il seroit porté que ceux qui auront signé des Lettres ou Billets de Change, pourront être contrains par corps, ensemble ceux qui auront mis leur aval, qui auront promis d'en fournir avec remise de place en place, qui auront fait des promesses pour Lettres de Change à eux fournies, ou qui devront l'être entre tous Négocians ou Marchands qui auront signé des Billets pour valeur reçûë comptant ou en marchandise, soit qu'ils doivent être acquitez à un particuliery nommé, ou à son ordre, ou au porteur; néanmoins plusieurs Cours, Juges & Jurisdictions ont déchargé & déchargent de la contrainte par corps plusieurs particuliers, Gens d'affaires, lors qu'il s'agit du payement des Billets par eux faits pour valeur reçûë, même pour valeur réçûë comptant, sous prétexte que par l'article 17. du titre 5. du même Edit, il est porté qu'aucun Billet ne sera reputé Billet de Change, si ce n'est pour Lettres de Change qui auront été fournies, ou qui devront l'être, & que nos comptables chargez du récouvrement de nos deniers, les Réceveurs, Trésoriers, Fermiers Generaux & particuliers traitans & interessez dans nos affaires, ne sont point Marchands ny Négocians: De sorte que si on continuoit à les décharger de la contrainte par corps pour le payement des simples Billets qu'ils font de valeur reçûë & de valeur reçûë comptant, payable au porteur ou à un particulier y nommé, ou à son ordre, le credit qui leur est nécessaire pour le bien de nôtre service cesseroit absolument, sans lequel ils ne peuvent soûtenir les affaires dont ils sont chargez, & qu'ils ne soûtiennent pour l'ordinaire que par l'usage de ces sortes de Billets qu'ils

font

Sur la Jurisdiction Consulaire.

font comme les Marchands & les Négocians, à quoy voulant pourvoir. A CES CAUSES, de nôtre certaine Science, pleine Puissance, & Autôrité Royale, en interpellant entant que besoin seroit, nôtredit Edit du mois de Mars 1673. Nous avons dit, déclaré & ordonné, & par ces Présentes signées de nôtre main, disons, déclarons & ordonnons, Voulons & Nous plaît, que l'article 1. du titre 7. de nôtredit Edit du mois de Mars 1673. soit exécuté contre les Receveurs, Trésoriers, Fermiers & Sous-Fermiers de nos Droits, Traitans generaux, particuliers, interessez, & Gens chargez du récouvrement de nos deniers, & tous autres nos comptables, & ce faisant, qu'ils puissent être contraints par corps, ainsi que les Négocians au payement des Billets pour valeur reçûë qu'ils feront à l'avenir, pendant qu'ils seront pourvûs desdites charges, ou qu'ils seront chargez du récouvrement de nos deniets, soit que les Billets doivent être acquitez à un particulier y nommé, ou à son ordre, ou au porteur. Si donnons en Mandement à nos Amez & Feaux Conseillers, les Gens tenans nôtre Cour de Parlement & Cour des Aydes à Paris, que ces Présentes ils ayent à faire régistrer, & le contenu en icelles faire garder & observer selon sa forme & teneur, nonobstant tous Edits, Ordonnances, Reglemens, & autres choses à ce contraires, ausquelles Nous avons dérogé par ces Présentes; CAR tel est nôtre plaisir. En témoin de quoy Nous avons fait mettre nôtre Scel à cesdites Présentes. DONNE' à Versailles le 26. jour de Février, l'An de grace 1692. & de nôtre Regne le 49. Signé, LOUIS. Et plus bas, Par le Roy, PHELYPEAUX. Et scellée du grand Sceau de cire jaune.

Régistrées ; Ouï, & ce réquerant le Procureur General du Roy, pour être exécutées selon leur forme & teneur, & Copies collationnées envoyées aux Bailliages & Senéchauffées du Ressort, pour y être lûës, publiées & régistrées. Enjoint aux Substituts du Procureur General du Roy d'y tenir la main, & d'en certifier la Cour dans un mois, suivant l'Arrêt de ce jour. A Paris en Parlement le sixiéme Mars mil six cens quatre-vingt-douze.

Signé, DU TILLET.

E

ARTICLES
DE L'ORDONNANCE
DE
LOUIS XIV.
ROY DE FRANCE
ET DE NAVARRE:

Qui doivent être observez dans la Cour des Juge & Consuls de de la Bourse de Bordeaux.

TITRE PREMIER.
De l'Observation des ordonnances.

ARTICLE I.

La Cour de la Bourse des Juges & Consuls est comprise sous les termes generaux de cét Article.

Voulons que la presente Ordonnance, & celles que Nous ferons cy-aprés, ensemble les Edits & Déclarations que Nous pourrons faire à l'avenir, soient gardées & observées par toutes nos Cours de Parlement, Grand Conseil, Chambre des Comptes, Cour des Aides, & toutes nos Cours, Juges, Magistrats, Officiers, tant de Nous que des Seigneurs, & par tous nos autres sujets, même dans les Officialitez.

ARTICLE VI.

La Cour desd. Juge & Consuls est pareillement comprise dans cét Article.

Voulons que toutes nos Ordonnances, Edits, Déclarations & Lettres Patentes, soient observées, tant aux Jugemens des procez qu'autrement, sans y contrevenir, ny que sous pretexte d'équité, bien public, acceleration de la Justice, ou de ce que nos Cours auroient à Nous representer, elles ny

Sur la Jurisdiction Consulaire.

les autres Juges s'en puissent dispenser, ou en moderer les dispositions, en quelque cas, & pour quelque cause que ce soit.

ARTICLE XII.

Si dans les jugemens des procez qui seront pendans en nos Cours de Parlement, & autres nos Cours, il survient aucun doute ou difficulté sur l'exécution de quelques articles de nos Ordonnances, Edits, Déclarations & Lettres Patentes; Nous leur défendons de les interpreter; mais voulons qu'en ce cas elles ayent à se retirer par devers Nous, pour apprendre ce qui sera de nôtre intention.

Il faut ponctuellement & à la lettre exécuter tout le contenu dans les Articles; sans qu'il soit loisible aux Juges de les expliquer & interpreter en quelque façon que ce soit.

TITRE II.

Des Ajournemens.

ARTICLE I.

LES ajournemens & citations en toutes matieres, & en toutes Jurisdictions, seront libellées, contiendront les conclusions, & sommairement les moyens de la demande, à peine de nullité des Exploits, & de vingt livres d'amande contre les Huissiers, Sergens ou Appariteurs, applicable, moitié aux repartitions de l'Auditoire, & l'autre moitié aux pauvres du lieu, sans qu'elle puisse être remise ou moderée pour quelque cause que ce soit.

Cét Article contient la forme des exploits d'assignation qui doivent tous être libellez, c'est à dire qu'il y faut exposer le fait de la demande sous la peine portée par l'Article.

ARTICLE II.

Tous Sergens & Huissiers, même de nos Cours de Parlement, Grand Conseil, Chambre des Comptes, Cour des Aides, Requêtes de nôtre Hôtel & du Palais, seront tenus en tous Exploits d'Ajournemens de se faire assister de deux témoins ou records qui signeront avec eux l'original & la copie des Exploits, sans qu'ils puissent se servir des records qui ne sçachent écrire, ny qui soient parens, alliez ou domestiques de la partie. Déclareront aussi les Huissiers & Sergens par leurs Exploits, les Jurisdictions où ils sont immatriculez,

Cét Article contient la forme desdits Exploits, pour la signature necessaire des mêmes témoins, l'indication de la Jurisdiction où les Huissiers & Sergens sont immatriculez.

E ij

leur domicile, & celuy de leurs records, avec leurs nom, furnom & vaccation, le domicile & la qualité de la Partie, le tout à peine de nullité & de 20. livres d'amande, applicables comme dessus.

ARTICLE III.

Tous exploits d'ajournement seront faits à personnes ou domicile, & sera fait mention en l'original & en la copie des personnes ausquelles ils auront été laissez, à peine de nullité & de pareille amande de 20. livres. Pourront neanmoins les exploits concernans les droits d'un Benefice, être faits au principal manoir du Benefice ; comme aussi ceux concernans les droits & fonctions des Offices ou Commission és lieux où s'en fait l'exercice.

ARTICLE IV.

Si les Huissiers ou Sergens ne trouvent personne au domicile, ils seront tenus, à peine de nullité & de 20. livres d'amande, d'attacher leurs exploits à la porte & d'en avertir le proche voisin, par lequel ils feront signer l'exploit ; & s'il ne le veut, ou ne peut signer, ils en feront mention ; & en cas qu'il n'y eût aucun proche voisin, feront parapher leur exploit & datter le jour du paraphe par le Juge du lieu, & en son absence ou refus par le plus ancien Praticien, ausquels Nous enjoignons de le faire sans frais.

ARTICLE V.

Tous Huissiers & Sergens seront tenus de mettre au bas de l'original des exploits, les sommes qu'ils auront reçûës pour leurs salaires, à peine de 20. livres d'amande, comme dessus.

ARTICLE VI.

Les demandeurs seront tenus de faire donner dans la même feüille ou cayer de l'exploit, copie des pieces sur lesquelles la demande est fondée, ou des extraits, si elles sont trop longues ; autrement les copies qu'ils donneront dans le cours de l'instance, n'entreront en taxe, & les réponses qui y seront faites, seront à leurs dépens & sans repetition.

Marginalia:

ensemble du domicile des Parties ou desdits témoins ou Records, sous la peine portée par l'Article.

Les exploits d'assignation ou signification doivent être faits à personne ou domicile avec expresse designation de la personne à laquelle l'Officier a parlé, sous la peine dudit Article.

Cét Article contient la forme de l'exploit quand il ne trouve personne au domicile de la Partie assignée.

Cét Article contient le solvit que les Huissiers ou Sergens doivent mettre au bas de leurs exploits, sous la peine mentionnée dans l'Article.

Cét Article contient l'ordre du bail de la copie des pieces servans à la demande conjointement avec l'exploit : mais le défaut dudit bail n'emporte pas nullité, il

Sur la Iurisdiction Consulaire. 37

ARTICLE VII.

Les Etrangers qui seront hors le Royaume, seront ajournez és Hôtels de nos Procureurs Generaux des Parlemens où ressortiront les appellations des Juges devant lesquels ils seront assignez ; & ne seront plus données aucunes assignations sur la frontiere.

ARTICLE VIII.

Ceux qui seront condamnez au bannissement & aux galeres à temps, & les absens pour faillite, voyage de long cours ou hors du Royaume, seront assignez à leur dernier domicile, sans qu'il soit besoin de procez verbal, de perquisition, ny de leur créer un curateur, dont nous abrogeons l'usage.

ARTICLE IX.

Ceux qui n'ont ou n'ont eu aucun domicile connu, seront assignez par un seul cri public au principal marché du lieu de l'établissement du Siége où l'assignation sera donnée, sans aucune perquisition, & sera l'exploit paraphé par le Juge des lieux sans frais.

ARTICLE X.

Les ajournemens pourront être faits pardevant tous Juges en cause principale & d'appel sans aucune commission ny mandement, encore que les ajournez eussent leur domicile hors le Ressort des Juges pardevant lesquels ils seront assignez.

ARTICLE XV.

Ceux qui demeureront és Châteaux & Maisons fortes, seront tenus d'élire leur domicile en la plus proche Ville, & d'en faire enregistrer l'acte au Greffe de la Jurisdiction Royale du lieu ; sinon les exploits qui leur seront faits aux domiciles ou aux personnes de leurs Fermiers, Juges, Procureurs d'Office & Greffiers, vaudront comme faits à leur propre personne.

---

n'y a d'autre peine que celle de l'Article.

Cét Article contient la forme des exploits qui se donnent à ceux qui sont absens hors du Royaume.

Cét Article contient la forme des exploits d'ajournemens qui se donnent aux condamnez voyageurs & au tresabsens, dans les cas exprimez per l'Art.

Cét Article contient la forme des ajournemens donnez à ceux qui n'ont jamais eu de domicile certain & connu.

Cét Article ordonne qu'il ne faut plus prendre des mandemens pour faire donner des assignations ou ajournemens.

Cét Article contient la forme des ajournemens qui se donnent aux Seigneurs & autres personnes puissantes.

TITRE III.

Des délais sur les assignations & ajournemens.

ARTICLE I.

<small>Cét Article contient les délais des assignations devant les Juges ordinaires: le cas en peut quelques fois arriver devant les Juge & Consuls.</small>

Les termes & délais des assignations qui seront données aux Prévôtez & Châtellenies Royales, à des personnes domiciliées au lieu où est étably le Siége de la Prévôté & Châtellenie, seront au moins de trois jours, & ne pourront être plus longs de huitaine.

ARTICLE II.

<small>Cét Article est sur les mêmes délais, & le cas peut aussi arriver en la Jurisdiction de la Bourse.</small>

Si le Défendeur est demeurant hors du lieu, & neanmoins en l'étenduë du Ressort, le délay de l'assignation sera au moins de huitaine, & ne pourra être plus long de quinzaine.

ARTICLE IV.

<small>Cét Article contient le délay des assignations données aux Parties qui sont hors la Senéchaussée, ou le Ressort de la Cour.</small>

Aux Requêtes de nôtre Hôtel, Requêtes du Palais, & aux Sieges des Conservations des Privileges des Universitez, les délais des assignations seront de huitaine, pour ceux qui demeurent en la Ville où est le Siége de la Jurisdiction ; de quinzaine pour ceux qui sont dans l'étenduë de dix lieuës ; d'un mois pour ceux qui sont dans la distance de cinquante lieuës ; & de six semaines au delà de cinquante lieuës ; le tout dans le Ressort du même Parlement, & de deux mois pour ceux qui sont demeurans hors le Ressort.

ARTICLE V.

<small>Cét Article contient la forme de juger les défauts contre les parties non comparantes, le cas en arrivera rarement devant les Juge & Consuls, y étant pourvû ci-dessous au tit. des Juge & Consuls.</small>

Si dans la huitaine après l'échange de l'assignation, le Défendeur ne constituë Procureur, & ne baille ses défenses, le Demandeur pourra lever son défaut au Greffe; mais il ne pourra le faire juger, sinon après un autre délay, qui sera de huitaine, pour ceux qui seront ajournez à huitaine, ou quinzaine; & à l'égard des autres qui seront assignez à plus longs jours, le délay pour faire juger le défaut, outre celuy de l'assignation, & de huitaine pour défendre, sera encore de la moitié du tems porté par le délay de l'assignation : Lesquels délais seront pareillement observez en toutes nos Cours, à l'égard du Demandeur & Intimé.

Sur la Jurisdiction Consulaire.

ARTICLE VI.

Dans les délais des assignations & des procedures, ne seront compris les jours des significations des Exploits & Actes, ny les jours ausquels écherront les assignations.

ARTICLE VII.

Tous les autres jours seront continuez & utiles pour les délais des assignations & procedures, même les Dimanches, Fêtes solemnelles & les jours de vacations, & autres ausquels il ne se fait aucune expedition de Justice.

Cét Article porte que dans les délais des assignations, l'on ne comprend le jour desdites assignations, ny celuy de l'écheance.

Cét Article ordonne que tous les autres jours feriez ou non feriez sont comptez dans les délais des ajournemens.

TITRE VI.

Des Fins de non proceder.

ARTICLE I.

Défendons à tous nos Juges, comme aussi aux Juges Ecclesiastiques, & des Seigneurs, de retenir aucune chose, instance ou procez, dont la connoissance ne leur appartient; mais leur enjoignons de renvoyer les parties pardevant les Juges qui doivent en connoître, ou d'ordonner qu'elles se pourvoiront, à peine de nullité des Jugemens; & en cas de contravention, pourront les Juges être intimez, & pris à partie.

ARTICLE II.

Enjoignons à tous Juges, sous les mêmes peines, de juger sommairement à l'Audience les renvois, incompetences & declinatoires, qui seront requis & proposez sous pretexte de litispendance, connexité, ou autrement, sans appointer les parties, lors même qu'il en sera deliberé sur le Registre, ny reserver & joindre au principal, pour y être préalablement ou autrement fait droit.

Il faut suivant cét Article renvoyer les causes qui ne sont de la Jurisdiction de la Bourse, devant les Juges naturels, en cas de contravention les Juges peuvent être pris à partie.

Cét Article porte que les faits d'incompetance des renvois & declinatoires doivent être jugez dans l'Audience, & non pas appointez à écrire.

Instruction Generale

TITRE X.

Des Interrogatoires sur faits & articles.

ARTICLE I.

PErmettons aux parties de se faire interroger en tout état de cause, faits & articles pertinens, concernant seulement la matiere dont il est question, pardevant le Juge où le different est pendant; & en cas d'absence de la partie, pardevant le Juge qui sera par luy commis : Le tout sans retardation de l'instruction & jugement.

ARTICLE II.

Les assignations pour répondre sur faits & articles, seront données en vertu d'Ordonnance du Juge sans commission du Greffe, encore que la partie fût demeurante hors du lieu où le different est pendant, & sans que pour l'Ordonnance le Juge & le Greffier puissent pretendre aucune chose.

ARTICLE III.

L'assignation sera donnée à personne ou domicile de la partie, & non à aucun domicile élû, ny à celuy du Procureur, & sera donné copie de l'Ordonnance du Juge, & des faits & articles.

ARTICLE IV.

Si la partie ne compare aux jours & lieux qui seront assignez ou fait refus de répondre, sera dressé un procez verbal sommaire, faisant mention de l'assignation & du refus : Et sur le procez verbal seront les faits tenus pour confessez & averez en toutes Jurisdictions & Justices, même en nos Cours de Parlement, grand Conseil, Chambres des Comptes, Cour des Aides, & autres nos Cours, sans obtenir aucun Arrêt ou Jugement, & sans réassignation.

ARTICLE V.

Voulons neanmoins que si la partie se presente avant le jugement du procez, pour subir l'interrogatoire, elle soit reçûë à répondre, à la charge de payer les frais de l'interrogatoire,
&

Suivant cét Article les auditions cathegoriques sur faits pertinens, peuvent être ordonnées en tout état de cause, ou devant les Juges du procez, ou devant un Commissaire, sans retardation du jugement du principal.

Les assignations pour les auditions cathegoriques seront données sans mandement, & sur simple Ordonnance, de laquelle il ne sera pris aucun droit.

En fait d'auditions cathegoriques, l'assignation doit être donnée au domicile de la partie ou à sa personne.

Cét Article porte que quand la partie assignée répondra cathegoriquement sur défaut, les faits sont tenus pour confessez.

La partie qui a fait défaut, doit être reçûë

Sur la Iurisdiction Consulaire. 41

& d'en bailler copie à la partie, même de rembourser les dépens du premier procez verbal, sans le pouvoir repeter, & sans retardation du jugement du procez.

ARTICLE VI.

La partie répondra en personne, & non par Procureur ny par écrit ; & en cas de maladie ou empêchement legitime, le Juge se transportera en son domicile pour recevoir son interrogatoire.

ARTICLE VII.

Les réponses seront precises & pertinentes sur chacun fait, & sans aucun terme injurieux ny calomnieux.

ARTICLE X.

Les interrogatoires se feront aux frais & dépens de ceux qui les auront requis, sans qu'ils puissent en demander aucune repetition, ny les faire entrer en taxe, même en cas de condamnation de dépens.

TITRE XII.

Des Compulsoires & Collations des Piéces.

ARTICLE I.

LEs assignations pour assister aux compulsoires, extraits ou collations de piéces, ne seront plus données aux portes des Eglises, ou autres lieux publics, pour de là se transporter ailleurs ; mais seront données à comparoir au domicile d'un Greffier ou Notaire, soit que les pieces qui doivent être compulsées soient en leur possession, ou entre les mains d'autres personnes.

ARTICLE II.

Le procez verbal de compulsoire & de collation, ne pourra être commencé qu'une heure aprés l'écheance de l'assignation, dont mention sera faite dans le procez verbal.

ARTICLE III.

Si la partie qui requiert le compulsoire ne compare, ou le

Marginalia:

à répondre avant le jugement du procez, en payant les frais frustratoires.

Toutes auditions cathegoriques doivent être faites en personne, & non par Procureur, & sauf à se porter en cas de besoin dans le domicile de la partie.

Il faut répondre sur chaque fait, sans user de termes injurieux.

Tous les interrogatoires se feront aux frais de ceux qui les demandent sans esperance de repetition.

Les assignations pour compulser, extraire ou collationner des pieces, doivent être données au domicile.

Cét Article porte que le procez verbal de l'extraction ou compulsoire ne peut être commencé qu'une heure aprés l'écheance de l'assignation.

Instruction Generale

Procureur pour luy à l'assignation, il payera à la partie qui aura comparu, pour ses dépens, dommages & interêts, la somme de vingt livres, & les frais de son voyage, s'il en échoit, qui seront payez comme frais prejudiciaux.

ARTICLE IV.

Les assignations données aux personnes ou domiciles des Procureurs, auront pareil effet pour les compulsoires, extraits ou collations des pieces, & pour les autres procedures, que si elles avoient été faites au domicile des parties.

ARTICLE V.

Les reconnoissances & verifications d'Ecritures privées, se feront partie presente ou dûement appellée pardevant le Rapporteur, s'il n'y en a, pardevant l'un des Juges qui sera commis sur une simple requête; pourveu, & non autrement, que la partie contre laquelle on pretend se servir des pieces, soit domiciliée ou presente où l'affaire est pendante, sinon la reconnoissance se fera pardevant le Juge Royal ordinaire du domicile de la partie, qui sera assigné à personne ou domicile, & sans prendre aucune commission : & s'il échoit de faire quelque verification, elle sera faite pardevant le Juge où est pendant le procez principal.

ARTICLE VI.

Les pieces & Ecritures privées, dont on poursuivra la reconnoissance ou verification, seront communiquées à la partie en presence du Juge ou Commissaire.

ARTICLE VII.

A faute de comparoir par le Défendeur à l'assignation, sera donné défaut, pour le profit duquel, si on pretend que l'Ecriture soit de sa main, elle sera tenuë pour reconnuë, & si elle est d'une autre main, il sera permis de la verifier, tant par témoins que par comparaison d'Ecritures publiques ou autentiques.

ARTICLE VIII.

La verification par comparaison d'Ecritures sera faite par Experts sur les pieces de comparaison, dont les parties conviendront, & à cette fin elles seront assignées au premier jour.

Marginalia:

Cét Article contient la peine de celuy qui ne se presente à l'assignation.

Cét Article contient le lieu où doit être donnée l'assignation le cas peut quelquefois arriver en la Jurisdiction de la Bourse

Cét Article contient la forme de l'averation & reconnoissance des promesses, cedules & autres écritures privées.

Cét Article regarde aussi la forme desdites averations & reconnoissances.

Cét Article porte qu'en cas de défaut, l'écriture sera tenuë pour averée contre la partie assignée, & si c'est une autre partie qui n'a écrit ni fait le seing, il sera procedé à l'attestation par témoins ou par comparaison d'écriture.

Cét article contient la forme de la verification par comparaison d'écriture.

Sur la Iurisdiction Consulaire. 43
ARTICLE IX.
Si au jour de l'assignation l'une des parties ne compare, ou ne veut nommer des Experts, la verification se fera sur les pieces de comparaison par les Experts nommez par la partie presente, & par ceux qui seront nommez par le Juge au lieu de la partie refusante ou défaillante.

Cét Article regarde la même forme.

TITRE XIV.
Des Contestations en cause.

ARTICLE I.
Trois jours aprés la signification des défenses & des pieces justificatives, la cause sera poursuivie en l'Audience sur un simple acte signé du Procureur, & signifié, sans qu'on puisse prendre aucun avenir ny jugement pour plaider au premier jour, à peine de nullité & de vingt livres d'amande contre chacun des Procureurs & Greffiers qui les auront pris & expedié.

Cét Article défend les jugemens & appointemens à venir.

ARTICLE II.
Le demandeur dans le même délai de trois jours, pourra, si bon luy semble fournir de repliques, sans que la procedure en puisse être arrêtée, ny le délai prorogé.

Cét Article prescrit le tems pour fournir repliques aux défenses: Ce cas peut quelquefois arriver devant les Juge & Consuls.

ARTICLE III.
Abrogeons l'usage de dupliques, tripliques, additions, premières & secondes, & autres écritures semblables: défendons à tous Juges d'y avoir égard, & de les passer en taxe.

Cét Article abroge l'usage des dupliques, tripliques & autres semblables écritures, & défend de les passer en taxe.

ARTICLE V.
Ne seront à l'avenir données & expediées aucunes Sentences qui ordonnent le rapport ou le rabat des défauts & congez, à peine de nullité & de vingt livres d'amande contre chacun des Procureurs & Greffiers qui les auront obtenuës & expediées. Pourront neanmoins les défauts & congez être rabatus par les Juges en la même Audience en laquelle ils

Cét Article est pour le rapport ou rabat des défauts: ce cas peut quelquefois arriver devant les Juge & Consuls.

F ij

Inftruction Generale

ont été prononcez, auquel cas n'en fera délivré aucune expedition à l'une & à l'autre des parties, fous les mêmes peines.

ARTICLE VI.

Si au jour de l'affignation la caufe n'a point été appellée, ou n'a pû être expediée, elle fera continuée & pourfuivie en la prochaine Audience fur un fimple acte fignifié au Procureur, fans aucun avenir ny jugement, à peine de nullité & d'amande comme deffus.

ARTICLE VII.

La caufe étant plaidée, fera jugée en l'Audience, fi la matiere y eft difpofée, finon les parties feront reglées à mettre dans trois jours, ou en droit, à écrire & produire dans huitaine, felon la qualité de l'affaire.

ARTICLE X.

Les productions ne feront plus communiquées & retirées fur les Recepiffez des Procureurs; mais les Procureurs en prendront communication par les mains des Rapporteurs.

ARTICLE XI.

Ne pourront les Greffiers délivrer aux Huiffiers les procez mis au Greffe, ny les bailler en communication aux Procureurs ou autres, avant la diftribution, à peine de cent livres d'amande, applicable moitié à Nous, & moitié à la partie qui en fera plainte.

ARTICLE XIV.

Aux Sieges des Maîtreffes particulieres des Eaux & Forêts, Connétablies, Elections, Grenier à fel, Traites Foraines, & aux Juftices des Hôtels & Maifons de Ville & autres Jurifdictions inferieures, lorfque le défendeur fera domicilié ou prefent au lieu de l'établiffement du Siege, le délai des affignations ne pourra être moindre de 24. heures, s'il n'y a peril en la demeure, ny plus long de trois jours, & de huitaine au plus pour ceux qui font demeurans ailleurs dans la diftance de dix lieuës; & fi le défendeur eft demeurant en lieu plus éloigné, le délay fera augmenté à proportion d'un jour pour dix lieuës.

Marginalia:

Cét Article regarde les caufes qui font remifes pour n'avoir pû être appellées ou expediées, le cas peut quelquefois arriver devant lefd. Juge & Confuls.

Cét Article contient la forme des appointemens à écrire fur les affaires qui n'ont pas pû être jugées en l'Audience.

Cét Article regarde la forme avec laquelle les procez appointez à écrire doivent être retirez.

Cét Article regarde auffi l'ordre des retirez des procez.

Cét Article peut être obfervé dans la Jurifdiction de la Bourfe pour les délais des affignations, fauf quand il y a du peril dans la demeure.

Sur la Iurisdiction Consulaire.

ARTICLE XV.

Vingt-quatre livres aprés l'échéance de l'assignation, les parties seront ouïes en l'Audience, & jugées sur le champ, sans qu'elles soient obligées de se servir du ministere des Procureurs.

Cét Article pour le jugement en l'Audience sur lesdites assignations peut aussi être observé en la Jurisdiction de la Bourse.

TITRE XVI.

De la forme de proceder pardevant les Juge & Consuls des Marchands.

ARTICLE I.

Ceux qui seront assignez pardevant les Juge & Consuls des Marchands, seront tenus de comparoir en personne en la premiere Audience pour être ouïs par leur bouche.

Cét Article porte que tous les assignez devant les Juge & Consuls doivét comparoir en personne.

ARTICLE II.

En cas de maladie, absence au autre legitime empêchement, pourront envoyer un memoire contenant les moyens de leur demande ou défenses, signé de leur main, ou par un de leurs parens, voisins ou amis, ayant de ce charge & procuration speciale, dont il sera apparoir, & sera la cause vuidée sur le champ, sans ministere d'Avocat ny de Procureur.

Lesd. assignez en cas de maladie, absence ou autre legitime empêch.ment, peuvent comparoître par un Procureur qui sera un de leur parens ou amis, fondé de procuration, ou envoyer un memoire contenant leurs raisons ou exceptions.

ARTICLE III.

Pourront neanmoins les Juge & Consuls, s'il est necessaire de voir les pieces, nommer en presence des parties, ou de ceux qui seront chargez de leur memoire, un des anciens Consuls, ou autre Marchand non suspect, pour les examiner, & sur son rapport donner Sentence, qui sera prononcée en la prochaine Audience.

Cét Article porte que les pieces ou memoires peuvent être mis entre les mains d'un Commissaire, sur le rapport duquel la Sentence sera prononcée la pro-

ARTICLE IV.

Pourront, s'ils jugent necessaire, d'entendre la partie non comparante, ordonner qu'elle sera ouïe par sa bouche en l'Audience, en lui donnant délay competant, ou si elle étoit malade, commettre l'un d'entr'eux pour prendre l'interrogatoire, que le Greffier sera tenu rediger par écrit.

chaine Audiéce Suivant cét art. il peut être ordonné en cas de besoin que la partie comparoîtra dans un délay raisonnable pour être ouy par sa bouche; & en cas de maladie il faut députer un Commissaire qui avec le Greffier ira recevoir sa réponse.

La partie ne se presentant à la premiere assignation, on peut donner défaut ou congé emportant profit, c'est à dire donner gain de cause à la partie comparante.

Lesdits congez & défauts peuvent être rabatus, si la partie défaillante fait un acte portant offre de plaider & défendre à la prochaine Audience.

Les preuves ordonnées par les Jugemés des Juge & Consuls doivent être faites sommairement, & les témoins ouys en l'Aaudience, où ils doivent être jettez & reprochez, après quoi l'affaire sera jugée en la même Audience, ou en la Chambre du

Instruction Generale

ARTICLE V.
Si l'une des parties ne compare à la premiere assignation, sera donné défaut ou congé emportant profit.

ARTICLE VI.
Pourront neanmoins les congez & défauts être rabattus en l'Audience suivante, pourveu que le défaillant ait sommé par acte celuy qui a obtenu le défaut ou congé, de comparoir en l'Audience, & qu'il ait offert par le même acte de plaider sur le champ.

ARTICLE VII.
Si les parties sont contraires en faits, & que la preuve en soit recevable par témoins, délay competant leur sera donné, pour faire comparoir respectivement leurs témoins, qui seront ouïs sommairement en l'Audience, après que les parties auront proposé verbalement leurs reproches, ou qu'elles auront été sommées de le faire, pour ensuite être la cause jugée en la même Audience ou au Conseil, sur la lecture des pieces.

ARTICLE VIII.
Au cas que les témoins de l'une des parties ne comparent, elle demeurera forclose, & déchûë de les faire ouïr, si ce n'est que le Juge & Consuls, eu égard à la qualité de l'affaire, trouvent à propos de donner un nouveau delay d'amener témoins; auquel cas les témoins seront ouïs secrettement en la Chambre du Conseil.

ARTICLE IX.
Les dépositions des témoins ouïs en l'Audience seront redigez par écrit, & s'ils sont ouïs en la Chambre du Conseil, seront signées du témoin, sinon sera fait mention de la cause pour laquelle il n'a point signé.

ARTICLE X.
Les Juge & Consuls seront tenus faire mention dans leur Sentence des declinatoires qui seront proposez.

ARTICLE XI.
Ne sera pris par les Juge & Consuls aucunes épices, salaires, droits de rapport & du Conseil, même pour les interrogatoires & audition de témoins, ou autrement, en quelque

Sur la Jurisdiction Consulaire.

cas ou pour quelque cause que ce soit, à peine de concussion & restitution du quadruple.

sentent à la premiere assignation, la partie doit être déchûë de les produire, sauf s'il est jugé à propos de donner un nouveau délay, aprés lesquelles les témoins comparans seront ouïs en la Chambre du Conseil.

Cét Article porte que les dépositions des témoins ouïs en l'Audience, seront redigées par écrit, & celles des témoins ouïs en la Chambre, seront signées des témoins sçachant signer, & pour les autres l'on déclarera la cause pour laquelle ils n'ont signé.

Il faut dans toutes les Sentences ou Jugemens faire mention des déclinatoires requis par les parties.

Les Juge & Consuls ne peuvent prendre aucun droit pour quelque acte de Justice que ce soit sous la peine portée par l'Article.

Conseil sur la lecture des pieces. Quand les témoins ne se pre-

TITRE XVII.

Des Matieres sommaires.

ARTICLE I.

LEs causes pures personnelles, qui n'excederont la somme ou valeur de quatre cens livres, seront reputées sommaires en nos Cours de parlement, Grand Conseil, Cour des Aydes & autres nos Cours, même és Requêtes de nôtre Hôtel & du Palais ; & à l'égard des Bailliages & Senéchaussées : & en toutes nos autres Jurisdictions & aux Justices des Seigneurs, même aux Officialitez, celles qui n'excederont la somme ou valeur de deux cens livres.

Cét Article qui déclare les causes qui n'excederont deux cens livres sommaires pour toutes les Jurisdictions inferieures, peut avoir lieu en la Jurisdiction de la bourse.

ARTICLE VII.

Les matieres sommaires seront jugées en l'Audience, tant en nos Cours qu'en toutes autres Jurisdictions & Justices, incontinent aprés les délais échûs sur un simple acte, pour venir plaider sans autre procedure ny formalité ; & seront à cette fin établies des Audiences particulieres.

Cét Article peut avoir lieu en la Bourse pour juger telles matieres & causes sommaires en l'Audience.

ARTICLE VIII.

Si les parties se trouvent contraires en faits dans les matieres sommaires, & que la preuve par témoins en soit reçûë, les témoins seront ouïs en la prochaine Audience en la presence des parties, si elles y comparent, sinon en l'absence des défail-

Si dans telles matieres il y a preuve à faire par témoins, elle doit être faite sommaire-

ment & en l'Audience, sans prorogation de délay.

Cét Article contient la forme avec laquelle les témoins doivent être ouïs sommairement.

Cét Article ne peut avoir lieu en la Jurisdiction de la Bourse que pour le jugement en la prochaine Audience, sur les preuves qu'il a fallu voir en la Chambre du Conseil.

Cét Article peut avoir lieu en la Jurisdiction de la Bourse, & porte que les Sentences ou Jugemens qui condamnent par provision de mil livres, doivent être exécutées, nonobstant la paix, en baillant caution, quoy qu'il n'y eût contrat, obligation, promesse reconnuë, ou condamnation precedente.

Que s'il y a contrat, promesse, Sentence sans appel, ou qui doit être

lans ; & neanmoins à l'égard de nos Cours des Requêtes de nôtre Hôtel, & du Palais & des Presidiaux, les témoins pourront être ouïs au Greffe par un de nos Conseillers, le tout sommairement sans frais, & sans que le délay puisse être prorogé.

ARTICLE IX

Les reproches seront proposez à l'Audience avant que les témoins soient entendus, si la partie est presente ; & en cas d'absence, sera passé outre à l'audition, & sera fait mention sur le plumitif, ou par le procez verbal, si c'est au Greffe, des reproches & de la deposition des témoins.

ARTICLE X.

Si le different ne peut être jugé sur le champ, les pieces seront laissées sur le Bureau sans inventaire de production, écritures ny memoires, pour y être déliberé, & le Jugement prononcé au premier jour à l'Audience, sans épices ny vacations, à peine de restitution du quadruple contre celuy qui aura presidé

ARTICLE XIV.

En toutes matieres sommaires qui n'excederont la somme de mil livres, les Sentences de provision seront exécutées, nonobstant & sans préjudice de l'appel, en baillant caution, encore qu'il n'y eût contract, obligation, promesse reconnuë ou condamnation precedente.

ARTICLE XV.

S'il y a contracts, obligations, promesses reconnuës, ou condamnations precedentes par Sentence, dont il n'y ait point d'appel, ou qu'elles soient exécutoires nonobstant l'appel, les Sentences de provision seront exécutées, à quelques sommes qu'elles puissent monter, en donnant caution.

ARTICLE XVI.

Défendons à nos Cours de Parlement, Grand Conseil, Cour des Aides, & autres nos Cours, & à tous autres Juges de donner défenses ou surséances en aucuns cas exprimez aux precedens articles, & si aucunes étoient obtenuës, Nous les avons dés-à-present declarées nulles, & voulons que sans y avoir égard, & sans qu'il soit besoin d'en demander main levée, les Sentences soient exécutées, nonobstant tous Jugemens, Ordonnances

Sur la Iurisdiction Consulaire. 49

donnances & Arrêts contraires, & que les parties qui auront presenté les Requêtes afin de défenses ou de surséance, & les Procureurs qui les auront signées, ou qui en auront fait demander en l'Audience, ou autrement, soient condamnez chacun en cent livres d'amande, applicable moitié aux pauvres; lesquelles amandes ne pourront être remises ny moderées.

exécutée nonobstant appel, la condamnation par provision à quelque somme que ce soit, sera exécutée en baillant caution. Telles Sentences doivent être exécutées, nonobstant tous Arrêts & Jugemens contraires, & ce sous les peines portées par l'Article.

※※※※※※※※※※※※※※※※※※※※※※※※※※※※※

TITRE XX.

Des faits qui gissent en preuve vocale ou litterale.

ARTICLE I.

Voulons que les faits qui gissent en preuve soient succinctement articulez & les réponses sommaires, sans alleguer aucune raison de droit, interdisant toutes repliques & additions, & défendons d'y avoir égard, & de les mettre en taxe, ny les comprendre dans les memoires des frais & salaires des Procureurs, le tout à peine de repetition du quadruple.

ARTICLE II.

Seront passez actes pardevant Notaires, ou sous signature privée de toutes choses, excedant la somme ou valeur de cent livres, même pour dépôts volontaires, & ne sera reçû aucune preuve par témoins, contre & outre le contenu aux actes, ny sur ce qui seroit allegué avoir été dit avant, lors ou depuis les actes, encore qu'il s'agit d'une somme ou valeur moindre de cent livres, sans toutefois rien innover pour ce regard, en ce qui s'observe en la Justice des Juge & Consuls des Marchands.

Tous les faits gisans en preuves, réponses aux contestatiōs desdits faits, doivent être succintement articulez, & sans fournir d'autres contredits, ny faire d'autres écritures sur lesd faits, lesquelles n'entreront en taxe.

Cét Article porte que les faits entre Marchands & pour raison de Marchandise, peuvent être prouvez par témoins quoi qu'ils excedent la somme de cent livres

G

TITRE XXII.

Des Enquêtes.

ARTICLE I.

> Cét Article porte que quand il s'agit de faire des preuves par témoins, le Jugement doit contenir les faits dont la preuve est ordonnée.

EZ matiéres où il échera de faire des enquêtes, le même Jugement qui les ordonnera, contiendra les faits des parties, dont elles informeront respectivement, si bon leur semble, sans autres intendits & réponses, Jugemens ny Commissions.

ARTICLE II.

> Cét Article contient les délais qui doivent être dônez pour la faction des Enquêtes, le cas peut arriver devant les Juge & Consuls.

Si l'enquête est faite au même lieu où le jugement a été rendu, ou dans la distance des dix lieues, elle sera commencée dans la huitaine du jour de la signification du Jugement, faite à la partie ou à son Procureur, & parachevée dans la huitaine suivante: s'il y a plus grande distance, le délay sera augmenté d'un jour par dix lieues, Pourra neanmoins le Juge, si l'affaire le requiert, donner une autre huitaine pour la confection de l'enquête, sans que le délai puisse être prorogé; le tout nonobstant oppositions ou appellations, recusations & prises à partie, & sans y préjudicier.

ARTICLE III.

> Cét Article contient la forme avec laquelle il faut proceder au jugement des enquêtes, le cas peut arriver devant les Juge & Consuls.

Aprés que les reproches auront été fournis contre les témoins, ou que le délay d'en fournir sera passé, la cause sera portée à l'Audience, sans faire aucun acte ou procedure pour la reception d'enquête, & ne seront plus fournis moyens de nullité par écrit, sauf à les proposer en l'Audience, ou par contredits, si c'est en procez par écrit.

ARTICLE IV.

> Cét Article contient ce qu'il faut faire quand les enquêtes ne sont faites dans les délais, le cas peut arriver devant les Juge & Consuls.

Si l'enquête n'est faite & parachevée dans les délais cy-dessus, le défendeur pourra poursuivre l'Audience sur un simple acte, sans forclusion de faire enquête, dont nous abrogeons l'usage.

Sur la Jurisdiction Consulaire.

ARTICLE V.
Les témoins assignez pour dépoſer, & la partie pour jurer, par Ordonnance du Juge, ſans commiſſion du Greffe.

ARTICLE VI.
Le jour & l'heure pour comparoir, ſeront marquez dans les exploits d'aſſignation, qui ſeront donnez aux témoins & aux parties, & ſi les témoins & les parties ne comparent, ſera differé d'une autre heure, aprés laquelle les témoins preſens feront le ſerment & ſeront ouïs, ſi les parties ne conſentent la remiſe à un autre jour.

ARTICLE VII.
Les témoins ſeront aſſignez à perſonne ou domicile, & les parties au domicile de leurs Procureurs.

ARTICLE VIII.
Les témoins ſeront tenus de comparoir à l'heure de l'aſſignation ou au plus tard à l'heure ſuivante, à peine de dix livres d'amande, au payement de laquelle ils ſeront contraints par ſaiſie & vente de leurs biens, & non par empriſonnement; ſi ce n'eſt qu'il fût ordonné par le Juge en cas de manifeſte deſobeïſſance: & ſeront les Ordonnances des Juges exécutées contre les témoins, nonobſtant oppoſitions ou appellations, même celles des Commiſſaires Enquêteurs & Examinateurs, pour la peine de dix livres ſeulement, encore qu'ils n'ayent aucune Juriſdiction, & ſans tirer à conſequence en autre choſe.

ARTICLE IX.
Soit que la partie compare ou non à la premiere aſſignation ou à la ſeconde, ſi les parties ont conſenti la remiſe, le Juge ou Commiſſaire prendra le ſerment des témoins qui ſeront preſens, & ſera par luy procedé à la confection de l'enquête, nonobſtant & ſans préjudice des oppoſitions ou appellations, même comme de Juge incompetant, récuſations ou priſes à parties, ſauf à en propoſer les moyens, & fournir de reproches aprés l'enquête.

ARTICLE X.
Si le Juge fait l'enquête dans le lieu de ſa reſidence, &

Cét Article porte que les témoins ſeront aſſignez, enſemble la partie pour les voir produire ſans aucun mandement du Greffe.

Cét Article marque le tems auquel apres l'aſſignation échuë il faut proceder a l'audit̃io des témoins.

Cét autre marque le lieu auquel il faut aſſigner les témoins & les parties.

Cét Article porte que les témoins non comparans ſeront condamnez en dix livres de peine meme par empriſonnemḗt en cas de manifeſte de deſobeïſſance, le tout exécuté nonobſtant oppoſitions ou appellations quelconques.

Cét Article porte qu'il ſera procedé à la cõfection de l'enquête, quoyque la partie aſſignée ſoit défaillante, même nonobſtant la negation d'incompetance de recuſation ou de priſe à partie, ſauf de faire valoir enſuite

Instruction Generale

lefdits moyens. Cét Article porte que quand l'enquête est faite dans le lieu de la residence du Juge, s'il est recusé ou pris à partie, il faut surseoir jusques au jugement de la recusation ou prise à partie.

qu'il soit recusé ou pris à partie, il sera tenu de surseoir jusqu'à ce que les recusations & prises à partie ayent été jugées.

ARTICLE XI.

Les parens & aliez des parties, jusqu'aux enfans des cousins issus de germain inclusivement, ne pourront être témoins en matiere civile pour déposer en leur faveur, ou contr'eux, & seront leurs dépositions rejettées.

ARTICLE XII.

Les parens & alliez jusqu'aux enfans des cousins issus de germain, ne peuvēt être témoins pour & contre leurs parens.

Le Juge ou Commissaire à faire enquête en quelque Jurisdiction que ce soit, même en nos Cours, recevra le serment & la déposition de chacun témoin, sans que le Greffier ny autre puisse les recevoir ny rediger par écrit hors sa presence.

ARTICLE XIV.

Les dépositiōs des témoins avec leur serment seront reçus par le Juge ou Commissaire en personne, & redigées en écrit par le Greffier en sa presence.

Au commencement de la déposition, sera fait mention du nom, surnom, âge, qualité & demeure du témoin, du serment par luy prêté, s'il est serviteur ou domestique, parent ou allié de l'une ou de l'autre des parties, & en quel degré.

ARTICLE XV.

Les témoins ne pourront déposer en la presence des parties, ny même en la presence des autres témoins, aux enquêtes qui ne seront point faites à l'Audience, mais seront ouïs separément, sans qu'il y ait autre personne que le Juge ou Commissaire à faire l'Enquête, & celuy qui écrira la déposition.

ARTICLE XVI.

Cét Article porte qu'au commencement de chaque deposition il sera fait mention de l'âge, demeure, qualité du témoin: ensemble du serment par luy prêté; & s'il est parent, allié, domestique, amy ou ennemy des parties.

La déposition du témoin étant achevée, lecture luy en sera faite, & en sera ensuite interpellé de déclarer, si ce qu'il a dit contient verité; & s'il y persiste, il signera sa déposition; & en cas qu'il ne sçût ou ne pût signer, il le declarera, dont sera fait mention sur la minutte & sur la grosse.

ARTICLE XVII.

Les témoins qui ne sont ouïs en l'Audience, doivent rendre leurs depositiōs

Les Juges ou Commissaires feront rediger tout ce que le témoin voudra dire touchant le fait dont il s'agit entre les parties, sans rien retrancher des circonstances.

Sur la Iurisdiction Consulaire.

ARTICLE XVIII.

Si le témoin augmente, diminue ou change quelque chose en sa déposition, il sera écrit par apostilles & par renvois en la marge, qui seront signez par le Juge & le témoin, s'il sçait signer, sans qu'il puisse être ajoûté foy aux interlignes, ny même aux renvois qui ne seront point signez : & si le témoin ne sçait signer, en sera fait mention sur la minutte & sur la grosse.

ARTICLE XIX.

Le Juge sera tenu de demander au témoin, s'il requiert taxe ; & si elle est requise il la fera, eu égard à la qualité, voyage, & séjour du témoin.

ARTICLE XX.

Tout ce que dessus sera observé en la confection des enquêtes, à peine de nullité.

ARTICLE XXI.

Défendons aux parties de faire ouïr en matiere civile, plus de dix témoins sur un même fait, & aux Juges ou Commissaires d'en entendre plus grand nombre : autrement la partie ne pourra pretendre le remboursement des frais qu'elle aura avancez pour les faire ouïr, encore que tous les dépens du procez luy soient adjugez en fin de cause.

ARTICLE XXII.

Le procez verbal d'enquête sera sommaire, & ne contiendra que le jour & l'heure des assignations données aux témoins pour déposer, & aux parties pour les voir jurer, le jour & l'heure des assignations échûës, leur comparution ou défaut ; la protestation des témoins, si c'est en la presence ou absence de la partie ; le jour de chacune déposition, le nom, surnom, âge, qualité, demeure des témoins, les requisitions des parties, & les actes qui en seront accordez.

ARTICLE XXIII.

Les Greffiers ou autres qui auront écrit l'enquête & le procez verbal, ne pourront prendre autre salaire, vacation ny journée, que l'expedition de la grosse selon le nombre des rôles, au cas que l'enquête ait été faite au lieu de leur demeure : & si elle a été faite ailleurs, ils auront le choix de prendre leurs

---

separément devant le seul Juge ou Commissaire, & le Greffier écrivât hors la presence des parties & des autres témoins. La deposition écrite doit être lûë au témoin avec interpellation, s'il y persiste, & le témoin signera ladite deposition, ou sera declarée la cause, pour laquelle il n'a signé. Tout ce que le témoin dit sur le fait dont il s'agit, doit être écrit, sans rien retrancher des circonstâces Quand le témoin diminué, augmenté ou change quelque chose en sa deposition, il faudra l'ajoûter par renvois apostille ou entre-lignesque le Juge & le témoin signeront, où il sera rendu raison pourquoy le témoin n'a signé : autrement ne sera ajoûté foy aux renvois, apostilles & entre-lignes. La taxe sera faite au témoin requerant, suivant sa qualité.

journées, qui seront taxées aux deux tiers de celle du Juge ou Commissaire, sans qu'ils puissent prendre ensemble leurs journées & leurs grosses pour quelque cause & pretexte que ce soit.

ARTICLE XXVI.

Abrogeons l'usage d'envoyer les expeditions des enquêtes dans un sac clos, & scellé même de celles qui auront été faites en une autre Jurisdiction, & pareillement toutes publications, receptions d'enquêtes, & tous Jugemens, Appointemens, Sentences, Arrêts, portans que la partie donnera moyens de nullité & de reproche.

ARTICLE XXVII.

Aprés la confection de l'enquête, celuy, à la Requête de qui elle aura été faite, donnera copie du procez verbal, pour fournir par la partie dans la huitaine des moyens de reproches, si bon luy semble ; & sera prodedé au jugement du differend, sans aucun commandement ny sommation.

ARTICLE XXVIII.

Si celuy qui a fait faire l'enquête, étoit refusant ou negligent de faire signifier le procez verbal & d'en donner copie, l'autre partie pourra le sommer par un simple acte d'y satisfaire dans trois jours, après lesquels il pourra lever le procez verbal, & sera tenu le Greffier luy en délivrer une expedition, en luy representant l'acte de sommation, & luy payant ses salaires de la grosse du procez verbal, dont sera délivré exécutoire contre la partie qui en devoit donner copie.

ARTICLE XXIX.

La partie qui aura fourny de moyens de reproches, ou qui y aura renoncé, pourra demander copie de l'enquête, laquelle luy sera délivrée par la partie : & en cas de refus, l'enquête sera rejettée, & sans y avoir égard, procedé au jugement du procez.

ARTICLE XXX.

Si la partie contre laquelle l'enquête aura été faite, en veut prendre avantage, il pourra la lever, en faisant apparoir de la signification de ses moyens de reproches, ou de l'acte portant renonciation d'en fournir, dont sera laissé copie au Greffier,

---

voyage & séjour

Les enquêtes sont nulles, si on n'y a observé tout ce qui est ordonné dans les articles precedens.

L'on ne peut faire ouïr sur même fait plus de dix témoins, & les frais des depositions & auditiôs du plus grand nombre n'entreront en taxe.

Cét Article contient la forme du procez verbal fait sur l'enquête, le cas peut arriver en la Jurisdiction de la Bourse.

Cét Article contient les droits du Greffier qui a écrit l'enquête.

Cét Article contient l'abrogation de l'usage d'envoyer les enquêtes closes ensemble de la publication, reception des nullitez & reproches contre lesdites enquêtes.

Cét Article contient ce que les parties doivent faire aprés la confection des enquêtes.

Cét Article contient aussi ce qui doit être

Sur la Jurisdiction Consulaire. 55

à la charge d'avancer par luy les droits & salaires du Greffier, dont luy sera delivré exécutoire, pour s'en faire rembourser par la partie qui aura fait faire l'enquête, & dans l'exécutoire seront compris les frais du voyage, pour faire lever les expeditions, ou pour le salaire des Messagers.

ARTICLE XXXI.

Si la partie qui a fait faire l'enquête refuse d'en faire donner copie & du procez verbal, l'autre partie aura un délay de huitaine pour lever le procez verbal, & pareil delay pour l'enquête : & en cas que l'enquête ait été faite hors le lieu où le differend est pendant, il sera donné un autre delay selon la distance du lieu, tant pour le voyage que pour le retour de celuy qui sera envoyé pour la lever, à raison d'un jour pour dix lieuës.

ARTICLE XXXII.

Tous les délais de huitaine cy-devant ordonnez, ne seront que pour nos Cours & pour nos Bailliages, Senéchaussées & Presidiaux ; & à l'égard de nos autres Jurisdictions, des Justices des Seigneurs, même des Duchez & Pairies, & des Juges Ecclesiastiques, les délais seront seulement de trois jours.

ARTICLE XXXIII.

La partie qui aura fait faire une enquête, ne pourra demander à l'autre partie copie du procez verbal de son enquête, ny pareillement le lever, qu'il n'ait auparavant fait signifier le procez verbal de l'enquête faite à sa requête ; ny demander copie de l'autre enquête, ny la lever, qu'il n'ait donné copie de la sienne.

ARTICLE XXXV.

Si la permission de faire enquête a été donnée en l'Audience, sans que les parties ayent été appointées à écrire, les enquêtes seront portées à l'Audience, pour y être jugées sur un simple acte, & sans autres procedures.

ARTICLE XXXVI.

Si l'enquête est declarée nulle par la faute du Juge ou Commissaire, il en sera fait une nouvelle aux frais & dépens du Juge ou Commissaire, dans laquelle la partie pourra faire ouïr de nouveau les mêmes témoins.

---

fait en cas de délay ou negligence de la part de celuy qui a fait faire l'enquête.

Cét Article porte que la copie de l'enquête peut être demandée par la partie qui a fourny reproches, ou y a renoncé : & en cas de refus de lad. copie, l'enquête peut être rejettée.

La partie qui a fourny reproches ou renoncé, pourra lever l'enquête contraire aux frais de l'adversaire, dont il luy sera delivré exécutoire.

Quand celuy qui a fait faire l'enquête est en demeure d'en faire signifier la copie ou le procez verbal, l'autre partie peut en demander l'expedition dans un délay competant.

Cét Article contient le tems de délais : qui pour la Jurisdiction de la Bourse semblent être reduits & limitez à 3 jours.

Les parties qui ont fait faire enquête, ne peuvent demander copie l'un à l'autre, ou faire la levée des enquêtes contraires, s'ils n'ont satisfait de leur part.

Les enquêtes ordonnées en l'Audience doivent être rapportées & jugées en l'Audience.

Quand l'enquête est déclarée nulle par la faute du Juge ou Commissaire, elle sera refaite aux dépens desdits Juge & Commissaire, & les mêmes témoins peuvent être réouis.

TITRE XXIII.

Des reproches des témoins.

ARTICLE I.

Les reproches contre les témoins seront circonstanciez & pertinens, & non en termes vagues & generaux : autrement seront rejettez.

ARTICLE II.

S'il est avancé dans les reproches, que les témoins ont été emprisonnez, mis en decret, condamnez ou repris de Justice, les faits seront reputez calomnieux, s'ils ne sont justifiez avant le jugement du procez, par des écroues d'emprisonnement, decrets, condamnations, ou autres actes.

ARTICLE III.

Celuy qui aura fait faire l'enquête, pourra, si bon luy semble, fournir de réponses aux reproches, & les réponses seront signifiées à la partie : autrement défendons d'y avoir égard, le tout sans retardation du jugement.

ARTICLE IV.

Les Juges ne pourront appointer les parties à informer sur les faits de reproches, sinon en voyant le procez, au cas que les moyens de reproches soient pertinens & admissibles.

ARTICLE V.

Les reproches des témoins seront jugez avant le procez ; & s'ils sont trouvez pertinens, & qu'ils soient suffisamment justifiez, les dépositions n'en seront levées.

ARTICLE VI.

Défendons aux Procureurs de fournir aucun reproche contre les témoins, si les reproches ne sont signez de la partie, ou

s'ils

Marginalia:

Les reproches contre les témoins doivent être precis, non pas vagues & generaux.

Les reproches contre les témoins fondez sur accusation ou condamnation sur crime, doivent être prouvez par écrit : autrement sont reputez injurieux.

Il est loisible de fournir de réponses aux reproches, lesquelles doivent être signifiées sans rétardatió du jugement du procez.

Les parties ne peuvent être appointées sur les faits & moyens de reproche, qu'en procedantau jugement du procez.

Les reproches doivent être examinez avant le jugement du procez, & s'ils

Sur la Iurisdiction Consulaire.

s'ils ne font apparoir d'un pouvoir special par écrit, à eux donné pour les proposer.

TITRE XXIV.

Des Recusations des Juges.

ARTICLE I.

LEs recusations en matiere civile seront valables en toutes Cours, Jurisdictions & Justices, si le Juge est parent ou allié de l'une des parties, jusqu'aux enfans des cousins issus de germain, qui sont le quatriéme degré inclusivement, & neanmoins il pourra demeurer Juge si toutes les parties y consentent par écrit.

ARTICLE IV.

Ce qui est dit des parens & alliez aura pareillement lieu pour ceux de la femme, si elle est vivante, ou si le Juge ou la partie en ont des enfans vivans; & en cas que la femme soit decedée, & qu'il n'y eût enfans, le beau pere, le gendre, ny les beau freres ne pourront être Juges.

ARTICLE V.

Le Juge pourra être recusé s'il a un differend sur pareille question que celle dont il s'agit entre les parties, pourveu qu'il y en ait preuve par écrit, sinon le Juge en sera crû à sa declaration, sans que celuy qui proposera la declaration puisse être recû à la preuve par témoins, ny même demander aucun delay pour rapporter la preuve par écrit.

ARTICLE VI.

Le Juge pourra être recusé s'il a donné conseil, ou connu auparavant le differend comme Juge ou comme arbitre; s'il à sollicité ou recommandé, ou s'il a ouvert son avis hors la visitation & jugement, en tous lesquels cas il sera crû à sa declaration, s'il n'y a preuve par écrit.

ARTICLE VIII.

Le Juge pourra être recusé pour menace par luy faite ver-

---

font pertinens, l'on aura égard aux depositions.

Les reproches ne doivent être proposez, s'ils ne sont signez de la partie ou en vertu d'une procuration expresse.

Les Juges sont recusables, s'ils sont parens ou alliez des parties, jusqu'aux enfans issus de cousin germain qui est le quatriéme degré inclusivement? mais ils pourront demeurer Juges par le consentement mutuel des parties, fourny par écrit.

Le Juge peut être recusé pour les mêmes parentez & alliances du côté de sa femme, si elle est vivante, ou si elle en a des enfans; & en cas qu'il n'en ait d'enfans, le beau pere, gendre & beau freres sont recusables.

Le Juge peut être recusé, s'il y a un semblable procez, duquel il faut faire la preuve par écrit & non par témoins & sans balement ou par écrit depuis l'inſtance ; ou dans les ſix mois precedans la récuſation propoſée, ou s'il y a eu inimitié capitale.

ARTICLE XII.

N'entendons auſſi exclure les autres moyens de fait ou de droit, pour leſquels un Juge pourra être valablement recuſé.

ARTICLE XIII.

Les Officiers de nos Cours, Bailliages, Sénéchauſſées & autres Sieges & Juriſdictions, même ceux des Seigneurs, pourront ſolliciter, ſi bon leur ſemble, és maiſons des Juges, pour les procez qu'eux, leurs Enfans, Pere, Mere, Oncles, Tantes, Neveux ou Niéces, & les Mineurs, de la tutelle ou curatelle deſquels ils ſeront chargez, auront és Cours, Juriſdictions & Juſtices dont ils ſont Officiers : leur défendons de les ſolliciter dans les lieux de la Séance, de l'entrée deſquels voulons qu'ils s'abſtiennent entierement pendant la viſitation & jugement du procez.

ARTICLE XIV.

Si néanmoins lors qu'il ſera procédé au jugement des procez qu'ils auront en leur nom, ou pour leurs Pere, Mere, Enfans ou Mineurs, dont ils ſeront Tuteurs ou Curateurs, il étoit beſoin qu'ils fuſſent ouïs par leur bouche, ils ne pourront ſous ce pretexte, ou pour quelqu'autre que ce ſoit, aprés avoir été ouïs, demeurer en la Chambre & lieu de l'Auditoire dans lequel le procez ſera examiné & délibéré ; mais ſeront tenus d'en ſortir, ſans qu'ils puiſſent ſolliciter pour aucunes autres perſonnes, ſur peine d'être privez de l'entrée de la Cour, Juriſdictions ou Juſtices, & de leurs gages pour un an, ce qui ne pourra être remis ny moderé pour quelque cauſe & occaſion que ce ſoit. Chargeons nos Procureurs en chacun Siége d'avertir nos Procureurs Generaux des contreventions, & nos Procureurs Generaux de Nous en donner avis, à peine d'en répondre par eux, chacun à leur égard en leur nom.

ARTICLE XV.

Si la récuſation eſt jugée valable, le Juge ne pourra pour

---

eſperance de délai, autrement le Juge en ſera crû ſur ſa ſimple déclaration.

Le Juge eſt récuſable, s'il a donné conſeil, ou connu precedemment du procez, comme Juge ou Arbitre ou s'il a ouvert ſon avis hors la viſitation & jugement du procez, ou s'il a ſollicité ou recommandé l'affaire, tous leſquels doivent être prouvez par écrit autrement il faut ajoûter foy à la déclaration du Juge.

Le Juge peut être recuſé pour menaces faites pendant le procez, ou ſix mois auparavant la recuſation propoſée, enſemble pour inimitié capitale.

Tous les faits envoyez de recuſation de droit peuvent être propoſez.

Cét Article contient les cas auſquels tous les Officiers peuvent ſolliciter les procez, même dans les Cours où ils ſont Officiers : mais ils ne peu-

Sur la Iurisdiction Consulaire.

quelque cause, & sous quelque prétexte que ce soit, assister en la Chambre ou Auditoire pendant le rapport du procez, & si c'est à l'Audience, il sera tenu de se retirer, à peine de suspension pour trois mois, sauf après la prononciation de reprendre sa place.

ARTICLE XVI.

Ce que nous voulons avoir aussi lieu à l'égard de celuy qui présidera en l'Audience, nonobstant l'usage ou abus introduit en aucunes de nos Cours, où le Président récusé reçoit les avis, & prononce le Jugement, ce que nous abrogeons en toutes Cours, Jurisdictions & Justices, & en cas d'appointement, l'instance sera distribuée par celuy des autres Présidens ou Juges à qui la distribution appartiendra.

ARTICLE XVII.

Tout Juge qui sçaura causes valables de récusation en sa personne, sera tenu, sans attendre qu'elles soient proposées, d'en faire sa déclaration qui sera communiquée aux parties.

ARTICLE XVIII.

Aucun Juge ne pourra se déporter du rapport & jugement des procez, qu'après avoir déclaré en la Chambre les causes pour lesquelles il ne peut demeurer Juge, & que sur la déclaration il n'ait été ordonné qu'il s'abstiendra.

ARTICLE XIX.

Enjoignons pareillement aux parties qui sçauront causes de récusation contre aucun des Juges, pour parenté, alliance ou autrement, de les déclarer & proposer aussi-tôt qu'elles seront venuës à leur connoissance.

ARTICLE XX.

Après la déclaration du Juge ou de l'une des parties, celuy qui voudra récuser, sera tenu de le faire dans la huitaine du jour que la déclaration aura été signifiée ; après lequel tems il n'y sera point reçû ; mais si la partie est absente, & que son Procureur demande un délay pour l'avertir & en recevoir Procuration expresse, il luy sera accordé suivant la distance des lieux, sans que les délais puissent être prorogez pour quelque cause que ce soit.

vent faire les sollicitations dans les lieux de séance, & n'y doivent entrer lors de la visitation & jugement des procez.

Lesdits Officiers pourront avoir entrée audit tems, s'il y a lieu de les ouïr sur les faits des procez, après quoy ils doivent se retirer : le cas peut arriver devant les Juge & Consuls.

Le Juge dûment récusé ne peut assister au jugement, & doit se retirer de la Chambre & de l'Audiéce.

Le Juge qui préside en l'Audience, dûment récusé doit s'abstenir, sans pouvoir recueillir les voix & prononcer, l'usage contraire étant abrogé.

Le Juge sçachant cause valable de récusation contre luy, doit en faire sa déclaration pour être communiquée aux parties.

Aucun Juge ne peut s'abstenir qu'après avoir déclaré en la Chambre la cause, & que sur sa déclara-

Instruction Generale

ARTICLE XXI.

tion il ait été ordonné qu'il s'abstiendra.

Les parties proposeront les moyens de recusation aussi-tot qu'ils en auront connoissance.

Après la déclaration du Iuge ou de la partie, la recusation sera proposée dans huitaine depuis le jour de la signification de la déclaration, sauf en cas d'absence de la partie de donner un plus grād delai, suivant la distance des lieux & sans esperance de prorogation.

Les recusations peuvent être proposées en tout état de cause avec affirmation qu'elles ont été nouvellement connuës au recusant.

Les recusations doivent être proposées par Requête signée de la partie, ou en vertu de sa procuration expresse, & en cas d'absence de la partie, les recusations peuvent être proposées si le Iuge & la partie connoissent qu'il y ait lieu de s'abstenir

Si le Juge ou l'une des parties n'avoient point fait de déclaration, celuy qui voudra recuser, le pourra faire en tout état de cause, en affirmant que les causes de recusation sont venuës depuis peu à sa connoissance.

ARTICLE XXIII.

Les recusations seront proposées par Requête, qui en contiendra les moyens, & sera la Requête signée de la partie ou d'un Procureur fondé de procuration speciale, qui sera attachée à la Requête. Pourra neanmoins le Procureur en cas d'absence de sa partie, signer la Requête sans pouvoir special, pour requerir que le Juge ait à s'abstenir, en cas que luy ou la partie ait reconnu quelques causes de recusation.

ARTICLE XXIV.

Les recusations seront communiquées au Juge, qui sera tenu de déclarer si les faits sont veritables ou non, après quoi sera procedé au jugement des recusations, sans qu'il puisse y assister ny être present en la Chambre.

ARTICLE XXV.

En toutes nos Jurisdictions, même és Justices des Seigneurs, les recusations devant ou après la preuve, seront jugées au nombre de cinq au moins. S'il y a six Juges ou plus grand nombre, y compris celuy qui est recusé, & s'il y en a moins de six, ou même si le Juge recusé étoit seul, elles seront jugées au nombre de trois : & en l'un & en l'autre cas, le nombre des Juges sera suplée, s'il est besoin par Avocats du Siege, s'il y en a, sinon par les Praticiens, suivant l'ordre du tableau.

ARTICLE XXVI.

Les Jugemens & Sentences qui interviendront sur les causes de recusation au nombre de cinq & de trois Juges, selon la qualité des Sieges, Jurisdictions & Justices, seront exécutez nonobstant oppositions ou appellations ; & sans y préjudicier, si ce n'est lors qu'il sera question de proceder à quelque descente, information ou enquête, esquels cas le Juge

Sur la Iurisdiction Consulaire. 61

recusé ne pourra passer outre, nonobstant l'appel, & y sera procedé par autre des Juges ou Praticiens du Siege, non suspect aux parties, selon l'ordre du tableau, jusqu'à ce qu'autrement il en ait été ordonné sur l'appel du Jugement de la recusation, si ce n'est que l'Intimé declare vouloir attendre le jugement de l'appel.

Les recusations seront communiquées au Iuge recusé qui sera oui, & ne pourra assister, ny être dans la Chambre lors du jugement des recusations.

ARTICLE XXIX.

Celuy dont les recusations auront été declarées impertinentes & inadmissibles, ou qui en aura été debouté faute de preuve, sera condamné en deux cens livres d'amande en nos Cours de Parlement, Grand Conseil & autres nos Cours ; cent livres aux Requêtes de notre Hôtel & du Palais ; cinquante livres aux Presidiaux, Bailliages, Senéchaussées ; trente-cinq livres en nos Châtellenies, Prevôtez, Vicomtez, Elections, Greniers à Sel, & aux Justices des Seigneurs, tant des Duchez, Pairies, qu'autres ressortissans nuëment en nos Cours; & vingt-cinq livres aux autres Justices des Seigneurs : le tout applicable, sçavoir moitié à Nous, ou aux Seigneurs dans leur Justice, & l'autre moitié à la partie, sans que les amandes puissent être remises ny moderées.

Cét Article porte le nombre des Iuges qui doivent juger les recusations, il faut qu'il y en ait cinq ou pour le moins trois, suivant le nombre des Officiers qui sont dans la compagnie, il semble que dans la Iurisdiction des Iuge & Consuls, les recusations doivent être jugées au nombre de cinq.

ARTICLE XXX.

Outre les condamnations d'amande, le Juge recusé pourra demander reparation des faits contre luy proposez, que Nous voulons luy être adjugez suivant sa qualité & la nature des faits, auquel cas neanmoins il ne pourra demeurer Juge.

Les jugemens des recusations au nombre de cinq ou de trois suivant la qualité des Sieges ou Jurisdictions

feront exécutez nonobstant oppositions ou appellations, & sans préjudice d'icelles, sauf és cas exprimez dans l'Article qui ne peuvent arriver en la Jurisdiction des Juge & Consuls en fait d'enquête

Ceux qui sont déboutez des recusations doivent être condamnez aux amandes mentionnées dans l'Article, il semble que les Juge & Consuls peuvent audit cas condamner en l'amande de trente-cinq livres.

Le Juge mal recusé peut demander la reparation suivant la qualité de la recusation ; & en ce cas il ne doit demeurer Juge.

TITRE XXV.

Des prises à Partie.

ARTICLE I.

ENjoignons à tous Juges de nos Cours, Jurisdictions & Justices, & des Seigneurs, de proceder incessamment au Jugement des causes, instances & procez qui seront en état de juger, à peine de répondre en leur nom, des dépens, dommages & interêts des parties.

Les Juges doivent proceder au jugement des procez, qui sont en état à peine de répondre des dommages & intérêts des parties.

ARTICLE II.

Si les Juges, dont il y a appel, refusent ou sont negligens de juger la cause, instance ou procez qui sera en état, ils seront sommez de le faire : Et commandons à tous Huissiers & Sergens qui en seront requis, de leur faire les sommations necessaires, à peine d'interdiction de leur Charge.

Les Juges peuvent être sommez de juger les procez qui sont en état.

ARTICLE III.

Les sommations seront faites aux Juges en leur domicile, ou au Greffe de leur Jurisdiction, en parlant à leur Greffier ou au Commis des Greffes.

Telles sommations doivent être faites aux Greffiers ou à leurs Commis.

ARTICLE IV.

Aprés deux sommations de huitaine en huitaine pour les Juges ressortissans nuëment en nos Cours, & de trois jours en trois jours pour les autres Sieges, la partie pourra appeller comme de dény de Justice, & faire intimer en son nom le Rapporteur, s'il y en a, sinon celuy qui devra présider : lesquels Nous voulons être condamnez en leurs noms, aux dépens, dommages & interêts des parties, s'ils sont declarez bien intimez.

Il suffit de faire deux sommations de huitaine en huitaine, aprés lesquelles la partie peut appeller en dény de justice, & faire intimer le Commissaire rapporteur s'il y en a, ou celuy qui doit presider, pour répondre des dommages & interêts de la partie.

ARTICLE V.

Le Juge qui aura été intimé, ne pourra être Juge du differend, à peine de nullité & de tous dépens, dommages & interêts des parties, si ce n'est qu'il ait été follement intimé, ou que l'une & l'autre des parties consentent qu'il demeure Juge, & sera procedé au Jugement par autre des Juges & Praticiens

Le Juge qui

Sur la Jurisdiction Consulaire. 63

du Siege, non suspects, suivant l'ordre du Tableau : si mieux n'aime l'autre partie attendre que l'intimation soit jugée.

s'est qu'il ait été follement intimé, ou que les parties consentent qu'il demeure Juge.

aura été intimé ne pourra juger le different des parties, si ce

TITRE XXVI.

De la forme de proceder aux Jugemens, & des prononciations.

ARTICLE I.

LE jugement de l'instance ou procez qui sera en état de juger, ne sera differé par la mort des parties ny de leurs Procureurs.

Les procez en état pourront être jugez nonobstant le décez des parties.

ARTICLE II.

Si la cause, instance ou procez n'étoient en état, les procedures faites & les Jugemens intervenus depuis le decez de l'une des parties ou d'un Procureur, ou quand le Procureur ne peut plus postuler, soit qu'il l'ait resigné ou autrement, seront nulles, s'il n'y a reprise ou constitution de nouveau Procureur.

Il y a nullité dans les procedures ou jugemens des procez qui n'étoiét en état, pour tout ce qui a été fait depuis le décez de la partie.

ARTICLE V.

Celuy qui aura presidé, verra à l'issuë de l'Audience, ou dans le même jour, ce que le Greffier aura redigé, signera le plumitif, & paraphera chacune Sentence, Jugement ou Arrêt.

Celuy qui a presidé au jugement des procez, verra tous les jours le plumitif du Greffier, le signera, & paraphera tous les Jugemens & Sentences.

ARTICLE VI.

Toutes Sentences, Jugemens ou Arrêts sur productions des parties qui condamneront à des interets ou à des arrérages, en contiendront les liquidations ou calcul.

ARTICLE VII.

Abrogeons en nos Cours & dans toutes Jurisdictions les formalitez des prononciations des Arrêts & Jugemens, & significations pour raison de ce, sans que les frais puissent entrer en taxe, ny dans les memoires de frais & salaires des Procureurs.

Toutes les Sentences qui condamneront à des interets ou arrerages doiventen contenir la liquidation.

Cét Article abroge l'usage contraire au precedent, &

ARTICLE VIII.

Les Sentences, Jugemens & Arrêts seront dattez du jour qu'ils auront été arrêtez, sans qu'ils puissent avoir d'autre datte, & sera le jour de l'Arrêt écrit de la main du Rapporteur en

Instruction Generale

ordonne que les frais ne pourront entrer en taxe.

suite du Dictum ou Dispositif, avant que de le mettre au Greffe, à peine des dépens, dommages & interêts des parties.

Les jugemens seront dattez du jour qu'ils ont été arrêtez, & sera le jour marqué de la main du Rapporteur à suite du dispositif.

TITRE XXVII.

De l'exécution des Jugemens.

ARTICLE XII.

Si les Sentences ayant été duëment signifiées, & trois ans après la signification la partie ayant été sommée de faire appel, il ne sera reçû appellant après les six mois depuis ladite sommation & les Sentences passeront en force de chose jugée.

SI aucun est condamné par Sentence, & qu'elle ait été signifiée avec toutes les formalitez ordonnées pour les ajournemens, & qu'après trois ans écoulez depuis la signification, celuy qui a obtenu la Sentence l'ait sommé avec pareille solemnité d'en interjetter appel, le condamné ne sera plus recevable à en appeller six mois après la sommation ; mais la Sentence passera en force de chose jugée.

ARTICLE XIV.

Les délais ci-dessus seront observez, tant entre presens que absens, fors & excepté contre ceux qui seront absens hors le Royaume pour nôtre service & par nos ordres.

ARTICLE XV.

Le susdit ordre a lieu contre les presens & absens, sauf à l'égard des absens hors du Royaume pour le service du Roi.

Ce même ordre a lieu contre les heritiers donataires & legataires, ou tiers detenteurs sauf qu'en cas que le condamné soit mort dans le tems du

Si celuy qui sera condamné, décede pendant ces trois années, ses heritiers ou legataires universels majeurs auront outre le tems qui en restoit à écouler une année entiere, après laquelle celuy qui aura obtenu la Sentence, sera obligé de leur faire signifier, avec sommation d'interjetter appel, si bon leur semble, nonobstant que pareille sommation eût été faite au défunt ; & dans les six mois à compter du jour de la nouvelle sommation, ils pourront interjetter appel, sans qu'après le terme ils y puissent être reçus, & la Sentence passera contre eux en force de chose jugée : Ce qui sera aussi observé à l'égard des donataires, legataires particuliers & tiers détenteurs.

ARTICLE XVII.

Au défaut des sommations ci-dessus, les Sentences n'auront

Sur la Iurisdiction Consulaire.

ront force de choses jugées qu'après dix ans, à compter du jour de leur signification, lesquels dix ans courront, tant entre presens qu'absens.

ARTICLE XVIII.

Voulons que les sommes pour condamnations, taxes, salaires, redevances & autres droits, soient exprimez à l'avenir dans les Jugemens, Conventions & autres Actes, par deniers, sols & livres, & non par parisis ou tournois; & encore que les actes portent le parisis, la somme n'en sera pas augmentée, sans néanmoins rien innover pour le passé.

En cas que les sommations n'ayent été faites en la forme prescrite, les Sentences n'auront force de chose jugée qu'après dix ans depuis la signification, lesquels dix ans courront contre les presens & absens.

Toutes les condamnations des sommes seront désignées par deniers, sols & livres sans ajoûter parisis ou tournois.

délay, il faudra ajoûter un an en faveur des heritiers, ou ayans droit qu'il faudra sommer de nouveau de faire appel, & les six mois depuis la sommation échûs, les heritiers ou ayans droit ne seront plus reçûs a faire appel.

TITRE XXVIII.

Des Réceptions des Cautions.

ARTICLE I.

Tous Jugemens qui ordonneront de bailler caution, feront mention du Juge devant lequel les parties se pourvoiront pour la reception de la caution.

Les jugemens ordonnans bail de caution indiqueront le Juge qui devra recevoir ladite caution.

ARTICLE II.

La caution sera presentée par acte signifié à la partie ou Procureur, & fera sa soûmission au Greffe, si elle n'est point contestée.

ARTICLE III.

Si la caution est contestée, sera donné copie de la declaration de ses biens, & les pieces justificatives seront communiquées sur le *Recepisse* du Procureur, & sur la premiere assignation à comparoir pardevant le Commissaire, sera procedé sur le champ à la reception ou rejet de la caution, & seront les Ordonnances du Commissaire exécutées, nonobstant oppositions ou appellations, & sans y préjudicier. Défendons à tous Ju-

La caution sera notifiée par acte à la partie, & ensuite reçûe au Greffe, si elle n'est pas contestée. Cét Article contient la forme de la reception des cautiôs en cas de contestation de leur solvabilité.

ges de donner aucuns appointemens à mettre en droit, ou de contrarieté, sur leur solvabilité ou insolvabilité.

ARTICLE IV.

La caution reçûë doit faire sa soûmission au Greffe.

La caution étant reçûë, & l'acte signifié à la partie ou au Procureur, elle fera sa soûmission au Greffe.

TITRE XXXI.

Des dépens.

ARTICLE I.

Toutes Sentences indistinctement & entre toute sorte de parties porteront condamnation de dépens, sans pouvoir être moderez ny reservez.

Toute partie, soit principale ou intervenante, qui succombera même aux renvois, declinatoires, évocations ou Reglemens de Juges, sera condamné aux dépens indefiniment, nonobstant la proximité ou autres qualitez des parties, sans que sous pretexte d'équité, partage d'avis, ou pour quelqu'autre chose que ce soit, elle en puisse être déchargée. Défendons à nos Cours de Parlement, Grand Conseil, Cours des Aides, & autres nos Cours, Requêtes de nôtre Hôtel & du Palais, & à tous autres Juges de prononcer par hors de Cour sans dépens. Voulons qu'ils soient taxez en vertu de nôtre presente Ordonnance, au profit de celuy qui aura obtenu diffinitivement, encore qu'ils n'eussent été adjugez, sans qu'ils puissent être moderez, liquidez ny reservez.

ARTICLE III.

Les Sentences sur incidens difinitivement jugez porteront condamnation de dépens.

Si dans le cours du procez il survient quelque incident qui soit jugé diffinitivement, les dépens en seront pareillement adjugez.

ARTICLE IV.

Les voyages & séjours n'entreront en taxe qu'aprés l'affirmation que la partie a fait au Greffe, & à compter depuis la signification

Les voyages & séjours qui doivent entrer en taxe, ne pourront être employez ny taxez, s'ils n'ont été veritablement faits ou dûs être faits, & que celuy qui en demandera la taxe, ne fasse apparoir d'un acte fait au Greffe de la Jurisdiction, en laquelle le procez sera pendant, lequel contiendra son affirmation, qu'il a fait exprés le voyage pour le fait du procez, &

Sur la Iurisdiction Consulaire.

que l'acte n'ait été signifié au Procureur de la partie, aussi-tôt qu'il aura été passé, & le séjour ne pourra être compté que du jour de la signification.

ARTICLE XXXIII.

Les Juges subalternes, tant Royaux que des Seigneurs particuliers, seront tenus en toutes Sentences, soit en l'Audience ou procez par écrit, de liquider les dépens, eu égard aux frais qui auront été legitimement faits, sans aucunes déclarations de dépens, à peine contre les contrevenans de vingt livres d'amande, & de restitution des droits qui auront été perçûs, dont sera delivré exécutoire aux parties qui les auront déboursez.

de l'Acte d'affirmation.

Les Juges subalternes doivent liquider les dépens dans leurs Sentences

---

TITRE XXXII.

De la taxe & liquidation des dommages & interêts

ARTICLE I.

LA déclaration des dommages & interêts sera dressée, & donnée copie au Procureur du défendeur, ensemble de la Sentence, Jugement ou Arrêt qui les auront adjugez, & luy seront communiquées sous son *Recepisse* les pieces justificatives pour les rendre dans la quinzaine, à peine de prison, soixante livres d'amande & du séjour, dépens, dommages & interêts des parties en son nom, sans qu'aucune des peines puisse être reputée comminatoire, ny remise ou moderée sous quelque pretexte que ce soit.

Cét Article contient la forme de la liquidation des dommages & interêts adjugez par Sentence.

ARTICLE II.

Pourra le défendeur dans les délais pareils à ceux-cy dessus reglez en l'Article cinquiéme du titre de la taxe des dépens, faire ses offres; & en cas d'acceptation en sera passé appointement de condamnation qui sera reçû en l'Audience.

Cét Article contient les offres que le défendeur doit faire pour empêcher qu'il ne soit procedé à la taxe & liquidation des dommages & interêts.

ARTICLE III.

Si le Défendeur ne fait point d'offres, ou qu'elles soient contestées, sera pris appointement à produire dans trois jours, en cas qu'elles soient contestées, si par l'évenement les dom-

Cét Article

I ij

mages & interêts, n'excedent la somme offerte, le demandeur sera condamné en tous les frais & dépens depuis le jour des offres, lesquels seront liquidez par le même jugement.

contient ce qu'il y a à faire en cas que les offres soient contestez

TITRE XXXIV.
De la décharge des contraintes par corps.

ARTICLE II.

Pourront neanmoins les contraites par corps être ordonnées après les quatre mois pour les dépens adjugez, s'ils montent à deux cens livres & au dessus ; ce qui aura lieu pour la restitution des fruits & pour les dommages & interêts au dessus de deux cens livres.

Cét Article contient l'usage des contraintes par corps enfait de dépens, dommages & interêts, restitution des fruits & pour quelle somme.

ARTICLE VI.

Défendons à nos Cours & à tous autres Juges de condamner aucuns de nos sujets par corps en matiere civile, sinon & en cas de reintegrande pour delaisser un heritage en exécution des jugemens, pour stellionat, pour depôt necessaire, consignation faite par Ordonnance de Justice, ou entre les mains des personnes publiques, representation de biens par les Sequestres, Commissaires ou Gardiens, Lettres de change, quand il y aura remise de place en place, debtes entre Marchands pour fait de marchandise dont ils se mêlent.

Cét Article contient les cas ésquels en matiere civile on peut condamner par corps ceux des Lettres de change, & pour fait de marchandise, regardent particulieremét les Iuge & Consuls.

ARTICLE VIII.

Ne pourront les femmes & les filles s'obliger, ny être contraintes par corps, si elles ne sont Marchandes publiques ou pour cause d'stellionat procedant de leur fait.

Les femmes & filles peuvent être contraintes par corps pour fait de marchandises, & autres cas exprimez dans l'art.

ARTICLE XII.

Si la partie appelle de la Sentence, ou s'oppose à l'exécution de l'Arrêt ou Jugement portant condamnation par corps, la contrainte sera sursise jusqu'à ce que l'appel ou l'opposition ayent été terminez : mais si avant l'appel ou

L'appel de la Sentence, portant contrainte par corps, étant düement signifié, empêche l'exécution de la contrainte mais si l'appel est dé-

Sur la Jurisdiction Consulaire. 69

opposition signifiée, les Huissiers ou Sergens s'étoient saisis de sa personne, il ne sera surcis à la contrainte.

ARTICLE XIII.

Les poursuites & contraintes par corps n'empêcheront les saisies, exécutions & vente des biens de ceux qui sont condamnez.

Voulons que la presente Ordonnance soit gardée & observée dans tout nôtre Royaume, Terres & Païs de nôtre obeïssance, à commencer au lendemain de Saint Martin, douziéme jour de Novembre de la presente année. Abrogeons toutes Ordonnances, Coûtumes, Loix, Statuts, Reglemens, Stils & Usages differens ou contraires aux dispositions.

claré, l'Huissier ou Sergent dans le tems de l'exécution, la contrainte peut être exécutée. Nonobstant les poursuites & contraintes par corps, on peut faire saisir les biens des condamnez. Cét Article regarde l'exécution de la nouvelle Ordonnance & depuis quel tems elle a dû commencer

EDIT
DU ROY

SERVANT DE REGLEMENT pour le Commerce des Negocians & des Marchands, tant en gros qu'en détail. Du mois de Mars 1673.

LOUIS par la grace de Dieu Roy de France & de Navarre : A tous presens & à venir, Salut. Comme le Commerce est la source de l'abondance publique, & de la richesse des particuliers ; Nous avons depuis plusieurs années appliqué nos soins pour le rendre florissant dans nôtre Royaume. C'est ce qui Nous a porté premiérement à ériger parmi nos sujets plusieurs Compagnies par le moyen desquelles ils tirent presentement des

Païs les plus éloignez, ce qu'ils n'avoient auparavant que par l'entremife des autres. C'eft ce qui Nous a engagé enfuite à faire conftruire & armer grand nombre de Vaiffeaux pour l'avancement de la navigation, & employer la force de nos armes par mer & par terre pour en maintenir la feureté. Ces établiffemens ayant eu tout le fuccez que nous en attendions, Nous avons crû être obligez de pourvoir à leur durée par des Reglemens capables d'affurer parmi les Negocians la bonne foy contre la fraude, & de prévenir les obftacles qui les détournent de leur emploi par la longueur des procez, & confomment en frais le plus liquide de ce qu'ils ont acquis.. A ces causes de l'avis de nôtre Confeil, & de nôtre certaine fcience, pleine puiffance & autorité Royale, Nous avons dit, déclaré, ordonné, difons, déclarons, ordonnons & Nous plait ce qui en fuit.

TITRE I.

Des Apprentifs Negocians & Marchands, tant en gros qu'en détail.

ARTICLE I.

EZ lieux où il y a maîtrife de Marchands, les apprentifs Marchands y feront tenus d'accomplir le tems porté par les Statuts : Neanmoins les enfans de Marchans feront reputez avoir fait leur apprentiffage, lors qu'ils auront demeuré actuellement en la maifon de leur pere, ou de leur mere, faifant profeffion de la même marchandife jufques à dix-fept ans accomplis.

ARTICLE II.

Celuy qui aura fait fon apprentiffage, fera tenu de demeurer encore autant de tems chez fon Maître ou un autre Marchand de pareille profeffion ; ce qui aura lieu pareilment à l'égard des fils de Maîtres.

Sur la Jurisdiction Consulaire. 71
ARTICLE III.

Aucun ne fera reçû Marchand qu'il n'ait vingt ans accomplis, & ne rapporte le brevet & les certificats d'apprentiffage, & du fervice fait depuis. Et en cas que le contenu ès certificats ne fût veritable, l'Afpirant fera déchû de la maîtrife, le Maître d'apprentiffage qui aura donné fon certificat, condamné en cinq cens livres d'amande, & les autres Certificateurs, chacun en trois cens livres.

ARTICLE IV.

L'Afpirant à la maitrife fera interrogé fur les Livres & Regiftres à partie double & à partie fimple, fur les Lettres & Billets de change, fur les Regles d'Arithmetique, fur la partie de l'aune, fur la livre & poids de marc, fur les mefures & les qualitez de la marchandife, autant qu'il conviendra pour le commerce dont il entend fe mêler.

ARTICLE V.

Défendons aux particuliers & aux Communautez, de prendre ny recevoir des Afpirans aucuns prefens pour leur reception, ny autres droits que ceux qui font portez par les Statuts, fous quelque pretexte que ce puiffe être, à peine d'amande, qui ne pourra être moindre de cent livres. Défendons auffi à l'Afpirant de faire aucun feftin, à peine de nullité de fa reception.

ARTICLE VI.

Tous les Negocians & Marchands en gros ou en détail, comme auffi les Banquiers feront reputez majeurs pour le fait de leur Commerce & Banque, fans qu'ils puiffent être reftituez fous pretexte de minorité.

ARTICLE VII.

Les Marchands en gros & en détail, & les Maffons, Charpentiers, Couvreurs, Serruriers, Vitriers, Plombiers, Paveurs, & autres de pareille qualité, feront tenus de demander le payement dans l'an aprés la délivrance.

ARTICLE VIII.

L'action fera intentée dans fi mois pour marchandifes & denrées, vendües en détail par Boulangers, Patiffiers, Bouchers, Rôtiffeurs, Cuifiniers, Couturiers, Paffementiers, Selliers, Bourreliers, & autres femblables.

ARTICLE IX.

Voulons le contenu és deux Articles cy-deſſus avoir lieu, encore qu'il y eût eu continuation de fourniture ou d'ouvrage, ſi ce n'eſt qu'avant l'année ou les ſix mois, il y eût un compte arrêté, ſommation ou interpellation judiciaire, cedule, obligation ou contrat.

ARTICLE X.

Pourront neanmoins les Marchands & Ouvriers déferer le ſerment à ceux auſquels la fourniture aura été faite, les aſſigner, & les faire interroger. Et à l'égard des Veuves, Tuteurs de leurs enfans, Heritiers, & ayans cauſe, leur faire declarer s'ils ſçavent que la choſe eſt dûë, encore que l'année ou les ſix mois ſoient expirez.

ARTICLE XI.

Tous Negocians & Marchands tant en gros qu'en détail, auront chacun à leur égard des aunes ferrées par les deux bouts & marquées, ou des poids & meſures étalonnées. Leur défendons de s'en ſervir d'autres, à peine de faux, & de cent cinquante livres d'amande.

TITRE II.

Des Agens de Banque & Courtiers.

ARTICLE I.

DEfendons aux Agens de Banque & de Change, de faire le Change, ou tenir Banque pour leur compte particulier, ſous leur nom, ou ſous des noms interpoſez, directement ou indirectement, à peine de privation de leurs charges, & de quinze cens livres d'amande.

ARTICLE II.

Ne pourront auſſi les Courtiers de marchandiſe en faire aucun trafic pour leur compte, ny retenir quaiſſe chez eux, ou ſigner des Lettres de change par aval. Pourront neanmoins certifier que la ſignature des Lettres de change eſt veritable.

ARTICLE III.

Ceux qui auront obtenu des Lettres de Répy, fait Contrat d'atermoyement, ou fait faillite, ne pourront être Agens de Change ou de Banque, ou Courtiers de Marchandiſe.

TITRE III.

Des Livres & Regiſtres des Negocians, Marchands, & Banquiers.

ARTICLE I.

LEs Negocians & Marchands tant en gros qu'en détail, auront un Livre qui contiendra tout leur Negoce, leurs Lettres de Change, leurs debtes actives & paſſives ; les deniers employez à la dépenſe de leur maiſon.

ARTICLE II.

Les Agens de Change & de Banque tiendront un Livre journal, dans lequel ſeront inſerées toutes les parties par eux negociées, pour y avoir recours en cas de conteſtation.

ARTICLE III.

Les Livres des Negocians & Marchands tant en gros qu'en détail, ſeront ſignez ſur le premier & dernier feüillet, par l'un des Conſuls dans les Villes où il y a Juriſdiction Conſulaire ; & dans les autres, par le Maire, ou l'un des Echevins, ſans frais ny droits, & les feüillets paraphez & cottez par premier & dernier, de la main de ceux qui auront eté commis par les Conſuls ou Maire & Echevins, dont ſera fait mention au premier feüillet.

ARTICLE IV.

Les Livres des Agens de Change & de Banque ſeront cottez, ſignez & paraphez par l'un des Conſuls ſur chaque feüillet, & mention ſera faite dans le premier, du nom de l'Agent de Change ou de Banque ; de la qualité du Livre, s'il doit ſervir pour le Journal ou pour la Quaiſſe ; & ſi c'eſt le premier, ſecond au autre, dont ſera fait mention ſur le Regiſtre du Greffe de la Juriſdiction Conſulaire, ou de l'Hôtel de Ville.

ARTICLE V.

Les Livres Journaux ſeront écrits d'une même ſuite par ordre de datte, ſans aucun blanc arrêtez en chaque Chapitre, & à la fin ; & ne ſera rien écrit aux marges.

ARTICLE VI.

Tous Negocians, Marchands & Agens de Change & de Banque, seront tenus dans six mois aprés la publication de nôtre premiere Ordonnance, de faire de nouveaux Livres Journaux & Regiftres, fignez cottez & paraphez fuivant qu'il eft cy-deffus ordonné; dans lefquels ils pourront, fi bon leur femble, porter les Extraits de leurs anciens Livres.

ARTICLE VII.

Tous Negocians & Marchands tant en gros qu'en détail, mettront en liaffe les lettres miffives qu'ils recevront, & en Regiftre la copie de celles qu'ils écriront.

ARTICLE VIII.

Seront auffi tenus tous les Marchands de faire dans le même délay de fix mois, inventaire fous leur feing de tous leurs effets mobiliers & immobiliers, & de leurs debtes actives & paffives, lequel fera recollé & renouvellé de deux en deux ans.

ARTICLE IX

La préfentation ou communication des Livres Journaux, Regiftres ou Inventaires, ne pourra être requife ny ordonnée en Juftice, finon pour fucceffion, communauté & partage de focieté en cas de faillite.

ARTICLE X.

Au cas neanmoins qu'un Negociant ou un Marchand voulût se servir de ses Livres journaux & Regiftres, ou que la partie offrît d'y ajoûter foy, la reprefentation pourra être ordonnée pour en extraire ce qui concernera le differend.

TITRE IV.

Des Societez.

ARTICLE I.

Toute Société generale ou en commendite fera redigée par écrit ou pardevant Notaire, ou fous fignature privée, & ne fera reçûë aucune preuve par témoins, contre & outre le contenu en l'acte de Société, ny fur ce qui feroit allegué avoir été dit, avant, lors, ou du depuis l'acte, encor qu'il s'agit d'une somme ou valeur moindre de cent livres.

ARTICLE II.

L'extrait des Societez entre Marchands & Negocians tant en gros qu'en détail, sera regiſtré au Greffe de la Juriſdiction Conſulaire, s'il y en a, ſinon en celuy de l'Hôtel commun de la Ville; & s'il n'y en a point, au Greffe de nos Juges des lieux ou de ceux des Seigneurs; & l'extrait inſeré dans un tableau expoſé en un lieu public; le tout à peine de nullité des Actes & Contrats paſſez, tant entre les Aſſociez, qu'avec leurs creanciers & ayans cauſe.

ARTICLE III.

Aucun Extrait de Societé ne ſera enregiſtré, s'il n'eſt ſigné ou des Aſſociez, ou de ceux qui auront ſouffert la Societé, & ne contient les noms, ſurnoms, qualitez, & demeure des Aſſociez, & les clauſes extraordinaires, s'il y en a, le tems auquel elle doit commencer & finir; & ne ſera reputée continuée, s'il n'y en a un Acte par écrit, pareillement enregiſtré & affiché.

ARTICLE IV.

Tous Actes portans changement d'Aſſociez, nouvelles ſtipulations ou clauſes pour la ſignature, ſeront enregiſtrez & publiez, & n'auront lieu que du jour de la publication.

ARTICLE V.

Ne ſera pris par les Greffiers pour l'enregiſtrement de la Societé & la tranſcription dans le tableau, que cinq ſols; & pour chaque extrait qu'il en delivrera trois ſols.

ARTICLE VI.

Les Societez n'auront effet à l'égard des Aſſociez, leurs Veuves & Heritiers, Creanciers & ayans cauſe, que du jour qu'elles auront été regiſtrées & publiées au Greffe du domicile de tous les Contrats, & du lieu où ils auront magazin.

ARTICLE VII.

Tous Aſſociez ſeront obligez ſolidairement aux debtes de la Societé, encore qu'il n'y en ait qu'un qui ait ſigné; au cas qu'il ait ſigné pour la compagnie, & non autrement.

ARTICLE VIII.

Les Aſſociez en commendite ne ſont obligez que juſques à la concurrence de leur part.

ARTICLE IX.

Toute Societé contiendra la clause de se soûmettre aux Arbitres pour les contestations qui surviendront entre les Associez ; & encore que la clause fût omise, un des Associez en pourra nommer, ce que les autres seront tenus de faire ; sinon en sera nommé par le Juge pour ceux qui en feront refus.

ARTICLE X.

Voulons aussi qu'en cas de decez ou de longue absence d'un des Arbitres, les Associez en nomment d'autres : sinon il en sera pourvû par les Juges pour les refusans.

ARTICLE XI.

En cas que les Arbitres soient partagez en opinion, ils pourront convenir de Surarbitre sans le consentement des parties ; & s'ils n'en conviennent, il en sera nommé un par le Juge.

ARTICLE XII.

Les Arbitres pourront juger sur les pieces & memoires qui leur seront remis, sans aucune formalité de Justice, nonobstant l'absence de quelqu'une des parties.

ARTICLE XIII.

Les Sentences arbitrales entre Associez pour Negoce, Marchandise ou Banque, seront homologuées en la Jurisdiction Consulaire, s'il y en a, sinon és Sieges ordinaires de nos Juges, ou de ceux des Seigneurs.

ARTICLE XIV.

Tout ce que dessus aura lieu à l'égard des Veuves, Heritiers & ayans cause des Associez.

TITRE V.

Des Lettres & Billets de Change, & Promesses d'en fournir.

ARTICLE I.

Les lettres de Change contiendront sommairement le nom de ceux ausquels le contenu devra être payé, le tems du payement, le nom de celuy qui en a donné la valeur, & si elle a été reçûe en deniers, marchandise, ou autres effets.

Sur la Iurisdiction Consulaire.

ARTICLE II.

Toutes Lettres de Change seront acceptées par écrit purement & simplement. Abrogeons l'usage de les accepter verbalement, ou par ces mots : *Veu sans accepter*, ou *accepté pour répondre à tems* ; & toutes autres acceptations sous condition, lesquelles passeront pour refus : & pourront les Lettres être protestées.

ARTICLE III.

En cas de protest de la Lettre de Change, elle pourra être acquitée par tout autre que celuy sur qui elle aura été tirée ; & au moyen du payement il demeurera subrogé en tous les droits du porteur de la Lettre, quoy qu'il n'en ait point de transport, subrogation ny ordre.

ARTICLE IV.

Les porteurs de Lettres qui auront été acceptées, ou dont le payement échoit à jour certain, seront tenus de leur faire payer ou protester dans dix jours après celuy de l'écheance.

ARTICLE V.

Les usances pour le payement des Lettres seront de trente jours, encore que les mois ayent plus ou moins de jours.

ARTICLE VI.

Dans les dix jours acquis pour le tems du protest, seront compris ceux de l'écheance & du protest, des Dimanches & des Fêtes, même des solemnelles.

ARTICLE VII.

N'entendons rien innover à nôtre Reglement du second jour de Juin mil six cens soixante-sept pour les acceptations, payemens & autres dispositions, concernant le commerce dans nôtre Ville de Lyon.

ARTICLE VIII.

Les protests ne pourront être faits que par deux Notaires, ou un Notaire & deux témoins, ou par un Huissier ou Sergent, même de la Justice Consulaire, avec deux Recors ; & contiendront le nom & domicile des témoins ou Recors.

ARTICLE IX.

Dans l'Acte du protest, les Lettres de change seront transcrites avec les ordres & les réponses, s'il y en a ; & la copie du tout signée sera laissée à la partie, à peine de faux, & de dommages & interêts.

ARTICLE X.
Le Protest ne pourra être supleé par aucun autre acte.

ARTICLE XI.
Aprés le protest celuy qui aura accepté la Lettre, pourra être poursuivi à la Requête de celuy qui en sera le porteur.

ARTICLE XII.
Les porteurs pourront aussi par la permission du Juge, saisir les effets de ceux qui auront tiré ou endossé les Lettres, encore qu'elles ayent été acceptées; même les effets de ceux sur lesquels elles auront été tirées, en cas qu'ils les ayent acceptées.

ARTICLE XIII.
Ceux qui auront tiré ou endossé les Lettres, seront poursuivis en garantie dans quinzaine, & s'ils sont domiciliez dans la distance de dix lieues, & au delà, à raison d'un jour pour cinq lieues, sans distinction du ressort des Parlemens; sçavoir pour les personnes domiciliées dans nôtre Royaume : Et hors iceluy les délais seront de deux mois pour les personnes domiciliées en Angleterre, Flandre ou Holande; de trois mois pour l'Italie, l'Allemagne, les cantons Suisses, & de quatre mois pour l'Espagne, de six mois pour le Portugal, la Suéde & le Danemark.

ARTICLE XIV.
Les délais cy-dessus seront seront comptez du lendemain des protest, jusques au jour de l'action en garantie inclusivemént sans distinction de Dimanches & jour de Fêtes.

ARTICLE XV.
Aprés les délais dy-dessus, les porteurs des Lettres seront non recevables dans leur action en garantie, & toute autre demande contre les tireurs & endosseurs.

ARTICLE XVI.
Les tireurs ou endosseurs des Lettres seront tenus de prouver en cas de dénegation, que ceux sur qui elles étoient tirées, leur étoient redevables, ou avoient provision au tems qu'elles ont dû être protestées; sinon ils seront tenus de les garantir.

ARTICLE XVII.
Si depuis le tems reglé pour le protest, les tireurs ou endosseurs ont reçû la valeur en argent ou marchandise, par compte,

compenfation ou auttément, ils feront tenus de la garantie.

ARTICLE XVIII.

La Lettre payable à un particulier, & non au porteur, ou à ordre, étant adhirée, le payement en pourra être pourfuivi & fait en vertu d'une feule Lettre, fans donner caution, & faifant mention que c'eft feconde Lettre, & que la premiere ou autre precedente demeurera nulle.

ARTICLE XIX.

Au cas que la Lettre adhirée foit payable au porteur, ou à ordre le payement n'en fera fait que par ordonnance du Juge, & en baillant caution de garantir le payement qui en fera fait.

ARTICLE XX.

Les cautions baillées pour l'évenement des Lettres de change, feront déchargées de plein droit, fans qu'il foit befoin d'aucun Jugement, Procedure ou Sommation, s'il n'en eft fait aucune demande pendant trois ans à compter du jour des dernieres pourfuites.

ARTICLE XXI.

Les Lettres ou Billets de change feront reputez acquitez aprés cinq ans de ceffation de demande & pourfuites, à compter du lendemain de l'écheance, ou du proteft, ou de la derniere pourfuite. Neanmoins les prétendus debiteurs feront tenus d'affirmer s'ils en font requis, qu'ils ne font plus redevables, & leurs Veuves, Heritiers, ou ayant caufe, qu'ils eftiment de bonne foy qu'il n'eft plus rien dû.

ARTICLE XXII.

Le contenu és deux articles cy-deffus aura lieu à l'égard des Mineurs & des abfens.

ARTICLE XXIII.

Les fignatures au dos des Lettres de change ne ferviront que d'endoffement, & non d'ordre, s'il n'eft datté, & ne contient le nom de celuy qui a payé la valeur en argent, marchandife ou autrement.

ARTICLE XXIV.

Les Lettres de change endoffées, dans les formes prefcrites par l'article precedent, appartiendront à celuy du nom duquel l'ordre fera rempli, fans qu'il ait befoin de tranfport ny de fignification.

ARTICLE XXV.

Au cas que l'endoffement ne foit pas dans les formes cy-deffus, les Lettres feront reputées appartenir à celuy qui les aura endoffées, & pourront être faifies par fes créanciers, & compenfées par fes redevables.

ARTICLE XXVI.

Défendons d'antidater les ordres, à peine de faux.

ARTICLE XXVII.

Aucun Billet ne fera reputé pour Billet de change, fi ce n'eft pour Lettres de change qui auront été fournies, ou qui le devront être.

ARTICLE XXVIII.

Les Billets pour Lettres de change fournies, feront mention de celuy fur qui elles auront été tirées, qui en aura payé la valeur, & fi le payement a été fait en deniers, Marchandife ou autres effets, à peine de nullité.

ARTICLE XXIX.

Les Billets pour Lettres de change à fournir, feront mention du lieu où elles feront tirées, & fi la valeur en a été reçûë, & de quelles perfonnes auffi, à peine de nullité.

ARTICLE XXX.

Les Billets de change payables à un particulier y nommé, ne feront reputez appartenir à autre; encore qu'il y eût un tranfport fignifié, s'ils ne font payables au porteur ou à ordre.

ARTICLE XXXI.

Le porteur d'un Billet negocié fera tenu de faire fes diligences contre le debiteur dans dix jours, s'il eft pour valeur reçûë en deniers, ou en Lettres de change qui auront été fournies, ou qui le devront être; & dans trois mois s'il eft pour marchandife ou autres effets. Et feront les délais comptez du lendemain de l'écheance iceluy compris.

ARTICLE XXXII.

A faute de payement du contenu dans un billet de change, le porteur fera fignifier fes diligences à celuy qui aura figné le Billet ou l'ordre, & l'affignation en garantie fera donnée dans les délais cy-deffus prefcrits pour les Lettres de change.

ARTICLE XXXIII.

Ceux qui auront mis leur aval sur des Lettres de change, sur des promesses d'en fournir, sur des ordres ou des acceptations, sur des Billets-de change & autres actes de pareille qualité concernant le Commerce, seront tenus solidairement avec les tireurs, prometteurs, endosseurs & accepteurs, encore qu'il n'en soit pas fait mention dans l'aval.

TITRE VI.

Des interêts du Change & Rechange.

ARTICLE I.

DEfendons aux Negocians, Marchands, & à tous autres, de comprendre l'interêt avec le principal, dans les Lettres ou Billets de change, ou aucun autre acte.

ARTICLE II.

Les Negocians, Marchands, & aucun autre, ne pourront prendre l'interêt d'interêt, sous quelque pretexte que ce soit.

ARTICLE III.

Le prix du change sera reglé suivant le cours du lieu où la Lettre sera tirée, eu égard à celuy où la remise sera faite.

ARTICLE IV.

Ne sera dû aucun rechange pour le retour des Lettres, s'il n'est justifié par piéces valables, qu'il a été pris de l'argent dans le lieu auquel la Lettre aura été tirée, sinon le rechange ne sera que pour la restitution du change avec l'interêt, les frais du protest & du voyage, s'il en a été fait après l'affirmation en Justice.

ARTICLE V.

La Lettre de change, même payable au porteur ou à ordre, étant protestée, le rechange ne sera dû par celuy qui l'aura tirée, que pour le lieu où la remise aura été faite, & non pour les autres lieux où elle aura été negociée : sauf à se pourvoir par le porteur contre les endosseurs, pour payement du rechange des lieux où elle aura été negociée suivant leur ordre.

L

ARTICLE VI.

Le rechange fera dû par le tireur des Lettres negociées, pour les lieux où le pouvoir de negocier est donné par Lettres, & pour tous les autres, si le pouvoir de negocier est indefini, & pour tous les lieux.

ARTICLE VII.

L'interêt du principal & du change sera dû du jour du protest, encore qu'il n'ait été demandé en Justice. Celuy du rechange des frais du protest & du voyage ne sera dû que du jour de la demande.

ARTICLE VIII.

Aucun prest ne sera fait sous gage, qu'il ny en ait un acte pardevant Notaire, dont sera retenu minute, & qui contiendra la somme prêtée, & les gages qui auront été délivrez, à peine de restitution des gages, à laquelle le prêteur sera contraint par corps, sans qu'il puisse prétendre de privilege sur les gages, sauf à exercer ses autres actions.

ARTICLE IX.

Les gages qui ne pourront être exprimez dans l'obligation seront énoncez dans une facture ou inventaire, dont sera fait mention dans l'obligation; & la facture ou inventaire contiendront la quantité, poids & mesure des marchandises, ou autres effets donnez en gage, sous les peines portées par l'article precedent.

TITRE VII.

Des contraintes par corps.

ARTICLE I.

Ceux qui auront signé des Lettres ou Billets de change, pourront être contraints par corps, ensemble ceux qui auront mis leur aval, qui auront promis d'en fournir avec remise de place en place, qui auront fait des promesses pour Lettre de change, ou à eux fournies, ou qui le devront être entre tous Négocians ou Marchands qui auront signé des Billets pour valeur reçûe comptant, ou en marchandise, soit qu'ils doivent être acquitez à un particulier y nommé, ou à son ordre, ou au porteur.

Sur la Jurisdiction Consulaire. 83
ARTICLE II.

Les mêmes contraintes auront lieu pour l'exécution des Contrats maritimes, grosses avantures, chartres, parties, ventes, & achats des Vaisseaux pour le fret & le naulage.

TITRE VIII.

Des séparations de Biens.

ARTICLE I.

Dans les lieux où la Communauté de biens d'entre mari & femme est établie par la Coûtume ou par l'Usage, la clause qui y dérogera dans les contrats de mariage des Marchands Grossiers ou détailleurs, & des Banquiers, sera publiée à l'Audience de la Jurisdiction Consulaire, s'il y en a, sinon dans l'assemblée de l'Hôtel commun des Villes, & insérée dans un tableau exposé en lieu public, à peine de nullité, & la clause n'aura lieu que du jour qu'elle aura été publiée & enregistrée.

ARTICLE II.

Voulons le même être observé entre les Negocians & Marchands, tant en gros qu'en détail, & Banquiers, pour les séparations de biens d'entre mari & femme, outre les autres formalitez en tel cas requises.

TITRE IX.

Des défenses & Lettres de Répy.

ARTICLE I.

Aucun Negociant, Marchand ou Banquier ne pourra obtenir des défenses generales de le contraindre, ou Lettres de répy, qu'il n'ait mis au Greffe de la Jurisdiction dans laquelle les défenses ou l'enterinement des Lettres devront être poursuivis, de la Jurisdiction Consulaire, s'il y en a, ou de l'Hôtel commun de Ville, un Etat certifié de tous ses effets, tant meubles qu'immeubles, & de

L ij

ses debtes, & qu'il n'ait representé à ses créanciers, ou à ceux qui seront par eux commis s'ils le requierent, ses livres & regiftres, dont il sera tenu d'attacher le certificat sous le contrescel des Lettres.

ARTICLE II.

Au cas que l'Etat se trouve frauduleux, ceux qui auront obtenu des lettres ou des défenses en seront déchus, encore qu'elles ayent été enterinées ou accordées contradictoirement ; & le demandeur ne pourra plus en obtenir d'autres, ny être reçû au benefice de cession.

ARTICLE III.

Les défenses generales & les lettres de répy seront signifiées dans la huitaine aux créanciers & autres interessez qui seront sur les lieux, & n'auront effet qu'a l'égard de ceux ausquels la signification en aura été faite.

ARTICLE IV.

Ceux qui auront obtenu des défenses generales ou des lettres de répy, ne pourront payer ou preferer aucun créancier au préjudice des autres, à peine de décheoir des lettres & défenses.

ARTICLE V.

Voulons que ceux qui auront obtenu des lettres de répy & des défenses generales, ne puissent être élus Maires ou Echevins des Villes, Juges ou Consuls des Marchands, ny avoir voix active & passive dans les Corps & Communautez, ny être Administrateurs des Hôpitaux, ny parvenir aux autres fonctions publiques, & même qu'ils en soient exclus, en cas qu'ils fussent actuellement en charge.

TITRE X.

Des cessions de biens.

ARTICLE I.

Outre les formalitez ordinairement observées pour recevoir au benefice de cession de biens, les Negocians & Marchands, en gros & en détail, & les Banquiers, les impetrans seront tenus de comparoir en personne à l'Audience de la Jurisdiction Consulaire, s'il y en a, sinon en assemblée de l'Hôtel commun des Villes, pour y déclarer leur nom, surnom, qualité & demeure, & qu'ils ont été reçûs à faire cession des biens : Et sera leur déclaration lûe & publiée par le Greffier, & inferée dans un tableau public.

ARTICLE II.

Lés Etrangers qui n'auront obtenu nos Lettres de Naturalité, ne seront reçûs à faire cession.

TITRE XI.

Des Faillites & Banqueroutes.

ARTICLE I.

LA faillite ou Banqueroute sera reputée ouverte du jour que le debiteur se sera retiré, ou que le seellé aura été apposé sur ses biens.

ARTICLE II.

Ceux qui auront fait faillite, seront tenus de donner à leurs creanciers un état certifié d'eux de tout ce qu'ils possedent, & de tout ce qu'ils doivent.

ARTICLE III.

Les Negocians, Marchands & Banquiers seront tenus de representer tous leurs Livres & Regiftres cottez & paraphez en la forme prescrite par les articles 1. 2. 4. 5. 6. & 7. du Titre 3. cy-dessus, pour être mis au Greffe des Juges & Consuls, s'il y en a : sinon de l'Hôtel commun des Villes, ou és mains des creanciers, à leur choix.

ARTICLE IV.

Déclarons nuls tous transports, cessions, ventes & donations de biens, meubles ou immeubles, faits en fraude des creanciers. Voulons qu'ils soient rapportez à la masse commune des effets.

ARTICLE V.

Les resolutions prises dans l'assemblée des creanciers à la pluralité des voix pour le recouvrement des effets, ou l'acquit des debtes seront exécutées par provisions, & nonobstant toutes oppositions ou appellations.

ARTICLE VI.

Les voix des creanciers prevaudront, non par le nombre des pe fonnes, mais eu égard à ce qui leur fera dû, s'il monte aux trois quarts du total des debtes.

ARTICLE VII.

En cas d'opposition ou de refus de signer les Déliberations par les creanciers, dont les creances n'excederont le quart du total des debtes. Voulons qu'elles soient homologuées en Justice, & exécutées comme s'ils avoient tous signé.

ARTICLE VIII.

N'entendons neanmoins déroger aux Privileges sur les meubles, ny aux Privileges & hypotheques sur les immeubles qui seront conservez; sans que ceux qui auront privilege ou hypotheque puissent être tenus d'entrer en aucune composition, remise ou atermoyement, à cause des sommes pour lesquelles ils auront privilege ou hypotheque.

ARTICLE IX.

Les deniers comptans, & ceux qui procederont de la vente des meubles & des effets mobiliers, seront mis és mains de ceux qui seront nommez par les creanciers à la pluralité des voixs & ne pourront être vendiquez par les Receveurs des consignations, Greffiers, Notaires, Huissiers, Sergens, au autres personnes publiques, ny pris sur iceux aucun droit par eux ou par les dépositaires, à peine de concussion

ARTICLE X.

Déclarons Banqueroutiers frauduleux ceux qui auront diverty leurs effets, supposé des creanciers, ou declaré plus qu'il n'étoit dû aux veritables creanciers.

ARTICLE XI.

Les Negocians & les Marchands tant en gros qu'en détail, & les Banquiers, qui lors de leur faillite ne representeront pas leurs Registres & Journaux, signez & paraphez comme Nous avons ordonné cy-dessus, pourront être reputez Banqueroutiers frauduleux.

ARTICLE XII.

Les Banqueroutiers frauduleux seront poursuivis extraordinairement, & punis de mort.

ARTICLE XIII.

Ceux qui auront aidé ou favorisé la Banqueroute frauduleuse, en divertissant les effets, acceptans des transports, ventes ou donations simulées, & qu'ils sçauront être en fraude des creanciers, ou se decla-

Sur la Jurisdiction Consulaire. 87

rans créanciers ne l'étans pas, ou pour plus grande somme que celle qui leur étoit dûe, seront condamnez en quinze cens livres d'amande, & au double de ce qu'ils auront diverty, ou trop demandé au profit des créanciers.

TITRE XII.

De la Jurisdiction des Consuls.

ARTICLE I.

DEclarons communs pour tous les Sieges des Juges & Consuls, l'Edit de leur établissement dans nôtre bonne Ville de Paris, du mois de Novembre 1563. & tous autres Edits & Déclarations touchant la Jurisdiction Consulaire, enregistrez en nos Cours de Parlement.

ARTICLE II.

Les Juges & Consuls connoîtront de tous Billets de change faits entre Negocians & Marchands, ou dont ils devront la valeur; & entre toutes personnes pour Lettres de change ou remise d'argent faites de place en place.

ARTICLE III.

Leur défendons neanmoins de connoître des Billets de change entre particuliers, autres que Negocians & Marchands, ou dont ils ne devront point la valeur. Voulons que les parties se pourvoient pardevant les Juges ordinaires, ainsi que pour de simples promesses.

ARTICLE IV.

Les Juges & Consuls connoîtront des differens pour ventes faites par des Marchands, Artisans, & gens de Métier, afin de revendre ou travailler de leur profession: comme à Tailleurs d'habits pour étoffes, passemens, & autres fournitures; Boulangers & Patissiers pour farine; Maçons pour pierres, moelon & plâtre; Charpentiers, Menuisiers, Charrons, Tonnelliers, & Tourneurs pour bois, Serruriers, Maréchaux Taillandiers & Armuriers pour fer; Plombiers, & Fonteniers pour plomb, & autres semblables.

ARTICLE V.

Connoîtront aussi des gages, salaires & pensions des Commissionnaires, Facteurs, ou Serviteurs des Marchands pour le fait du trafic seulement.

ARTICLE VI.

Ne pourront les Juges & Consuls connoître des contestations pour nourritures, entretiens & emmeublemens, même entre Marchands, si ce n'est qu'ils en fassent profession.

ARTICLE VII.

Les Juges & Consuls connoîtront des differens à cause des assurances, grosses avantures, promesses, obligations & contrats, concernant le commerce de la Mer, & de fret & le naulage des Vaisseaux.

ARTICLE VIII.

Connoîtront aussi du commerce fait pendant les Foires tenuës és lieux de leur établissement, si l'attribution n'en est faite aux Juges conservateurs des privileges des Foires.

ARTICLE IX

Connoîtront pareillement de l'exécution de nos Lettres, lors qu'elles seront incidentes aux affaires de leur competance, pourveu qu'il ne s'agisse pas de l'état ou qualité des personnes.

ARTICLE X.

Les gens d'Eglise, Gentils-hommes & Bourgeois, Laboureurs, Vignerons & autres pourront faire assigner pour ventes de bleds, vins, bestiaux, & autres danrées procedans de leur crû, ou pardevant les Juges ordinaires, ou pardevant les Juges & Consuls, si les ventes ont été faites à des Marchands ou Artisans, faisans profession de revendre.

ARTICLE XI.

Ne sera établi dans la Jurisdiction Consulaire, aucun Procureur, Syndic, ny autres Officiers, s'il n'est ordonné par l'Edit de creation du Siege, ou autre Edit dûement regiſtré.

ARTICLE XII.

Les procedures de la Jurisdiction Consulaire seront faites suivant les formes prescrites par le Titre seiziéme de nôtre Ordonnance du mois d'Avril mil six cens soixante-sept.

ARTICLE XIII.

Les Juges & Consuls dans les matieres de leur competance, pourront juger nonobstant tout déclinatoire, appel d'incompetance, prise à partie, renvoy requis & signifié, même en vertu de nos Lettres de *Committimus*, aux Requêtes de nôtre Hôtel ou du Palais; le privilege ge des Univerſitez, des Lettres de Garde-gardienne, & tous autres.

ARTICLE XIV.

Seront tenus neanmoins, ſi la connoiſſance ne leur appartient pas, de déferer au déclinatoire à l'appel d'incompetance, à la priſe-à-partie, & au renvoy.

ARTICLE XV.

Déclarons nulles toutes Ordonnances, Commiſſions, Mandemens pour faire aſſigner, & les aſſignations données en conſequence, pardevant nos Juges & ceux des Seigneurs, en revocation de celles qui auront été données pardevant les Juges & Conſuls. Défendons à peine de nullité, de caſſer ou ſurſeoir les procedures ou pourſuites en exécution de leurs Sentences, ny faire défenſes de proceder pardevant eux. Voulons qu'en vertu de nôtre preſente Ordonnance elles ſoient exécutées, & que les parties qui auront preſenté leurs Requêtes pour faire caſſer, revoquer, ſurſeoir, ou défendre l'exécution de leurs Jugemens, les Procureurs qui les auront ſignées, & les Huiſſiers ou Sergens qui les auront ſignifiées, ſoient condamnez chacun en cinquante livres d'amande, moitié au profit de la partie, & moitié au profit des Pauvres, qui ne pourront être remiſes ny moderées; au payement deſquelles la partie, les Procureurs & les Sergens ſeront contraints ſolidairement.

ARTICLE XVI.

Les Veuves & heritiers des Marchands, Negocians, & autres, contre leſquels on pourroit ſe pourvoir pardevant les Juges & Conſuls, y ſeront aſſignez, ou en repriſe ou par nouvelle action. Et en cas que la qualité, ou de commune ou d'heritier pur & ſimple, ou par beneſice d'inventaire, ſoit conteſtée, ou qu'il s'agiſſe de douaire ou de legs univerſel ou particulier; les parties ſeront renvoyées pardevant les Juges ordinaires pour les regler : Et aprés le jugement de la qualité, douaire ou legs, elles ſeront renvoyées pardevant les Juges & Conſuls.

ARTICLE XVII.

Dans les matieres attribuées aux Juge & Conſuls, le creancier pourra faire donner l'aſſignation à ſon choix, ou au lieu du domicile du debiteur, ou au lieu auquel la promeſſe a été faite, & la marchandiſe fournie, ou au lieu auquel le payement doit être fait.

ARTICLE XVIII.

Les aſſignations pour le commerce maritime, ſeront données pardevant les Juges & Consuls du lieu où le contrat aura été passé. Déclarons nulles celles qui seront données pardevant les Juges & Consuls du lieu d'où le Vaisseau sera party, ou de celuy où il aura fait naufrage.

SI Donnons en Mandement à nos amez & feaux les Gens tenans nos Cours de Parlement, Chambres des Comptes, Cours des Aides, Baillifs, Sénéchaux, & tous autres nos Officiers, que ces Presentes ils gardent, observent & entretiennent, fassent garder, observer & entretenir; & pour les rendre notoires à nos sujets, les fassent lire, publier & enregistrer: CAR tel est nôtre plaisir. Et afin que ce soit chose ferme & stable à toûjours, Nous y avons fait mettre nôtre Scel. Donné à Versailles au mois de Mars, l'an de grace mil six cens soixante-treize, & de nôtre Regne le trentiéme. *signé*, LOUIS. *Et plus bas*, Par le Roy, COLBERT. *Et à côté est écrit*, Visa, DALIGRE. *Edit pour le commerce*. Et scellé du grand Seau de cire verte sur lacs de soye rouge & verte.

Leu, publié & registré, oüi & ce requerant le Procureur General du Roy, pour être exécuté selon sa forme & teneur. A Paris en Parlement, le Roy y séant en son lit de Justice, le 23. Mars 1673. Signé, DU TILLET.

Leu, publié & registré en la Chambre des Comptes, oüi, & ce consentant le Procureur General du Roy, du tres-exprés commandement de Sa Majesté, porté par Monsieur le Duc d'Orleans son frere unique, venu exprés en ladite Chambre, assisté du Sieur du Plessis-Pralin Maréchal, Duc & Pair de France, & des Sieurs Pussort, & de Bernard-Rezé, Conseillers d'Etat ordinaires, le 23. Mars 1673. Signé, RICHER.

Leu, publié & enregistré du tres-exprés Commandement du Roy, porté par Monsieur le Prince de Condé, premier Prince de Sang, assisté du Sieur de Grancey de Medavy, Maréchal de France, & des Sieurs Voisin & de Fieubet, Conseillers ordinaires du Roy; Oüi ce requerant & consentant son Procureur General, pour être exécuté selon sa forme & teneur: Et ordonné que copies collationnées seront envoyées es Sieges des Elections, Greniers à Sel, & autres Jurisdictions du Ressort de la Cour, pour y être pareillement lûës, publiées & enregistrées. Enjoint aux Substituts dudit Procureur General du Roy esdits Sieges, d'en certifier la Cour au mois. A Paris en la Cour des Aides, les Chambres assemblées, le vingt-troisiéme Mars mil six cens soixante-treize. Signé, BOUCHER.

INSTRUCTION SOMMAIRE,
SUR LE FAIT DU COMMERCE.
CHAPITRE I.

LES diverses contestations que nous voyons tous les jours pardevant nous, nous obligent à donner une petite Instruction pour servir aux jeunes gens, & à ceux qui n'ont pas toute l'intelligence possible dans le Commerce, pour éviter les contestes, prévenir la tromperie & subtilité des méchans, & établir la bonne foy parmi les Négocians.

Nous commencerons par le Titre 3. article premier & suivans de l'Ordonnance de 1673. sur la forme de tenir des Livres & Registres, que Sa Majesté veut que les Marchands négocians tiennent en papier timbré, cotté & paraphé par les Juge ou un des Consuls, où il y aura Jurisdiction Consulaire ; & où il n'y en aura pas, par les Maire ou un des Echevins.

L'intention de cette Ordonnance n'est purement que pour empêcher les fraudes & tromperies qui se peuvent faire dans le Commerce entre les Marchands négocians, qui doivent être generalement tous de bonne foy, & faire leur négoce en gens de bien & d'honneur, sans s'attacher à des détours & subtilitez pour gagner du bien par des voyes injustes ; qui d'ordinaire ne prosperent point, & se rendent odieux à Dieu & au public.

Pour établir cette bonne foy avec laquelle on doit agir, il faut qu'en se conformant à l'intention de Sa Majesté & de son Ordonnance, les Marchands négocians tiennent un Livre journal ou Brouillard en papier timbré, cotté & paraphé, ainsi qu'il a été prescrit, sur lequel doit être écrit toutes les affaires qu'ils font journellement, concernant leur commerce par ordre & suite de dattes, sans aucun blanc, entrelignes ny ratures, & doit être observé de ne pas écrire sur un même article des marchandises ou autres choses vendues & livrées en differens jours ; & il faut coucher sur iceluy aussi exactement le credit que le débit, soit de marchandises, argent, qu'autres choses données ou reçûes ; pour que la bonne foy avec laquelle un Marchand négocie, puisse être connuë.

Et comme il y a plusieurs Négocians, qui pour tenir leurs Livres avec plus de propreté, ont ordinairement un Livre broüillard, ou main-courante en papier commun, où ils écrivent journellement leurs affaires, & qu'ils rapportent enfin toutes les semaines, ou de quinze en quinze jours, ou tous les mois sur le Livre qu'ils tiennent en papier timbré, qu'on nomme Livre journal. A Cela, nous pourrons representer qu'il seroit beaucoup mieux, pour ôter toute sorte de soupçons, que les Livres où écrivent les serviteurs aussi bien que les Maîtres journellement, fussent en papier timbré, suivant le sentiment de l'Ordonnance, & que châcun des articles fût distinct, & separé de telle sorte qu'on ne pût coucher sur iceux aucun autre article aprés coup. Et quand même il auroit été omis de débiter ou crediter quelqu'un par oubly, il est mieux de les coucher sur ledit Livre, pour avoir été omis de les écrire en leur rang.

L'on peut dire à ceux qui tiennent des Broüillards ou main-courantes en papier commun, & qui ne rapportent le plus souvent que tous les mois sur leurs Livres en papier timbré ; qui les empêchera, s'ils sont de mauvaise foy, de coucher sur leursdits Livres en papier timbré le contraire de la verité ; ce qui ne se doit pas faire, puisque les Livres des Marchands négocians doivent être regardez comme des Ecritures publiques, & ausquelles doit être ajoûté foy en Justice, quand ils sont tenus dans le bon ordre, ainsi qu'il a été dit, supposé que les Marchands soient de bonne reputation & de bonne foy, & qu'ils soient accoûtumez de n'écrire que la verité ; à quoy ils doivent s'attacher exactement, & empêcher que leurs serviteurs & domestiques n'y écrivent pareillement que des choses veritables, afin de pouvoir affirmer avec toute sûreté de conscience par serment, que les parties y couchées contiennent verité, suivant le sentiment des Docteurs. C'est ainsi que Monsieur Bornier s'en explique dans son Commentaire sur l'Ordonnance titre 3. fol. 337. Monsieur Savary dans son parfait Négociant, Formule des Livres journaux & d'achapt, titre 3. chap 5. fol. 318. & 323. L'Auteur des Instituts du Droit Consulaire dans le chap. 2. fol. 473. donne pour maxime, que les Livres des Marchands ainsi tenus, & accompagnez de bonnes adminicules dans toutes les choses qui sont couchées dépendantes de leur Commerce, sont crûs en Justice. Cét Auteur autorisant son avis du sentiment de Guy Pape, d'Alexandre Jasson Destracha dans son titre, *de Mercatura*, Partie 2. nombre 64. & d'une infinité d'autres Docteurs qu'il cite,

Et comme il se voit souvent des contestations entre les Marchands & autres particuliers, soit par la vente & achat des Marchandises, argent payé ou reçû, & que dans ces contestations l'une des parties demande la représentation des Livres de l'autre, & qu'il offre d'y prendre droit, ce qui ne peut être refusé, suivant l'article 10. du titre 3. de ladite Ordonnance de 1673. & en ce cas ne pouvant se dispenser de le représenter, il est sans doute que si ledit Livre ne se trouvoit pas dans le bon ordre pour marquer la bonne foy avec laquelle un Négociant doit agir, les Juges n'y pourront ajoûter foy, suivant le sentiment des mêmes Auteurs : Ainsi les Marchands négocians doivent s'attacher uniquement & avec toute l'exactitude possible de laisser à leurs heritiers & au public des marques de leur bonne foy.

TRAITTÉ DES BILLETS
ET LETTRES DE CHANGE.
CHAPITRE II.

LE Commerce des Lettres de change & Billets à ordre nous paroît le plus en usage, & celuy qui forme le plus de contestations & de procez, soit à cause du peu d'intelligence des uns, & de la grande subtilité des autres, ou à cause du peu de précaution de la plûpart pour les termes & endossemens d'icelles.

Il est bon de sçavoir qu'il y a quatre sortes de Lettres de change & endossemens ; la premiere valeûr reçûë comptant ; la 2. en valeur reçûë en Marchandise ; la 3. valeur reçûë en compte ou rencontrée ; la 4. est de valeur en moy-même ou de moy-même. Les trois premieres aux susdits termes sont & appartiennent purement & simplement en faveur de qui elles ont été tirées ou endossées sans aucune conteste. La quatriéme qui est de valeur de moy-même ou à moy-même, sont des Lettres qui sont tirées ou endossées en faveur d'un Correspondant ou ami pour recevoir le payement, & en rendre compte au tireur ou endosseur, qui peuvent neanmoins être negociées comme les autres, par celuy en faveur de qui elles ont été tirées ou endossées, comme Mandataire ou Procureur des tireurs ou endosseurs, lesquelles peuvent neanmoins être saisies entre les mains de ces Mandataires par les créanciers du tireur ou endosseur, avant qu'elles ne soient negociées par ledit Mandataire ou Procureur ; même entre les mains de celuy en faveur de qui le Mandataire auroit passé son ordre s'il n'en avoit pas compté la valeur en argent ou en autres effets ; sur quoy il y auroit même lieu de faire purger par serment celuy qui se trouveroit porteur de cette Lettre, en faveur de qui l'ordre auroit été passé par ces Mandataires, s'il en avoit compté la valeur suivant l'endossement de ladite Lettre, tout dol & fraude cessant, suivant le sentiment de Mr. Savary dans son Parfait Negociant chap. 4. dans son titre des Lettres de change. fol. 141.

Nous voyons aussi naître plusieurs contestations sur les Lettres de change tirées à usance, usance & demy, ou double usance, les uns soûtenant que le jour & datte desdites Lettres doit être compté, & le jour de l'écheance, & les autres le contraire : Neanmoins suivant le sentiment de Mr. Toubaut dans le chap. 4. fol. 595. du titre des Letares de change dans son Institut du droit Consulaire, le jour & datte que la Lettre a été tirée ne doit pas être compté, non plus que pour les diligences le jour de l'écheance, d'autant que le debiteur a tout le jour à la payer, & le payement n'est exigeable que le lendemain ; partant le porteur desdites Lettres a jusqu'au dixiéme jour à faire le protest, à compter du jour après l'écheance de ladite Lettre, ainsi qu'il a été jugé par l'Arrêt du Conseil privé du Roy, le cinquiéme Avril 1686. en interpretant l'article 6. de l'Ordonnance de 1673. en la cause de sieur Jean Vinatier & Corneille Deby, Marchands de Bayonne, rapporté cy-après tout au long.

Les mêmes délais doivent être observez à l'égard des Lettres de change tirées à huit jurs ou quinze jours de veuë plus ou moins ; par exemple une Lettre tirée à huit jours de vûë, qui est acceptée le premier de Mars, la huitaine ne commence que le second, & le payement n'est exigeable que le 10. & le protest peut être fait ainsi

Sur la Iurisdiction Consulaire. 95

qu'il a été dit le 10. aprés qui est le 19. Mars.

Les mêmes delais courent à l'égard des Lettres de change protestées faute d'acceptation, c'est à dire que les delais pour le payement ne sont pareillement contez que du jour & dattez d'après le protest, & faute d'acceptation, ainsi que l'explique Mr. Bornier dans son second Tome fol. 410. article 4. traité des protests des Lettres de change, suivant le sentiment duquel un porteur de Lettre ne peut recevoir l'acceptation, ny differer à faire le protest à un plus long-tems que celuy porté par ladite Lettre de change, sans se rendre garans de l'accepture, en cas qu'il y vint à manquer aprés le delai porté par ladite Lettre, & elle resteroit pour son compte sans aucune esperance d'aucune garantie, ainsi que l'explique Mr Toubaut dans son Institut du droit Consulaire chap. 5. fol. 601. & 603. sur le traité des accceptations des Lettres de change.

Le protest est un acte de sommation que l'on fait faute d'acceptation ou de payement des Lettres de change pour les envoyer aux tireurs ou endosseurs, & se faire rembourser du montant d'icelle ; Et c'est un acte si necessaire sans lequel on ne peut revenir contre les tireurs & endosseurs, ny même en obtenir condamnation contre l'accepteur, tireur & endosseur, quoy que par l'acceptation l'accepteur se soit rendu debiteur du porteur & caution du tireur, suivant le sentiment de Mr. Toubaut dans le chap. 6. de son Institut du Droit Consulaire. fol. 416. sur l'article onze, de l'Ordonnance de mil six cens septante trois.

Un porteur de Lettre de change ne peut non plus recevoir l'acceptation de ladite. Lettre de moindre somme que celle qui est contenuë dans icelle, sans se rendre garant du surplus envers le tireur, à moins de faire un protest pour le surplus de ladite Lettre, faute d'acceptation, auquel cas il ne court aucun risque en cas de faillite de l'accepteur, parce qu'il fait l'avantage du tireur en procurant son payement.

Pourront les porteurs desdites Lettres qui auront été protestées faute d'acceptation, revenir contre les tireurs, non pas pour se faire rembourser la somme qu'ils auront payé pour icelles, mais bien pour les obliger à consigner ou bailler caution jusqu'à ce que la Lettre aye été acceptée, ainsi que l'explique Mr. Savary dans son Parfait Negociant dans son addition du 6. chap. des diligences faute d'acceptation fol. 153. & 154. & ainsi qu'il a été jugé par Arrêt du Parlement.

Les porteurs des Lettres de change sont obligez suivant l'article 13. de l'Ordonnance, de faire leur action en garantie dans la quinzaine contre les Endosseurs, s'ils sont dans la distance de dix lieües & au delà, à raison d'un jour par cinq lieües : Et comme cét article n'explique pas si les délais de quinze jours doivent être accordez à châcun des Endosseurs, ce qui fait naître souvent des contestations entre les Marchands, les uns soûtenant qu'il n'y doit avoir qu'un seul délay de quinzaine pour tous les Endosseurs, & le restant suivant la distance des lieux ; les autres qu'il y doit avoir quinze jours pour tous les Endosseurs de châque Ville, quand ils seroient six ; les autres sont d'avis que châcun des Endosseurs doivent avoir châcun quinze jours de grace pour faire les diligences, quand ils seroient dix dans une même Ville. Cette opinion nous semble la plus juste pour empêcher les tromperies & vengeances qui se pourroient exercer châque jour, Par exemple, si une Lettre de change qui auroit été acceptée par un Banquier qui auroit fait mal ses affaires, & laissé protester la Lettre faute de payement, l'un des Endosseurs ou porteur d'icelle qui auroit du chagrin, & dessein de se vanger contre celuy qui le doit garantir, prendroit son tems à luy faire notifier ou signifier ledit protest le dernier jour & à la derniere heure, pour que celuy qui le doit garantir, ne pût faire ses diligences contre les autres Endosseurs pour se faire rembourser ; ainsi nous pouvons dire, suivant le sentiment de Monsieur Bornier dans son article 13. fol. 418. & 419. de son second Tome, qu'il faut que châcun des Endosseurs ayant endroit soi les délais de quinzaine portée par l'article 13. de l'Ordonnnance.

Aprés les delais cy-dessus, les porteurs de Lettres sont non recevables à leur action de garantie, faute d'avoir fait leurs diligences dans ledit tems, suivant l'article 15. de l'Ordonnance.

Sera neanmoins le tireur & endosseur tenu de prouver en cas de deny, suivant l'article 16. de la même Ordonnance, que celuy sur qui la Lettre étoit tirée luy étoit redevable ou avoit provision en main, au tems de l'echeance de ladite Lettre, & l'obliger de consigner ou bailler caution pour l'évenement de ladite Lettre, en cas qu'il soit poursuivi en garantie, suivant le sentiment de Mr. Bornier

dans

Sur la Iurisdiction Consulaire.

dans l'article 16. fol. 420. & 421. ainsi qu'il a été jugé par l'Appointement du 7. Janvier 1694. en la cause du sieur Jean Ciprien Marchand de Narbonne, contre sieur Antoine Mercier, Marchand de Bordeaux, confirmé par Arrêt du Parlement de Bordeaux du 22. Février 1694. raporté cy-aprés tout au long.

Les Lettres de change doivent être conçuës en des termes fort courts, que la valeur y soit exprimée, soit en argent, marchandise, ou rencontrée, ou en soy-même, ou de soy-même.

Marcandu liv. 2. chap. 21. dit qu'il faut que les Lettres de change soient causées, que la somme y doit être deux fois exprimée, que les jours & les lieux où elles sont écrites, & celuy où elles se doivent payer, y doivent être désignez & nommez.

Monsieur Savary liv. 3. chap. 10. de la seconde édition de son Parfait Negociant fol. 236. & 237. & suivans donne des formules de toute sorte de Lettres de change, & pour tout pays.

Un creancier n'est pas en droit de tirer de Lettres de change sur son debiteur pour vente de Marchandises, ny même pour comptes arrêtez sans son consentement, & sans lequel la Lettre de change ne seroit pas valablement tirée pour demeurer quite de pareille somme, & il n'a que la voix ordinaire de l'action, ainsi que l'explique Mr. Toubaut dans son Institut du Droit Consulaire fol. 593. & suivant le sentiment de Mr. Savary dans le 27. chap. de son parfait Negociant, & c'est une erreur dans laquelle plusieurs Marchands sont.

Les mêmes diligences que dessus doivent être faites à l'égard des Billets pour valeur reçuë comptant ou en Lettres de change fournies ou à fournir, & le même délai cy-dessus y doit être observé suivant l'article 31. de l'Ordonnance.

Les porteurs de Billets pour valeur en marchandise ont, suivant le même article, trois mois à faire les diligences.

Il faut observer suivant l'article 23. de ladite Ordonnance, qu'aux endossemens des Lettres & Billets de change, & generalement de toute sorte de Billets à ordre, le nom de celuy qui en a compté la valeur y soit exprimé, aussi bien que la valeur en quoy qu'elle puisse avoir été comptée ou payée, avec la datte du jour, autrement suivant l'article 25. de ladite même Ordonnance, lesdites Lettres &

Billets sont censez apartenir à celuy qui les aura endossées, & pourront être saisies par ses créanciers.

Tous Billets à ordre pour valeur reçûë & comptant ou autrement, faits par des Negocians, qui sont negociez & endossez par d'autres persones non negociantes peuvent être assignez solidairement en la Cour de la Bourse sans qu'elles puissent décliner la Jurisdiction devant aucuns autres Juges.

Si au contraire les Billets sont faits par autres personnes que Negocians, & qu'ils soient negociez par des Marchands, les Marchands qui auront passé leurs ordres en iceux, pourront être assignez & condamnez en la Cour de la Bourse, & ceux qui auront fait les Billets, qui ne seront pas Marchands, seront renvoyez pardevant leurs Juges naturels, comme n'étant pas Marchands, ainsi qu'il est de l'usage & qu'il se pratique tous les jours.

Pourront connoître les Juge & Consuls de tous Billets de Change pour valeur reçûë comptant, ou au Porteur, suivant la Déclaration de Sa Majesté du 26. Février 1692. donnée en interpretant en tant que de besoin son Edit du mois de Mars 1673. transcrite tout au long au fol. 32. faits par les Receveurs, Tresoriers, Fermiers, ou Sous-Fermiers, Traittans Généraux ou particuliers, & Interessez des Fermes de Sa Majesté.

Pourront être assignez pardevant les Juge & Consuls toutes sortes de persones qui auront acheté barriques ou autres marchandises qu'ils auront revenduës, sans qu'ils puissent obtenir leur renvoy, si le créancier peut justifier ou verifier la revente d'icelles, comme il a été jugé en la Cour de la Bourse le 29. Juillet & 5. Aoust 1689. confirmé par Arrêt du Parlement de Bordeaux, du 4. Septembre 1693. rapporté cy-aprés tout au long, en la cause de Sieur Jean Teron, faisant pour Jean-Pierre Lalanne Greffier d'Office en l'Hôtel de Ville, à present Notaire, & Procureur audit Hôtel de Ville, contre sieur Jean Pradillon Avocat, pris comme Marchand, qui avoit vendu trois douzaines de barriques audit Lalanne, lesquelles ledit Lalanne revendit audit Pradillon qui luy en fit son billet.

CREATION,
ERECTION
ET ETABLISSEMENT
FAIT PAR LE ROY

DE DEUX FOIRES FRANCHES EN LA VILLE de Bordeaux, chacun an, à perpetuité & à toûjours.

CHARLES par la grace de Dieu Roy de France; A tous presens & avenir, Salut. Le feu Roy Charles septiéme nôtre predecesseur, ayant reduit en son obeïssance le Païs & Duché de Guienne, & connu la grande fidelité & loyauté que les habitans dudit Païs, mêmement les Citoyens, Bourgeois, Manans & Habitans de nôtre Ville & Cité de Bordeaux, luy portoient, & à la Couronne de France, considerant aussi l'infertilité du Païs, auroit voulu accommoder & favoriser lesdits habitans de Bordeaux, des choses plus necessaires, pour se remettre sus & vivre sous l'obeïssance de la Couronne de France, avec telle commodité que meritoit leurdite loyauté, & requeroit l'assiete dudit Païs, qui est maritime, & auquel par ce moyen tous Marchands, tant étrangers qu'autres peuvent aisément trafiquer, & pour cét effet leur donna plusieurs grands Privileges, franchises, libertez & exemptions, deux Foires franches chacun an, l'une commençant le quinziéme jour d'Août, & l'autre le premier Lundy de Carême, déclarant neanmoins que par l'octroy de la franchise desdites Foires, il n'entendoit qu'on peut amener ni descendre aucuns vins du haut Païs, ni préjudicier aux Privileges de ladite Ville, desquels Privileges ils auroient toûjours joüi, & lesdites Foires été quelques années tenuës: Neanmoins parceque le plus grand bien & profit que les habitans dudit Païs peuvent tirer de leurs terres qui sont fort steriles & inhabiles à porter bled, mais plantées pour la pluspart de vignes, consiste en vin, lesdites Foires auroient été peu frequentées, & par succession de tems du tout délaissées, d'autant qu'au tems d'icelles la vente dudit vin est passée, par le moyen duquel se pourroit attirer autre marchandise en ladite Ville, & le trafic d'icelle croître, & augmenter les commoditez, non seulement d'icelle Ville, mais de tout le Païs circonvoisin. Ce que lesdits Citoyens, Bourgeois, Manans & Habitans de Bordeaux, auroient remontré à feu nôtre tres honoré Seigneur & Pere, le Roy Henry de bonne memoire peu aprés son avenement à la Couronne, & semblablement la pauvreté dudit Païs, les grands subsides imposez sur iceluy, & le peu de fruit qui se tiroit du beau, grand & commode port de mer de ladite Ville, lequel étant frequenté, seroit pour grandement enrichir & accommoder, non seulement le Païs de Bordelois, mais toute la Guienne, & autres circonvoisins, & que pour à ce pourvoir, un des meilleurs moyens étoit d'y établir deux Foires franches à jours convenables & à propos. Ce qu'ayant été mis en consideration par nôtredit Seigneur & Pere, qui desiroit singuliérement par tous moyens possibles, croître & augmenter ladite Ville, auroit premiérement confirmé l'octroy desdites deux Foires accordées à iceux habitans par ledit feu Roy Charles VII. & depuis par ses Lettres patentes en forme de Chartre, & pour le bien & profit de ladite Ville : il les auroit remises & transferées, l'une au 15. d'Octobre, & l'autre au 15. de Février, suivant lesquelles Lettres qui furent dés lors publiées en nôtre Cour de Parlement de Bordeaux, celle dudit 15. de Février auroit été tenuë, où il se seroit trouvé une si grande assistance de Marchands de toutes nations, que cela donnoit grande esperance aux habirans de ladite Ville & Païs, qu'en peu de tems il en viendroit un grand bien & accroissement audit Païs. Mais quelque tems aprés aucuns Officiers de la Sénêchaussée de Guienne & de la Comtablie de Bordeaux auroient fait entendre à nôtredit feu Seigneur & Pere, que les deniers de son Domaine étoient par le moyen de la franchise desdites Foires grandement diminuez. A cette cause il auroit fait appeller en son Conseil lesdits Maire & Jurats, & cependant défendu le cours & tenuë desdites Foires ; ce que iceux Maire & Jurats nous auroient fait remontrer en l'assemblée des Etats generaux de nôtre Royaume, faite en nôtre ville d'Orleans,

Sur la Iurisdiction Consulaire.

& tres-humblement supplier & requerir que nôtre bon plaisir fût mettant en consideration le grand bien, profit & utilité qui viendroit par le moyen desdites Foires en nôtre-dit Royaume, qui excedoit le profit que nous tirons en la Comtablie de Bordeaux, sur les vins, denrées & marchandises qui pourroient être venduës esdites Foires, leur pourvoir sur ce: Nous aurions pour certaines occasions differé de ce faire jusqu'à present, qu'ayant fait nôtre premiére entrée en nôtredite Ville de Bordeaux, en icelle été reçus à nôtre grand contentement, veu à l'œil, & connu par experience la bonne, entiere & parfaite volonté, obeissance & fidelité que lesdits Citoyens, Bourgeois, Manans & Habitans portent à Nous, & à cette Couronne, grandeur, augmentation & conservation d'icelle, lesquels pour faire paroître le grand desir, envie & volonté qu'ils ont, non seulement d'augmenter ladite Ville, mais accommoder tout le païs de Guienne & circonvoisins, sans incommoder ny diminuer nos Domaine & Finances, ont offert prendre les droits acoûtumez être levez à la Comtablie à ferme ou nous fournir personnages qui les prendroient pour la somme de soixante mil livres tournoises, à la charge desdites deux Foires franches. Ce que nous leur avons liberalement accordé pour le tems & terme de quatre ans, commençant au premier jour de Juillet prochain, ainsi qu'il est amplement contenu par le contrat sur ce fait. Sçavoir, Faisons que nous ayant égard & consideration à la grande affection, fidelité & devotion que lesdits Maire & Jurats, Citoyens, Bourgeois, Manans & Habitans de ladite Ville de Bordeaux, ont toûjours porté à nos Prédécesseurs, à Nous & à la Couronne de France, voulant user envers eux de bon & gratieux traitement ainsi que nos Prédécesseurs & Nous avons accoûtumé à l'endroit de nos bons & lôyaux sujets, & aussi croître, orner & decorer ladite ville de Bordeaux de toutes commoditez à nous possibles, esperans qu'à l'avenir, nous & nos autres sujets en pourront avec le tems tirer beaucoup d'utilité & profit, & aprés que lesdits Maire & Jurats ont satisfait à leur offre, & que Nous avons en la presence de nôtre tres-honorée Dame & mere, Princes de nôtre sang, & gens de nôtre Conseil privé bien & meurement le tout fait considerer; AVONS par leur avis, conseil & deliberation, & suivant ce qu'auroit été accordé & octroyé ausdits Maire & Jurats, Citoyens, Manans & Habitans du vivant dudit feu nôtredit Seigneur

& Pere, creé. ordonné, érigé & établi; créons, érigeons, ordonnons & établiſſons deux Foires franches en icelle ville de Bordeaux chacun an, pour y être tenuës d'oreſnavant perpetuellement & à toûjours. La premiére commençant au 15. d'Octobre, & continuant 15. jours entiers, qui eſt juſques & compris le 29. dudit mois; l'autre commençant au premier jour de Mars, & durera juſqu'au 15. jour d'iceluy mois, iceluy compris. Auſquelles Foires tous Marchands ſoient de nôtre Royaume ou étrangers, de quelque nation & qualité qu'ils ſoient, pourront venir & ſéjourner, trafiquer, marchander & negocier, avec tels & ſemblables privileges, franchiſes, exemptions dont ont joüi par cy-devant, & joüiſſent encore de preſent les habitans de nos villes de Paris, Lyon, Roüen, de Brie, Champagne & Poitou, & les Marchands frequentans les Foires d'icelle: Soit pour l'apport, conduite, vente, troc, échange, diſtribution ou achat des marchandiſes qui ſeront amenées, conduites & venduës, troquées ou échangées, achetées eſdites Foires, & changées dans leſdits 15. jours reſpectivement. Seront pareillement leſdits Marchands & tous autres, exempts du droit de grande & petite coûtume, qui eſt levée tant audit Bordeaux qu'és Villes de Blaye, Bourg & Libourne, & de ce qui nous appartient és droits de branche de Ciprés, de la Tour de Cordoüan, & de tous acquits & autres droits & devoirs qui nous appartiennent, & ont accoûtumez d'être levez par nous audit Bordeaux, & eſdites Villes de Bourg, Blaye & Libourne, fors & excepté les Paſtels qui n'entreront ou ſortiront au dedans ladite Ville, pendant & durant le tems deſdites Foires, enſemble du droit & ſubſide de cinq ſols tournois pour muid de vin, par nous nouvellement mis ſus, pour le tems qu'il durera, & generalement de tout ce qui dépendra du fait deſdites Foires, & tout ainſi que ſi des choſes deſſus dites & deſdits privileges, franchiſes, droits & exemptions, étoit cy-faite particuliere & expreſſe déclaration, & leſquelles nous y tenons pour exprimées, par le menu ſpecifiées, déclarées & deſignées comme en étant bien certioré. Deſquels privileges, franchiſes, droits & exemptions les habitans de ladite Ville pourront faire faire à leurs dépens des Extraits en nos Cours de Parlement & Chambres des Comptes, ſignez des Greffiers deſdites Cours & Chambres, dont ils s'aideront pour la joüiſſance d'iceux droits, privileges & exemptions, tout ainſi que s'ils avoient les originaux, & que s'ils étoient expressement dénommez en iceux ; & quant aux procez & differens qui se pourront mouvoir entre lesdits Marchands, Citoyens & autres, soient étrangers ou autres frequentans lesdites Foires, pour raison desdites marchandises vendues, achetées ou troquées en Foire, ou desquelles le payement sera assigné ausdites Foires, ou pour raison de change, arriére-change, ou autrement : Voulons & nous plait que les Juge & Consuls par nous ordonnez en ladite ville & cité de Bordeaux, en connoissent & jugent tout ainsi que fait le Conservateur des Foires de Lyon, & comme il est porté par l'Edit de la création d'iceux. N'entendons toutefois que durant le cours & tenuë de la premiere Foire, jusques aprés le jour de Noël, aucun puisse faire descendre du haut païs, vin devant la ville de Bordeaux, ny les faire entrer dedans, suivant les privileges de ladite Ville, ny pareillement exempter les vins qui doivent être marquez de la grande & demy marque de ladite Ville, du payement des droits, pour raison de ces dûs à icelle, ny les Marchands de porter certification, ainsi qu'il a été cydevant fait, ny les Vaisseaux d'être gaugez & appatronez, ainsi soit le tout fait comme il a été jusqu'à present, dont la connoissance demeurera ausdits Maire & Jurats. N'entendons aussi exempter des droits d'encrage, l'étaige, suaige & liard pour pippe de bled, qui sont de l'ancien Domaine de ladite Ville, destinez pour l'entretenement de la riviere, port & havre d'icelle. Si Donnons en Mandement à nos Amez & Feaux les gens tenans nos Cours de Parlement & grand Conseil, gens de nos Comptes & de nos Aydes, Tresoriers de France établis à Agen, Sénéchal de Guienne ou son Lieutenant, & à tous nos autres Justiciers & Officiers qu'il appartiendra, & qui requis en seront, que nos presens Création, Erection & établissement desdites Foires, ils fassent lire & enregistrer és Registres de leurs Cours & Jurisdictions, & iceux publier à son de trompe & cry public, respectivement chacun en son ressort & Jurisdictions, és lieux accoûtumez à faire cris & proclamations, & iceux entretiennent, gardent & observent, fassent entretenir, garder & observer, & du contenu cy-dessus, ensemble des dessusdits privileges, franchises, droits exemptions, les Manans & Habitans de ladite ville de Bordeaux, les Officiers desdites Foires, & Marchands frequentans icelles, jouïr

& user pleinement & paisiblement, sans en ce leur donner ny souffrir être fait mis ou donné aucun détourbier ou empêchement, au contraire, Permettons ausdits Maire, Jurats, & ausquels nous avoüons & permettons faire construire & édifier deux grandes & amples Halles en deux lieux & endroits de ladite Ville, qu'ils verront être les plus commodes pour l'assemblée des Marchands, achats & ventes de toutes marchandises; & esdites Halles, & prés icelles, faire étaux, bancs, boutiques & autres choses necessaires pour le fait & trafic desdites marchandises. Et par ce rapportant cesdites Presentes ou Vidimus d'icelles pour une fois, avec reconnoissance desdits Maire & Jurats, Manans & Habitans de ladite Ville, ou de leur Procureur, de la joüissance desdites franchises durant lesdites Foires, sur ce suffisante : Nous voulons nôtre Comtable & Receveur ordinaire de Bordeaux, & autres nos Receveurs qu'il appartiendra, être tenus quittes & déchargez des droits qui nous pourroient avenir & échoir durant icelles Foires, par nos amez & feaux les gens de nos Comtes, & par tout ailleurs où il appartiendra & besoin sera, sans difficulté : Car tel est nôtre plaisir. Nonobstant que lesdits droits ny valeur d'iceux ne soient cy-autrement specifiée ny déclarée, & quelconques Ordonnances, coûtumes du païs, privileges, dons, possessions, octrois faits ou à faire, & autres mandemens ou défenses à ce contraires. A quoy nous avons pour ce regard, de nos puissances & autorité, dérogé, & dérogeons par cesdites Presentes, au Vidimus desquelles fait sous scel Royal, ou dûement collationné par l'un de nos amez & feaux Notaires & Secretaires : Nous voulons que d'autant qu'on en pourra avoir à faire en plusieurs & divers lieux, foy soit ajoutée comme à ce present original, lequel afin que soit chose ferme & stable à toûjours, Nous avons signé de nôtre propre main, & à iceluy fait mettre & apposer nôtre scel. Donné à Bazas au mois de Juin, l'an de grace 1565. & de nôtre Regne le cinquiéme. *Ainsi signé*, CHARLES.

Par le Roy en son Conseil. *Visa.* DE LAUBESPINE.
Contentor DE VABRES.
Et scellé de cire verte en lacs de soye rouge & verte.

LEU

Sur la Jurisdiction Consulaire.

LEU publié & enregistré, requerans les Maire & Jurats de Bordeaux. ouï & à ce consentant le Procureur General du Roy, sans préjudice toutefois des droits dudit Seigneur, concernant l'encrage, suaige, l'étaige & liard de pippe de bled, & des droits desdits Maire & Jurats au contraire si aucuns il y en a. Fait à Bordeaux en Parlement, le neuviéme jour d'Août l'an 1565. Ainsi signé, DE PONTAC.

Le Jeudy 9 d'Août 1565. Nous Martin Lambert, Simon Galopin Avocats en la Cour, Pierre Casau Procureur en Guyenne, Jean le Doux, Jean Deydie, & George Bouard, Jurats de cette Ville & Cité de Bordeaux, François de la Riviere aussi Avocat en ladite Cour, Procureur & Sindic de ladite Ville, appellé avec nous Pierre Lanson Commis du Greffier d'icelle, Dorde de Linas Ecuyer, Capitaine du Guet, accompagné de ses Lieutenant & Soldats, les Sergens ordinaires de ladite Ville, Grimond & Baude Guillem, Trompetes ordinaires d'icelle, nous sommes transportez és quatre cantons & carrefours ordinaires & accoûtumez faire proclamation en icelle Ville, ensemble aux Chartreux, à chacun desquels lieux, aprés avoir fait sonner par trois fois les trompettes d'argent pour assembler le peuple, avons fait lire & publier à haute voix, par ledit Lanson, les Lettres de l'octroy des Foires cy-dessus transcrites, dont & de laquelle publication ledit Procureur & Sindic a requis acte pour ladite Ville, que luy a été octroyé le susdit jour & an 1565.

LETTRES DU ROY HENRY IV. ROY DE FRANCE & de Navarre, par lesquelles Sa Majesté veut & entend, que les Juge & Consuls de la Bourse des Marchands de Bordeaux jouïssent des Déclarations octroyées aux Juge & Consuls de Paris, Orleans, & autres Villes du Royaume. Etant Jean de Mercadé, Robert du Vigné, & Jean Truchon Juge & Consuls de ladite Bourse en ladite année.

HENRY par la grace de Dieu, Roy de France & de Navarre: A tous ceux qui ces presentes Lettres verront; Salut. Sçavoir faisons que Nous avons reçû l'humble supplication de nos chers & bien-aimez les Juge & Consuls de la Bourse des Marchands de nôtre Ville de Bordeaux, contenant que dès le mois de Décembre 1563. le feu Roy Charles nôtre tres-honoré Sieur & Frere, auroit établi en nôtredite Ville la Jurisdiction de ladite Bourse des Marchands, & octroyé certains privileges par ses Lettres Patentes du mois de Février 1566. ausdits Juge & Consuls, qui servent annuellement en cette Charge, pour être exempts l'année de leur exercice des autres fonctions & charges publiques. Et d'autant qu'il est nécessaire, que la Jurisdiction des Exposans pour les causes & differens qui se meuvent entre Marchands, & pour fait de marchandise, soit à l'instar de celles qui sont en nos Villes de Paris, Orleans, Bourges, Troyes & Angers, avec les mêmes facultez & pouvoirs, suivant & tout ainsi qu'il est porté és Lettres de Déclarations du mois d'Avril 1565. & du mois de Février & de Juillet 566. tant s'en faut néanmoins qu'ils jouïssent paisiblement du benefice concedé par lesdites Déclarations, qu'au contraire ils sont troublez & empêchez, tant par nôtre Cour de Parlement de Bordeaux, que par nôtre Sénéchal dudit lieu ; lesquels ne veulent permetre l'effet desdites Déclarations, ny ce qui est de la Coûtume locale de nôtredite Ville de Bordeaux, qui est de pouvoir décerner Mandement de partie formelle entre Marchands, & pour fait de marchandise : Ce qui est de la Jurisdiction & attribution desdits Juge & Consuls de ladite Bourse. A quoy ils sont journellement empêchez, & leurs Sentences & Ordonnances cassées, sans propos ny apparence, qui est rendre inutile & illusoire leurdite Jurisdiction. Nous à ces Causes, aprés avoir fait voir en nôtre Conseil lesdits Edits & Déclarations octroyez ausdits Juge & Consuls des Marchands de nosdites Villes de Paris, Orleans, Bourges, Troyes & Angers, ensemble la Coûtume locale de nôtredite Ville de Bordeaux, qui est de pouvoir décerner Mandement de partie formelle entre Marchands, & pour fait de marchandise, le tout cy-attaché sous nôtre contreséel : Disons, Déclarons, Voulons & Entendons, que lesdits Exposans jouïssent pleinement & paisiblement du contenu en nosdits Edits & Déclarations, avec la même faculté, pouvoir, autorité, jurisdiction & émolumens que font les semblables Officiers de nosdites Villes de Paris, Orleans & autres cy-dessus mentionnées, & qu'ils soient exempts l'année de leur exercice des autres charges & fonctions publiques. Si donnons en Mandement à nos Amez & Féaux Conseillers les gens tenans nôtre Cour de Parlement dudit Bordeaux, de procéder à la verification & enregistrement desdites Déclarations octroyées aux Juge & Consuls des Marchands de nosdites Villes de Paris, Orleans, Bourges, Troyes & Angers, & du contenu en icelles faire jouïr pleinement & paisiblement lesdits Exposans, sans souffrir qu'il y soit contrevenu en aucune sorte & maniere que ce soit. Voulons aussi icelles Lettres & Déclarations être inserées és Registres de la Cour de la Bourse des Marchands de nôtredite Ville de Bordeaux, afin qu'aucun n'en pretende cause d'ignorance, & que l'effet de la Jurisdiction de ladite Bourse puisse avoir lieu, pour les differens qui s'émeuvent entre Marchands; lesquels pourront être assignez en la Cour de ladite Bourse en vertu des Mandemens décernez d'icelle, & de partie formelle, suivant ladite Coûtume de nôtredite Ville de Bordeaux, où il s'agira du fait de marchandise, soit par échange, troc qui se fait en nôtredite Ville, promesses ou autrement pour tout négoce de marchandise: Le tout nonobstant tous Arrêts, Jugemens, Lettres & défenses à ce contraires; ausquelles & à la dérogatoire d'icelles, Nous avons dérogé & dérogeons par ces Présentes. CAR tel est nôtre plaisir. Donné à Paris le 16. jour d'Avril, l'An de grace 1596. & de nôtre Regne le septiéme. Ainsi signé sur le repli, Par le Roy en son Conseil. DE BEAULIEU. Et scellé du grand Sceau. Et au côté enregistré avec le *Vidimus* de la Déclaration du feu Roy Charles IX. y mentionnée, suivant l'Arrêt de la Cour. Donné à Bordeaux en Parlement le vingtiéme jour du mois de Juin 1596.

Signé, DE PONTAC.

Sur la Requête presentée en la Cour par Guillaume Boucaud, Estienne Berard, & Jean Roux Juge & Consuls de ladite Bourse, ont été enregistrées lesdites Patentes & Declarations és Registres de Parlement, avec le Vidimus de la Déclaration du feu Roy Charles IX. suivant l'Arrêt de ladite Cour. Donné à Bordeaux en Parlement le vingtiéme de Juin 1596. Ainsi signé, DE PONTAC.

Lûës, publiées & enregistrées ont été les susdites Lettres & Déclarations en la Cour & Greffe de ladite Bourse, le vingt-quatriéme Juin 1596. Signé, D'ARCHE *Greffier.*

LETTRES-PATENTES DU ROY, TOUCHANT le pouvoir donné aux Juge & Consuls de la Bourse des Marchands de Bordeaux, de décerner Mandement de partie formée.

HENRY par la grace de Dieu, Roy de France & de Navarre: A nos Amez & Féaux Conseillers les gens tenans nôtre Cour de Parlement de Bordeaux; Salut. Les Juge & Consuls de la Cour de la Bourse commune des Marchands établis en nôtredite Ville de Bordeaux, Nous ont fait remontrer, qu'encores que par nos Lettres de jussion cy-attachées, Nous vous ayons entr'autres choses, & suivant nos Lettres de Déclaration, mandé les faire jouïr du pouvoir de décerner, suivant la Coûtume locale de nôtredite Ville de Bordeaux & païs de Bordelois, Mandemens de parties formées pour fait de marchandise & entre Marchands, selon laquelle ils peuvent faire emprisonner les étrangers, & autres non possedans biens en la Sénéchaussée de Guyenne, de la valeur ou prix demandez, comme il est plus long porté par nosdites Lettres, qui vous auroient été presentées pour l'interinement d'icelles. Néanmoins au lieu de ce faire, vous y auriez encore fait difficulté, même en ce qui est du pouvoir de décerner lesdits Mandemens de parties formées; & par vôtre Arrêt avez ordonné qu'ils feront apparoir, comme les autres Juges & Consuls de ce Royaume ont accoûtumé de décerner lesdits Mandemens, & en prendre connoissance. Lesquelles limitations restraignent & contreviennent à nôtre Intention & Déclaration susdite, & à ladite Coûtume locale de nôtre Ville de Bordeaux, & païs de Bordelois qui attribuent ledit pouvoir au Juge seulement, & par consequent aux Exposans pour le fait de marchandise, pour lequel les Juge & Consuls de nôtre Royaume ont été établis, & les Sénéchaux exclus de la connoissance desdites marchandises. Jaçoit que nôtre Procureur general, luy étans communiquées, eût consenty à la verification d'icelles. Ce qui a contraint lesdits Exposans de recourir encore à Nous, & tres-humblement supplier leur vouloir sur ce pourvoir d'autres nos Lettres nécessaires.

Nous à ces Causes, aprés avoir fait voir ledit Arrêt & Déclaration, ensemble ladite Coûtume & information, comme les Juge & Con-

Sur la Iurisdiction Consulaire.

suls de la Rochelle ont accoûtumé de décerner lesdits Mandemens de partie formée, le tout cy-attaché ; ne voulans les Exposans être de pire condition que les autres Juges & Consuls des autres Villes de nôtre Royaume. Vous mandons, commettons, & tres expressément enjoignons par ces Présentes, qui vous serviront de derniere & finale jussion, que vous ayez à faire jouïr lesdits Juge & Consuls du contenu en nôtredite Déclaration, de nôtre Vouloir & Intention, sans plus y faire aucune difficulté, ny les remettre à retourner vers Nous, pour y faire plus expresse charge ; & ce nonobstant vôtredit Arrêt & refus, & sans vous y arrêter, ny à autres difficultez qu'y pourriez faire. Enjoignant à nôtre Procureur General en nôtredite Cour y tenir la main, de sorte que nôtre volonté soit effectuée. CAR tel est nôtre plaisir. Donné à Paris le 8. jour d'Aoust, l'an de grace 1597. Et de nôtre Regne le neuviéme. Ainsi signé ; Par le Roy en son Conseil, DE VERTON. Et scellées du grand Scel dudit Sieur, & de cire jaune sur simple queüe. Et au bas desdites Lettres est écrit.

Enregistrées suivant l'Arrêt de la Cour, ce jourd'huy donné à Bordeaux en Parlement le 30. jour d'Aoust 1597.

Ainsi signé, DE PONTAC.

Extrait des Registres de Parlement.

VEU par la Cour la Requête à elle presentée le 16. jour d'Aoust 1597. par Arnaud Peleau, Jacques Paty, & Pierre Maurian, Juge & Consuls de la Bourse commune des Marchands établie par le Roy à Bordeaux, contenant qu'il a plû au Roy leur octroyer les Lettres cy-attachées, conformes à leur Edit d'érection & autres Lettres precedentes ; & en outre ils montrent par plusieurs Sentences, Enquêtes & autres Pieces, que generalement toutes les Bourses établies en France décernent, & octroyent tous Mandemens de partie formée, & prennent connoissance de tous affaires entre Marchands, & pour fait de marchandise. Au moyen de quoy requierent, veu la production desdits Supplians, & suivant la volonté de sadite Majesté, ordonner, que lesdites Lettres seront verifiées & enregistrées au Greffe de la

Cour. Réponse de Desaigues Procureur General du Roy, contenant : Veu les Lettres Patentes, & autres à mêmes fins precedemment obtenués par les Supplians, les Arrêts de la Cour sur ce intervenus, avec la verification faite par lesdits Supplians, tant par enquête que preuve literale, que les Juge & Consuls des Marchands établis és autres Villes de ce Royaume connoissent des parties formées, quand elles sont faites entre Marchands, & pour fait de marchandise, même à Rouen, Orleans, & à la Rochelle. N'empêchons lesdites Lettres être enregistrées és Regitres de la Cour, pour jouïr par les Supplians & leurs successeurs Juge & Consuls des Marchands de cette Ville de Bordeaux, & de la connoissance des parties formées d'entre Marchands, & pour fait de marchandise seulement. Cinq actes faits en la Ville de la Rochelle, concernant les Mandemens de partie formée. Extrait d'autre Mandement des Juge & Consuls de Rouen, datté du 27. Juillet 1596. Attestation des Consuls de la Bourse commune d'Orleans, le 10. jour de Juillet dernier. Autre Attestation des Juge & Consuls de la Rochelle par forme d'Enquête faite pardevant Me. François d'Alesme, Conseiller du Roy en la Cour, & Commissaire en cette partie deputé Copie des Lettres Patentes du 16. jour d'Avril 1596. Copie d'autres Lettres Patentes du 19. jour de May 1597. Autres Lettres Patentes le 8. jour du present mois d'Aoust 1597. le tout attaché à ladite Requête. DIT A ESTE', interinant ladite Requête, quand à ce, & attendant le consentement du Procureur general du Roy, que la Cour a ordonné & ordonne que lesdites Lettres Patentes mentionnées en ladite Requête, seront enregistrées és Regitres de ladite Cour, pour jouïr par lesdits Supplians, & leurs successeurs Juge & Consuls des Marchands de cette Ville de Bordeaux, du contenu esdites Lettres Patentes ; & en ce faisant d'avoir jurisdiction de décerner, & prendre connoissance des parties formées entre les Marchands, & pour fait de marchandise seulement. Prononcé à Bordeaux en Parlement, le 30. jour d'Aoust 1597. *Ainsi signé,* DE PONTAC.

ARRESTS
DU PRIVÉ CONSEIL DU ROY.

Par lesquels a été ordonné, que les Bourgeois Marchands de Bordeaux qui ont été Jurats, Juges ou Consuls de la Bourse des Marchands, Trésoriers de l'Hôpital, & Avitailleurs des Châteaux, précederont les Procureurs du Parlement en toutes Assemblées.

SUR la Requête presentée au Roy en son Conseil par les Juge & Consuls des Bourgeois & Marchands de la Ville de Bordeaux, afin pour les causes & considerations y contenuës, qu'il plût à Sa Majesté ordonner, que les Procureurs au Parlement dudit Bordeaux, seront appellez au Conseil, pour voir dire, que les Supplians les précederont en toutes Assemblées publiques & particulieres, suivant l'usage de tout tems & ancienneté pratiqué en toutes les principales Villes de ce Royaume, nonobstant les Arrêts dudit Parlement de Bordeaux, l'exécution desquels demeurera sursize, jusqu'à ce qu'autrement en ait été ordonné, eu égard qu'ils ont été donnez par Juges suspects aux Supplians, & sans qu'ils ayent été ouïs. A été ordonné, que ladite Requête sera signifiée ausdits Procureurs dudit Parlement de Bordeaux, & assignation à eux donnée audit Conseil, pour répondre aux fins d'icelle, Parties ouïes leur être pourvû, ainsi que de raison. Et cependant ceux des Supplians qui ont été Jurats, Juges ou Consuls, Trésoriers de l'Hôpital, Avitailleurs des Châteaux, ou en l'une desdites Charges, précederont en tous lieux lesdits Procureurs qui ne les auront tenuës; & où il s'en trouveroit qui les eussent exercées, ils auront rang & séance avec lesdits Bourgeois, selon l'ordre de leur reception & admission en icelle. Faisant Sa Majesté inhibitions & défenses à ladite Cour de Parlement de Bordeaux, de connoître du different des Parties, à peine de nullité & cassation de procedure, & ausdits Procureurs d'y poursuivre, jusqu'à ce qu'autrement, Parties ouïes, en soit ordonné. Fait au Conseil privé du Roy tenu à Paris, le 4. jour d'Octobre 1602. *Signé*, LE TENNEUR.

112 *Instruction Generale*

HENRY par la grace de Dieu, Roy de France & de Navarre : Au premier de nos amez & feaux Conseillers, & Me. des Requêtes ordinaire de nôtre Hôtel, Conseiller de nôtre grand Conseil & de nos Cours Souveraines, ou autre Juge Royal premier sur ce requis ; Salut. Nous vous mandons, & tres expressément enjoignons, que l'Arrêt de nôtre Conseil privé, dont l'extrait est ci-attaché sous nôtre contrescel, ce jourd'huy donné sur la Requête à Nous presentée par nos chers & bien-amez les Juge & Consuls des Bourgeois & Marchands de nôtre Ville de Bordeaux, ayez à mettre à dûë & entiere exécution de point en point, selon sa forme & teneur, nonobstant oppositions ou appellations quelconques, pour lesquels & sans préjudice d'icelles ne voulons être differé. Desquelles, si aucunes interviennent, nous retenons & reservons la connoissance à Nous & à nôtre Conseil, icelle interdisant & défendant aux Gens tenans nôtre Cour de Parlement de Bordeaux, & tous autres Juges, à peine de nullité & cassation de procedure, & aux Procureurs dudit Parlement de se pourvoir ailleurs qu'en nôtredit Conseil, sur pareille peine, & de tous dépens, dommages & interêts. De ce faire vous donnons pouvoir & Mandement spécial. Mandons en outre à nôtre Huissier ou Sergent premier requis signifier nôtredit Arrêt, & ces Présentes ausdits Procureurs, à ce qu'ils n'en pretendent cause d'ignorance, leur declarer, notifier, ensemble à nôtredit Parlement les inhibitions & défenses y contenuës, & faire au surplus pour l'exécution d'iceux tous exploits, actes & significations requises & nécessaires, sans que nôtredit Huissier ou Sergent soit tenu demander aucun Congé, Placet, Visa, ny Pareatis : CAR tel est nôtre plaisir. Donné à Paris le 4. jour d'Octobre l'An de grace 1602. Et de nôtre Regne le 14. *Signé*, Par le Roy en son Conseil, LE TENNEUR. Et scellé sur simple queuë en cire jaune.

L'An 1602. le 5. jour du mois de Novembre, à la Requête de Messieurs les Juge, Consuls, Bourgeois & Marchands de la Ville de Bordeaux, l'Original de certaine Requête, Arrêt & Commission sur icelle obtenuë au Conseil privé de Sa Majesté, en datte du 4. Octobre dernier passé, signé par le Roy en son Conseil, Le Tenneur, transcrit ci-dessus, a été par moy Huissier à cheval au Châtelet de Paris soussigné, montré, signifié, & de tout le contenu baillé copie à Me. Jean d'Arche Procureur en Parlement, & Syndic

du

Sur la Iurisdiction Consulaire.

du Corps desdits Procureurs dénommez par ledit Arrêt, parlant à sa personne en son domicile, à ce que par ci-aprés ils n'en puissent pretendre cause d'ignorance. Et outre à la Requête desdits Sieurs Juge & Consuls de ladite Ville de Bordeaux, j'ay iceux Procureurs en Parlement, parlant audit Me. Jean d'Arche Syndic adjourné, & donné assignation à être & comparoir d'aujourd'huy en un mois prochainement venant, pardevant Messieurs du Conseil privé de Sa Majesté, là part où il sera, pour répondre aux fins de ladite Requête, Arrest & Commission, leur faisant à châcun d'eux, parlant comme dessus, inhibitions & defenses de par le Roy, & mesdits Sieurs du privé Conseil de Sa Majesté, de ne préceder lesdits Sieurs Juge & Consuls, Bourgeois & Marchands de la Ville de Bordeaux, & autres contenus en l'Arrêt, en quelque Assemblée que ce puisse faire, & pour quelque cause & raison que ce soit, comme aux Assemblées publiques & particulieres, & de faire aucune poursuite pour raison de ce que dessus en ladite Cour de Parlement de Bordeaux; ains pardevant mesdits Sieurs du Conseil privé de Sa Majesté, jusqu'à ce que par lesdits Sieurs en ait été autrement ordonné, sur peine de cassation de procedure, & de tous dépens, dommages & interêts, & en outre, comme de raison. Lequel d'Arche audit nom, & comme Syndic du Corps a fait réponse, que le present Arrêt a été donné sans ouïr les parties, ayant taisé les Arrêts par eux obtenus en la Cour de Parlement de Bordeaux, & les Reglemens donnez par Messieurs les Maire Iurats de ladite Ville entre toutes parties: par lesquelles pieces le different & presences d'entre les parties demeure jugé, comme ils feront apparoir au privé Conseil, étans ouïs. Et a pris copie tant de ladite Requête, Arrêt, Commission, que du present exploit, és presences de Iean la Loche, Cesar le Redde & autres témoins. Et ledit jour & an que dessus, à la Requête desdits Sieurs Iuge & Consuls, Bourgeois & Marchands de ladite Ville de Bordeaux, pareille signification de la Requête, Arrêt & Commission ci-dessus écrit, a été par moy Huissier susdit & soussigné, montrée & signifiée; & de tout baillé copie aux Sieurs Maire & Iurats de ladite Ville de Bordeaux, en parlant à Iean Seguin Laquais de M. Paul le Clerc Greffier de ladite Ville, à ce que par cy-aprés lesdits Sieurs n'en pretendent cause d'ignorance, es presences desdits Loche, & le Redde temoins. Signé, LE ROY.

EXTRAIT DES REGISTRES DU CONSEIL Privé du Roy.

Entre les Juge, Consuls, Bourgeois & Marchands de Bordeaux, demandeurs en Requête du 4. Octobre 1602. d'une part, & le Syndic des Procureurs de la Cour de Parlement, défendeur d'autre. Veu au Conseil du Roy ladite Requête tendante à ce qu'il fût ordonné, que les Procureurs au Parlement dudit Bordeaux seroient appellez audit Conseil pour voir dire, que les Demandeurs les précederont en toutes les Assemblées publiques & particulieres, suivant l'usage de tout tems & ancienneté, pratiqué en toutes les principales Villes de ce Royaume, nonobstant les Arrêts dudit Parlement de Bordeaux, l'exécution desquels demeurera surcise jusqu'à ce qu'autrement en ait été ordonné. Arrêt intervenu sur icelle dudit jour 4. Octobre 1602. par lequel auroit été ordonné que ladite Requête seroit signifiée ausdits Procureurs, & assignation à eux donnée audit Conseil, pour répondre aux fins d'icelle, & Parties ouïes leur être pourvû, ainsi que de raison. Et cependant que ceux desdits Demandeurs qui auront été Jurats, Juges ou Consuls, Trésoriers de l'Hôpital, & Avitailleurs des Châteaux, ou en l'une desdites Charges, précederont en tous lieux les Procureurs qui ne les auront pas tenuës. Et où il s'en trouveroit qui les eussent exercées, ils auroient rang & séance avec lesdits Bourgeois, selon l'ordre de leur reception & admission en icelles. Faisant Sa Majesté inhibitions & défenses à ladite Cour de Parlement de Bordeaux, de connoître du different des Parties, à peine de nullité & cassation de procedures, & ausdits Procureurs de poursuivre à peine de tous dépens, dommages & interêts, jusqu'à ce que, Parties ouïes, autrement eût été ordonné. Appointement en Droit du 19. Décembre 1602. Actes des Assemblées faites en ladite Ville de Bordeaux, des 2. May 1563. 6. Février 1597. & 22. Aoust 1602. Extrait des Registres d'icelles, des années 1556. 1571. 1572. & 1594. Arrêt de la Cour de Parlement de ladite Ville du 14. Novembre 1573. 6. Septembre 1574. & 24. Mars 1586. 3. Mars 1595. 9. Décembre 1596. 16. Novembre 1599. 1. & 5. Juillet 1600. & 4. Février 1603. & tout ce que

Sur la Iurisdiction Consulaire.

par lesdites Parties a été mis & produit pardevant le Commissaire à ce deputé, ouï son rapport & tout consideré, LE ROY EN SON CONSEIL, a ordonné & ordonne que les Marchands Bourgeois de ladite Ville de Bordeaux, qui auront eu les Charges de Jurat, Juge de la Bourse, Consuls, Tresoriers de l'Hôpital, Avitailleurs des Châteaux, ou l'une d'icelles, precederont en tous lieux & Assemblées publiques & particulieres, les Procureurs de ladite Cour, qui n'auront eu lesdites Charges, ny aucunes d'icelles : Et ceux qui les auront euës auront rang & séance avec lesdits Marchands, selon l'antiquité de leur élection ausdites Charges, sans dépens. Fait au Conseil privé du Roy tenu à Paris le 8. jour d'Avril 1683. Signé, DE BAGNAUX.

Henry par la grace de Dieu, Roy de France & de Navarre : Au premier de nos amez & féaux Conseillers, & Maîtres des Requêtes ordinaires de nôtre Hôtel, Conseiller de nôtre grand Conseil, ou de nos Cours Souveraines premier d'eux sur ce requis; Salut. Nous vous mandons, ordonnons, & tres-expressément enjoignons par ces Présentes, que l'Arrêt de nôtre Conseil ci-attaché, sous nôtre contre-scel ce jourd'hui donné entre les Juge & Consuls, Bourgeois & Marchands de Bordeaux, Demandeurs en Requête du 4. Octobre 1602. d'une part ; Et les Syndics des Procureurs de nôtre Cour de Parlement de Bordeaux Défendeurs d'autre. Vous ayez à mettre à dûe & entiere exécution de point en point selon sa forme & teneur, le faire enregistrer és Registres de la Maison de nôtre Ville de Bordeaux, & par tout ailleurs où besoin sera, & iceluy faire garder, entretenir, observer inviolablement, sans permettre qu'il y soit aucunement contrevenu, contraignant à ce faire, souffrir & obeir, tant lesdits Marchands Bourgeois de nôtre Ville de Bordeaux, que lesdits Procureurs de nôtredite Cour de Parlement, & tous autres qu'il appartiendra par toutes voïes, & manieres dûes, raisonnables & accoûtumées, nonobstant oppositions quelconques, pour lesquelles ne voulons l'exécution de nôtredit Arrêt, & de cesdites Présentes être aucunement differée. De ce faire vous donnons pouvoir, autorité, commission & mandement special. Mandons au premier nôtre Huissier, ou Sergent sur ce requis, faire pour l'exécution des Présentes tous exploits, assignations & significations nécessaires, sans qu'il soit tenu pour ce de demander aucune permission, Placet, Visa, ny Pareatis. Mandons & commandons à tous nos Justiciers, Officiers & Sujets, qu'à vous & à nôtredit Huissier, ce faisant obeïssent. Enjoignons à nôtre tres-cher & feal Cousin le Sieur d'Ornano Marêchal de France, Gouverneur & nôtre Lieutenant General en Guyenne, & aux Maire & Jurats de ladite Ville, d'y tenir la main, & faire en sorte que nôtre volonté & intention contenuë en nôtredit Arrêt, & à ces Présentes, soit entierement suivie & effectuée : CRR tel est nôtre plaisir. DONNE' à Paris le 11. d'Avril, l'an de grace 1603. & de nôtre Regne le 14. *Signé*, par le Roy en son Conseil DE BAIGNAULX. Et scellé du grand sceau. *Et plus bas*, Collationné à l'Original par moy Conseiller, Notaire & Sécrétaire du Roy. *Signé*, DE LABEYLIE.

ARREST
DE LA COUR DE PARLEMENT
DE BORDEAUX.

Portant cassation du Reglement fait par les Presidiaux de Guienne : Ensemble de la condamnation d'amande portée par iceluy, & déclare le tout nul & abusif; & fait inhibitions & défenses, tant aux Présidiaux de Guienne, que tous autres du Ressort de la Cour, de faire tels Reglemens, & d'entreprendre cy-aprés sur la Iurisdiction de la Cour de la Bourse, ny de recevoir aucun appel venant de ladite Cour de la Bourse : Et aux Sergens de leurs Sieges & Sénêchaussées d'exploiter les reliefs desdites Appellations; & aussi que tant le Procureur General du Roy audit Siege de Guienne, que celuy qui a prononcé ledit Reglement, comparoîtront en personne en la Chambre du Conseil : Ledit Arrêt obtenu par Pierre Vidal le 11. Mars 1604.

ENTRE Pierre Vidal, appellant du Sénêchal de Guienne ou son Lieutenant. & autrement demandeur du profit & utilité de certain défaut, d'une part. Et Françoise Salomon & Jean du

Sur la Jurifdiction Confulaire.

Plantey, intimez & défendeurs d'autre. Ouïs DUSOLIO pour ledit Vidal appellant, DRAGON pour du Plantey, & DUVAL le jeune pour ladite Salomon, Avocats & Procureur des parties, & DUMULET pour le Procureur General du Roy, &c. LA COUR, ayant quand à cet égard aux requifitions du Procureur Géneral du Roy, a caffé & caffe le Reglement faits par les Confeillers, Magiftrats du Siege Préfidial de Guienne, duquel lecture a été faite, enfemble les condamnations d'amande portée par iceluy, déclarant le tout nul & abufif. Et a fait & fait inhibitions & défenfes, tant aufdits Confeillers Magiftrats dudit Siege Préfidial de Guienne, qu'autres du Reffort d'icelle, de faire tels & femblables Reglemens, & en ce faifant, empêcher les parties d'appeller en ladite Cour de leurs Sentences & Jugemens : & les Sergens de leurs Siéges & Sénêchauffées, d'exploiter les reliefs defdites appellations en la Cour. Et en outre, la Cour leur a fait inhibitions & défenfes d'ordonner les amandes à la difcretion de la Cour, fans fpecifier envers qui elles font ordonnées, à peine de mil livres, de nullité, de tous dépens, dommages & interefts des parties. ORDONNE en outre ladite Cour que tant le Suftitut du Procureur General du Roy audit Siege qui a requis iceluy Reglement, que le Lieutenant ou Confeiller Magiftrat qui l'a prononcé, comparoîtront en perfonne au premier jour en la Chambre du Confeil d'icelle, pour répondre aux conclufions du Procureur General du Roy : Et qu'au furplus du differend des parties, icelles parties aux fins plaidées, mettront par tout le jour leurs pieces pardevers elle, pour leur être dit droit fur le Regiftre collationné. Signé, DE PONTAC.

LE vingtiéme de Decembre mil fix cens fept, le prefent Arrêt a été fignifié à Monfieur Me.
de Maniban Lieutenant General en Guienne, & Maître des Requêtes en fon Hôtel, auquel luy ay fait les inhibitions portées par ledit Arrêt, parlant à luy fur le degré du Palais, qui a refufé de prendre copie, par moy. Signé, VIDAU.

EXTRAIT DES REGISTRES DU CONSEIL Privé du Roy.

ENtre les Sindics des Procureurs du Parlement de Bordeaux appellans des procedures faites par Maître François de Pichon Conseiller du Roy en son grand Conseil, Commissaire deputé pour l'exécution de l'Arrêt du Conseil du 11. Avril 1603. & requerant l'interinement d'une Requête du 31. May 1604. tendant afin que sans avoir égard audit Arrêt, ils soient maintenus & gardez au rang qu'ils ont toûjours tenu en toutes assemblées publiques & particulieres, & qu'il soit ordonné qu'ils précederont les Juges, Consuls, Bourgeois & Marchands de ladite Ville, de quelque qualité qu'ils soient, prendront leur rang, & donneront leurs suffrages en l'Hôtel de ladite Ville, mediatement aprés les Avocats dudit Parlement, & défendeurs d'une part : & lesdits Juge, Consuls, Bourgeois & Marchands de ladite ville de Bordeaux, intimez, défendeurs en reparation d'injures, d'autre part. VEU par le Roy en son Conseil les écritures desdites parties, ladite Requête, ledit Arrêt, par lequel auroit été ordonné que les Marchands, Bourgeois de ladite Ville qui auront eu les charges de Jurats, Juge de la Bourse, Consuls, Tresoriers de l'Hôpital, & Avitailleurs des Châteaux ou l'une d'icelles, précederont en tous lieux & assemblées publiques & particulieres, les Procureurs de ladite Cour, qui n'auront eu lesdites charges, ny aucunes d'icelles; & ceux qui les auront euës auront rang & séance avec lesdits Marchands selon l'antiquité de leur élection ausdites charges. Procez verbal dudit Commissaire, contenant lesdites procedures du premier Juillet 1603. acte octroyé par lesdits Jurats ausdits Procureurs, que ledit Arrêt est enregistré au livre journalier de la Jurade de Bordeaux, dés le 4. Decembre 1602. du 1. Juillet 1603. Appointement à droit contenant ladite demande en reparation du 29. May 1604. autre Appointement sur ledit appel du 29. Mars audit an ; autre Appointement en droit du 19. Decembre 1602. sur lequel est intervenu ledit Arrêt dudit 11. Avril : Arrêt dudit Conseil du 4. Octobre 1602. acte des assemblées faites en l'Hôtel de ladite Ville

Sur la Iurisdiction Consulaire. 119

de Bordeaux, du 2. May 1563. 6. Février 1597. & 22. Août 1602. Extrait de la Jurade de la Maison commune de Bordeaux, des années 1571. 1572. 1574. 1575. 1601. un Arrêt de ladite Cour de Parlement de Bordeaux, des 14. Novembre 1538. 17. Novembre 1573. 6. Septembre 1574. 24. Mars 1586. 3. Mars 1595. 23. dudit mois, 16. Novembre 1599. 5. Juillet 1600. 11. dudit mois, 6. Septembre 1602. & 4. Février 1603. Extrait du Livre de la Police tenu à Bordeaux le 21. Octobre 1602. Sentence desdits Jurats de Bordeaux des 9. Septembre 1601. & 3. Novembre 1602. Contrat fait par Bertrand Mesplede, Richard Bastard & Martial du Puy, Avitailleurs des Châteaux de ladite Ville de Bordeaux, des 30. Decembre 1594. 22. Janvier 1602. & 21. Juin 1603. Procez verbal de la Coûtume de Bordeaux : Lettres octroyées par le Roy à Maître Jean Dordonneau & Pierre du Puy, pour être reçûs Procureurs audit Parlement de Bordeaux des 7. Février 1554. & 3. Juin 1560. Edit du Roy sur la création en titre d'Office des Procureurs postulans du mois de Juillet 1572. Arrêt de la verification dudit Edit, faite audit Parlement de Bordeaux du 12. Avril 1573. Lettres Patentes du Roy du 20. Janvier 1596. par lesquelles est mandé aux Jurats dudit Bordeaux, de nommer en la Charge de Tresorier de l'Hôpital, des personnes de toutes qualitez, hors des Ecclesiastiques, Presidens & Conseillers de ladite Cour : Arrêt dudit Parlement du 9. Decembre audit an, par lequel ladite Cour auroit déclaré n'y avoir lieu de verifier lesdites Lettres, & auroit fait inhibitions & défenses ausdits Maire & Jurats, de nommer en ladite Charge de Tresorier de l'Hôpital aucun des Presidens & Conseillers de ladite Cour, Juges Présidiaux, Avocats & Procureurs de ladite Cour ; autres Lettres du 29. Novembre 1598. par lesquelles est mandé à ladite Cour verifier lesdites Lettres dudit 20. Janvier, nonobstant ledit Arrêt, Extrait de l'acte fait au Bureau dudit Hôpital, le 5. Janvier 1597. par lequel appert que Maître Jean de Malevergne Procureur audit Parlement, est Syndic general dudit Hôpital : Attestations des Capitouls de Tolose du 11. Octobre 1602. Attestation faite à Nerac du 18. Aoust 1603. Procez verbal contenant autre Attestation, que lesdits Procureurs ont toûjours precedé lesdits Marchands du 6. Septembre audit an : Autre Procez verbal du 27. Mars 1604. Certificat des Jurats de Bordeaux des 27. & 30. Janvier 1603. Autres Extraits des Regiſtres de la Maiſon commune de ladite Ville de Bordeaux du 28. Mars 1555. & des Regiſtres des Juge & Conſuls de la Bourſe commune dudit Bordeaux, des années 1582. 1583. 1584. 1585. 1586. 1587. 1588. 1589. 1590. 1591. 1592. 1593. 1594. 1595. 1596. 1597. 1598. 1599. 1600. 1601. & 1602. Extrait de ceux qui ont exercé la Charge de Tréſorier de l'Hôpital depuis le premier de Juillet 1559. juſques au dernier Décembre 1600. Autres Extraits de pluſieurs Contrats faits par les Avitailleurs és Châteaux des 7. Octobre 1551. 4. Septembre 1566. 9. Juin 1580. & 28. Avril 1599. Extrait du Livre de la Jurade dudit Bordeaux, des 2. Janvier & 7. Aouſt 1577. & de l'année 1583. Requête deſdits Syndics deſdits Procureurs, par laquelle ils auroient employé ladite Requête pour tous contredits auſdites pieces nouvellement produites; du 9. Juillet 1504. Requête dudit Syndic deſdits Procureurs, pour avoir réparation des injures contenuës és Ecritures deſdits Défendeurs du 14. Juin 1604. Arrêt dudit Conſeil, des 13. Avril, & 21. Mars audit an, & tout ce que par leſdites Parties a été mis & produit par devers ledit Conſeil. LE ROY en ſon Conſeil, ſans avoir égard à ladite Requête dudit 21. May 1604. a ordonné & ordonne, que ledit Arrêt dudit Conſeil du 11. Avril 1603. ſortira ſon plein & entier effet. Et pour le regard dudit appel & autres concluſions reſpectivement priſes par leſdites parties en reparation d'injures, a mis & met leſdites parties hors de Cour & de procez, le tout ſans dépens. Et a fait Sa Majeſté inhibitions & défenſes auſdites parties de ſe pourvoir pour raiſon deſdites préſéances ailleurs, qu'audit Conſeil; & audit Parlement de Bordeaux, d'en prendre connoiſſance, à peine de nullité & caſſation de procedure. Fait au Conſeil privé du Roy, tenu à Paris le 12. jour de Juillet 1604.

Ainſi ſigné, MOREAU.

LE 15. jour de Iuillet 1604. *l'Arrêt du Conſeil écrit de l'autre part, à la Requête des Iuge & Conſuls, Marchands, Bourgeois de la Ville de Bordeaux, a été montré, ſignifié, & fait ſuffiſamment à ſçavoir aux fins de la preſence portée par ledit Arrêt aux Syndics des Procureurs de la Cour de Parlement dudit Bordeaux, en parlant à Me. Martin Diſraël Procureur poſtulant en ladite Cour, & partie pourſuivante audit Conſeil, pour*

Sur la Jurisdiction Consulaire. 121

& au nom defdits Syndic & Procureurs étant, & trouvé en cette Ville de Paris, logé en la maifon où pend pour enfeigne les trois Marchands, fcife en ruë S. Honoré, à ce que lefdits Syndic & Procureurs n'en puiffent prétendre caufe d'ignorance : auquel fieur Difraël parlant que deffus, a été baillé copie, tant dudit Arrêt, que prefent Exploit, par moy premier Huiffier ordinaire du Roy en fes Confeils d'Etat & privé, Sous-figné HARDES.

HENRY par la grace de Dieu, Roy de France & de Navarre, au premier nôtre Huiffier ou Sergent fur ce requis, Salut. Nous te mandons & commandons, & tres expreffement enjoignons par ces Prefentes, que l'Arrêt de nôtre Confeil cy-attaché fous notre contrefcel, cejourd'huy donné entre les Syndic & Procureurs de nôtre Parlement de Bordeaux, appellant des procedures faites par Maître François Pichon Confeiller en nôtre grand Confeil, en exécution de l'Arrêt de nôtre Confeil du 11. Avril 1603. & requerant l'interinement d'une Requête par eux prefentée en nôtredit Confeil le 21. May dernier, afin de caffation dudit Arrêt, d'une part : & les Juge, Confuls, Marchands & Bourgeois de nôtredite Ville de Bordeaux, d'autre : Tu fignifies aufdits Syndic & Procureurs de nôtre Parlement de Bordeaux, & tous autres qu'il appartiendra, & befoin fera, leur faifant de par Nous commandement d'y obeïr, & n'y point contrevenir fur certaines & grandes peines à nous appliquer : & faire pour l'exécution de nôtredit Arrêt toutes fignifications, commandemens, & autres exploits requis & neceffaires, fans que tu fois tenu de démander aucune permiffion, placet, vifa, ny pareatis. De ce faire te donnons plein pouvoir, puiffance, autorité & mandement fpecial. Mandons en outre à tous nos Jufticiers, Officiers & fujets qu'à toy ce faifant ils obeïffent : Car tel eft nôtre plaifir. Donné à Paris le 12. jour du mois de Juillet, l'an de grace 1604. & de nôtre Regne le 15.

Ainfi figné par le Roy en fon Confeil, Moreau, fcellé du grand fceau. Et plus bas : Collationné aux Originaux par moy Confeiller, Notaire & Secretaire du Roy, ainfi figné DE LABEYLIE.

ARREST

DE LA COUR DE PARLEMENT DE BORDEAUX

Portant ajournement perfonnel contre le Lieutenant General de Bergerac: & permiffion aufdits Iuge & Confuls, de faire exploiter lefdits Mandemens decernez par eux, avec enjonction au premier Huiffier ou Sergent Royal fur ce requis, d'exploiter lefdits Mandemens: Et en outre inhibitions & défenfes audit Sénêchal de Bergerac ou fon Lieutenant, d'empêcher l'exécution d'iceux Mandemens, à peine de mil livres: Ledit Arrêt obtenu par lefdits Iuge & Confuls le 4. Mars 1607.

VEU par la Cour la Requête à elle prefentée le 15. du mois de Mars, par Eftienne Bernard, Jean Guerin, Mathurin Vrignon, Juge & Confuls de la Bourfe commune de la prefente ville de Bordeaux, contenant que par l'Edit de l'établiffement de leur Jurifdiction, il leur eft permis de decerner des Mandemens pour affigner tous Marchands, en ce que s'agit de Marchand à Marchand ; neanmoins le Sénêchal de Bergerac empêche que lefdits Mandemens n'y foient exploitez dans fa Jurifdiction, fans avoir de luy Pareatis ; Au moyen dequoy requiert être fait inhibitions & défenfes formelles, tant audit Sénêchal de Bergerac, que tous autres, d'ufer de telles façons de faire, à peine de tous dépens, dommages & interêts, & fufpenfion de leur Charge, Réponfes DECLAVEAU Subftitut du Procureur General du Roy, mife au pied de ladite Requête, qui n'empêche les Mandemens des Juge & Confuls de la Bourfe, en fait de Marchand à Marchand, & pour fait de Marchandife, être exploitée par tous Huiffiers & Sergens du Reffort de la Cour, fans Mandement, Placet ny Pareatis ; & à tous Sénêchaux & Juges d'empêcher l'exécution des Mandemens, à telle peine que de droit : Mandement defdits Juge & Confuls de ladite Bourfe, du feptiéme d'Avril mil fi cens fix : Pareatis du Sénêchal de Bergerac, & Exploits d'affignations, faits en vertu d'iceluy du dixiéme du prefent mois : Requête huy à ladite Cour prefentée par lefdits Supplians, aux fins

Sur la Iurisdiction Consulaire. 123

de l'interinement de la precedente. DIT A ESTE', avant faire droit de ladite Requête, Que la Cour a ordonné & ordonne que le Lieutenant General de Bergerac sera appellé, pour luy ouï, en être ordonné ce qu'il appartiendra ; Cependant a permis & permet ausdits Supplians faire exploiter les Mandemens dont est question. Enjoint au premier Huissier ou Sergent Royal sur ce requis de ce faire ; Et fait inhibitions & défenses audit Sénêchal de Bergerac ou son Lieutenant, empêcher l'exécution d'iceluy Mandement, sur peine de mil livres : Prononcé à Bordeaux en Parlement le 24. jour de Mars 1607.

Collationné, signé DE PONCASTEL.
Messieurs DE GENTIL *Président.* BAVOLIER *Rapporteur.*
Epices un écu.

HENRY par la grace de Dieu Roy de France & de Navarre : Au premier Huissier de nôtre Parlément, ou nôtre Sergent sur ce requis, SALUT. A la Requête d'Estienne Berard, Jean Guerin, Juge & Consuls de la Bourse commune de nôtre ville de Bordeaux : Nous te mandons par ces Presentes, que tu signifies l'Arrêt huy donné en nôtre Parlement, sur la Requête par les Supplians presentée contre le Lieutenant General au Siege de nôtre Ville de Bergerac, & iceluy assigné en nôtredite Cour à certain & competant jour, pour proceder suivant ledit Arrêt, & autrement ainsi que de raison : Et neanmoins fais à nôtre Sénêchal ou sondit Lieutenant audit Siege, les inhibitions contenuës par ledit Arrêt, aux peines portées par iceluy ; & pour raison de ce, faire tous Exploits requis & necessaires. Commandons à tous nos sujets ce faisant d'y obeïr. DONNE' à Bordeaux en nôtre Parlement le 24. Mars, l'an de grace 1607. & de nôtre Regne le 18. Par la Chambre.

signé DE PONTAC. Et scellé.

LETTRES PATENTES DU ROY,
Portant défenses de troubler les Iuge & Consuls de Bordeaux en leur
Iurisdiction, contre l'Edit de leur Installation.

LOUIS par la grace de Dieu Roy de France & de Navarre ; Au premier nôtre Huissier ou Sergent sur ce requis, Salut. Les Juge & Confuls de la Bourfe commune des Marchands de nôtre ville de Bordeaux, nous ont fait dire & remontrer, qu'encore que par l'Edit du mois de Decembre 1563. contenant l'attribution de ladite Jurifdiction, ils puiffent juger diffinitivement & en dernier reffort, jufques à la fomme de 500. livres, fur differens mûs entre Marchands, & pour fait de marchandife, & déclaré non recevables les appellations qui feront interjettées de leurs Jugemens ; même enjoint à tous nos Juges, Huiffiers & Sergens, de les exécuter pat tout nôtre Royaume, pays, terres & Seigneuries de nôtre obeïffance, à peine de privation de leurs charges, fans demander placet, vifa ny pareatis ; Et par l'article onziéme d'iceluy déclare nuls tous les reliefs d'appel ou commiffions obtenues au contraire, & fait défenfes à nos Cours fouveraines & Chancelleries, d'en bailler aucunes. Neanmoins depuis quelque tems, plufieurs parties s'étant retirées vers nôtre Parlement de Bordeaux, prefentans Requêtes à icelles, pour y relever leurs appels de Mandemens, Jugemens & Sentences données par lefdits expofans, taifans dans icelles, qu'il s'agiffe au fond de la fomme de cinq cens livres pour une fois payer feulement, ou obtiennent de nôtre Chancellerie dudit lieu, fur les Appointemens decernez par nôtredite Cour, tant de reliefs d'appel qu'ils veulent au préjudice de nos Edits & defdits Confuls. Lefquels ayans grand interêt d'empêcher & faire ceffer cette entreprife, ont eu recours à Nous pour avoir nos Lettres neceffaires, humblement requerans icelles : A ces caufes defirant leur fubvenir en cét endroit, & empêcher qu'ils ne foient troublez en la jouïffance de leur pouvoir & Jurifdiction, aprés avoir fait voir en nôtre Confeil ledit Edit de l'année 1563. & autres pieces cy-attachées fous le contrefcel de nôtre Chancellerie, de l'avis d'iceluy: Nous te mandons, commandons & tres-expreffément enjoignons par ces Prefentes, faire, comme Nous faifons, défenfes à nôtre Cour de Parlement de Bordeaux, & tous autres Juges, d'entreprendre fur la Jurifdiction qui eft attribuée aufdits expofans par nos Edits : & à nos amez & feaux Confeillers les Maîtres des Requêtes ordinaires de nôtre Hôtel, tenans le fcel en la Chancellerie établie lez nôtredit Parlement de Bordeaux, & autres nos Officiers en icelle, fceller, expedier ny délivrer aucun relief d'appel defdites Sentences, Jugemens & mandemens par eux donnez, n'excedant ladite fomme

Sur la Iurisdiction Consulaire.

de 500. livres seulement, lesquels Voulons être exécutez, nonobstant lesdits reliefs d'appel. Fais en outre défenses aux Parties de s'y pourvoir, & aux Procureurs de nôtredit Parlement, signer les Requêtes presentées à cét effet pour être tenus pour bien relevez, comme ils font, en payant nos droits du sceau, sur peine de tous dépens, dommages & interêts, & autre plus grande, s'il y échoit. De ce faire te donnons plein pouvoir, puissance, autorité & mandement special. Mandons en outre à tous nos Justiciers, Officiers & Sujets, qu'à toy ce faisant, ils obeissent, sans que tu sois tenu demander Placet, Visa, ny Pareatis : C A R tel est nôtre plaisir. Donné à Paris, le 26. jour de Juillet, l'an de grace 1610. Et de nôtre Regne le premier. *Ainsi signé*, Par le Roy en son Conseil. D u F o s. Et scellées du grand sceau dudit Sieur en cire jaune sur simple queuë.

PRIVILEGES DES BOURGEOIS DE BORDEAUX, qui ont été Jurats, Juges de la Bourse, Consuls, Trésoriers de l'Hôpital, & Avitailleurs des Châteaux.

LOUIS, par la grace de Dieu, Roy de France & de Navarre : A tous presens & à venir ; Salut. Nos chers & bien-amez les Juge, Consuls, Bourgeois & Marchands de nôtre Ville de Bordeaux, Nous ont fait dire & remontrer, que les Procureurs de nôtre Parlement audit lieu, étans favorisez de plusieurs de nos Presidens & Conseillers en iceluy ; s'étoient donnez la licence de preceder lesdits Exposans à toutes Assemblées publiques & particulieres : Tellement que par leurs Arrêts ils maintenoient lesdits Procureurs ; & cependant lesdits Juge, Consuls & Bourgeois, qui portent ordinairement les Charges municipales les plus rudes & onereuses, demeuroient reculez des Places honorables en ladite Ville, encore qu'ils eussent été Jurats, Juges, Consuls de la Bourse, Trésoriers de l'Hôpital S. André, ou Avitailleurs des Châteaux, qui sont toutes fonctions penibles & onereuses. Ce qui les contraignit s'en plaindre en nôtre Conseil, par Requête du 14. Octobre 1602. Sur laquelle les Parties ayans été ouïes par Arrêt contradictoire du 11. Avril 1603 Nous avons ordonné, que ceux desdits Exposans qui se trouveroient avoir été Jurats, Juges de la Bourse, Consuls, Trésoriers de l'Hôpital, Avitailleurs des Châteaux, où en l'une desdites qualitez, précederoient en tous lieux & Assemblées publiques & particulieres, les Procureurs de nôtredit Parlement, qui n'auront eu lesdites Charges, ny aucunes d'icelles : Et ceux qui les auroient euës, auroient rang & séance avec lesdits Exposans, selon l'antiquité desdites Charges. Lequel Arrêt étant exécuté par nôtre amé & feal Conseiller le Sieur de Pichon, le 1. Juillet 1503. lesdits Procureurs se pourvûrent par devers Nous par Requête du 21. May 1604. mais nonobstant leurs prétentions, par autre Arrêt contradictoire du 12. Juillet audit an 1604. ils furent déboutez de leur Requête, le premier Arrêt confirmé, & fait défenses ausdits Procureurs de se pourvoir pour raison desdites préséances, ailleurs qu'en nôtre Conseil ; & audit Parlement d'en connoître sur peine de nullité, cassation de procedures, dépens & dommages. Lequel Arrêt ayant été signifié ausdits Procureurs, ils n'ont osé y contrevenir, jusqu'aprés le decez du feu Roy nôtre tres-honoré Seigneur & Pere, que Dieu absolve. Faisans les obseques funerailles duquel, lesdits Procureurs ont entrepris avec violence troubler lesdits Exposans ; & les voudroient troubler à l'avenir & par ci-aprés, si ladite contrevention n'est corrigée, & lesdits Exposans n'ont sur ce nos Lettres de confirmation desdits Arrêts nécessaires, humblement requerans icelles. A CES CAUSES, desirant leur subvenir en cét endroit, & ne permettre qu'ils soient troublez en la jouïssance du contenu en nosdits Arrêts, de nôtre certaine Science & Autorité Royale, avons lesdits Arrêts ratifiez & confirmez, ratifions & confirmons par ces Présentes. Voulons & Nous plaît, que de la préséance qui leur a été adjugée par iceux, ils jouïssent & usent tout ainsi qu'ils en ont bien & dûement joui & usé depuis nosdits Arrêts, jouïssent & usent encore à present ; & qu'il soit informé des contreventions, pour y pourvoir de telle punition qu'aviserons être raisonnable. Si donnons en Mandement à nôtre amé & feal Conseiller en nôtre Conseil, & Lieutenant general au Gouvernement de Guyenne, le Sieur de Roquelaure, Maire & Jurats de ladite Ville, & à tous nos autres Justiciers & Officiers que besoin sera, qu'ils tiennent la main forte à l'exécution desdits Arrêts par ces Présentes, informent des contreventions, pour y être par Nous pourvû, & à ce faire & souffrir, contraignent lesdits Procureurs par

Sur la Iurisdiction Consulaire. 127

toutes voyes dûës & raisonnables, nonobstant oppositions ou appellations quelconques, faites ou à faire, & sans préjudice d'icelles, pour lesquelles ne voulons être differé. Et dont, si aucunes sont suivant nosdits Arrêts, Nous avons retenu à nôtre Conseil la connoissance, & icelle interdite & défendue, interdisons & défendons à nôtredit Parlement de Bordeaux, & tous autres, ce que Voulons leur être montré & signifié, ensemble à tous autres que besoin sera, par le premier nôtre Huissier ou Sergent sur ce requis, lequel à ce faire commettons. Auquel enjoignons pour l'exécution des Présentes, faire tous exploits nécessaires, sans demander Placet, Visa, ny Pareatis. Et afin que ce soit chose ferme & stable à toûjours, Nous avons fait mettre nôtre Scel à cesdites Présentes, sauf en autres choses nôtre droit, & l'autruy en toutes. Donné à Paris au mois de Juillet, l'an de grace 1610. Et de nôtre Regne le premier. *Ainsi signé*, LOUIS. Et sur le reply, par le Roy, la Reine Regente sa Mere presente.

Signé, DE LOMENIE.

AUTRE PRISE DE POSSESSION POUR les préséances contre les Procureurs en Procession generale, faite par les Srs. Mathurin Urignon, Pierre du Bosc, & Jean de Guichener, Juge & Consuls de la Cour de la Bourse commune des Marchands, établie par le Roy à Bordeaux, l'année 1617.

E*T advenant le* 25. *jour du mois de May* 1617. *outre les procez verbaux faits sur les exécutions des susdits Arrêts du privé Conseil du Roy, touchant les préséances des Bourgeois, qui auroient atteint les Charges de Jurats, Juge de la Bourse, Consuls, Tresoriers de l'Hôpital, & Avitailleurs des Châteaux, par les Sieur de Pichon ci-devant Conseiller du Roy en son grand Conseil, & à present President en sa Cour de Parlement de Bordeaux, le Sieur Alphonse d'Ornano Marêchal de France, Lieutenant general pour le Roy en Guyenne, & Maire de la Ville de Bordeaux, & le Sieur de Roquelaure aussi Marêchal de France, & Lieutenant general pour le Roy en Guyenne, Maire & Jurats de la Ville de Bordeaux, Commissaires deputez par Sa Majesté à l'exécution des susdits Arrêts, les Sieurs Mathurin Urignon & Pierre du Bosc, & Jean Guichener Juge & Consuls de la Cour de la Bour* se commune des Marchands, établie par le Roy en la presente Ville de Bordeaux, aprés avoir communiqué à Messire Marc-Antoine de Gourgues Chevalier, Conseiller du Roy en ses Conseils d'Etat & privé, & premier President en la Cour de Parlement de Bordeaux, & à Messires de Pransac, & de Pontac aussi Chevaliers, Conseillers du Roy en ses Conseils d'Etat & privé, & Presidens en ladite Cour de Parlement dudit Bordeaux, les autres Sieurs Presidens absens, Maître Guillaume Desaigues Procureur General du Roy, Messieurs de Mulet, & Dusault Avocats Generaux audit Parlement; ils se seroient, suivant leurs bons avis, assemblez au Parquet Royal de la Maison commune de ladite Bourse, ledit jour 25. May 1617. où ils auroient mandé querir par les Huissiers de ladite Bourse, les Sieurs François de Cournau le vieux, Anthoine Hugla, Iean Guerin, Iacques Pinçau, Estienne Martini, Raymond Dejean, Arnaud Raoul, Pierre du Cournau le jeune, Arnaud Dumaille, Pierre du Vergier, & Arnaud Claverye, les tous ayans atteint les Charges de Iurats, Iuge & Consuls, vêtus de leurs Robes de livrées, & Bonnets ronds, seroient partis dudit Parquet Royal de ladite Bourse, & se seroient allez rendre à l'Eglise Metropolitaine Saint André, pour assister à la Procession generale du Corps de Dieu, jouxte & conformément à la volonté du Roy. Et suivant lesdits Arrêts, ils auroient pris leur rang à ladite Procession generale, à la suite de vingt Avocats des plus anciens, qui marchoient aprés Messieurs les Iurats, & nous sus nommez Marchands de deux en deux avec des Cierges de cire blanche ardans en nos mains, suivîmes ladite Procession par toute la Ville aux lieux accoûtumez. Et ayans accompagné ladite Procession jusqu'en ladite Eglise Saint André, sans aucun contredit ny empêchement de personne, sommes retournez en même ordre en ladite Maison commune de ladite Bourse, où nous nous sommes separez.

ARREST

ARREST
DE LA COUR DE PARLEMENT.

Portant défenses au Prevôt de Paris, de proceder par cassation des Sentences des Juges & Consuls, ny d'en empêcher l'exécution, à peine de répondre des dommages & interêts des parties, sauf à elles à se pourvoir par appel en la Cour à l'Ordinaire, ledit Arrêt obtenu par Nicolas Marcher, le 14. Mars 1611.

Entre Nicolas Marcher, appellant comme de Juge incompetant des Jugemens du Prevôt de Paris des 13. Octobre, condamnation de cent livres d'amande, exécution, Jugement du 17. Novembre, exécutoire en consequence du premier & dixiéme Décembre, & de ce qui s'en est ensuivi, d'une part: E Jacques Audiger, intimé & appellant de l'Ordonnance & Jugement des Consuls des 11. & 15. Septembre, & ledit Marcher intimé d'autre, sans que les qualitez puissent préjudicier. Aprés que Germain pour l'appellant comme de Juge incompetant des Sentences du Prevôt de Paris, revoquant celles des Consuls, nonobstant l'appel, condamnation d'amandes, exécution de ce qui s'en est ensuivy. A conclu à ce que le tout soit cassé, avec restitution des dommages & interêts. La Martilliere pour l'intimé a dit que la cause où il s'agit d'un Bail de bestial, n'est de la Jurisdiction des Consuls, & conclud en son appel de ce qu'ils en ont connu. Déclarant que ce qui a été fait au Châtelet n'a été à sa poursuite, mais du Substitut, pour conserver la Jurisdiction à laquelle n'a interet & n'empêche l'amande être rendue. La Cour dit qu'il a été mal, nullement & incompetamment jugé, procedé & ordonné par le Prevôt de Paris, a cassé & revoqué tout ce qui a été par lui fait & executé, & condamne l'intimé aux dépens de la cause d'appel. Ordonne que les amandes payées seront renduës, à ce faire ceux qui les ont reçuës, contraintes par les mêmes voïes de prison. Que l'appellant a fait & fait inhibitions & défenses au Prevôt de Paris, ses Lieutenans, & Presidiaux du Châtelet, proceder en cassation des Sentences des Consuls, & au Substitut d'en empêcher l'exécution, à peine des dommages & interêts des Parties, sauf à icelles Parties à se pourvoir contre lesdites Sentences par appel ou autrement, ainsi qu'ils verront être à faire : Et sur l'appel de la Sentence diffinitive des Consuls, ordonne qu'elles concluront, joint les appellations verbales, le procez préalablement apporté & mis au Greffe. Fait en Parlement le 14. jour de Mars 1611. *Signé*, VOISIN.

ARREST
DU CONSEIL PRIVE' DU ROY,

Donné sur la Requête presentée par la Communauté des Marchands de Poitou, és Villes de Poitiers & Nyort, par lequel le Roy en son Conseil, sans avoir égard aux Ordonnances des Presidiaux, leur a fait inhibitions & défenses, conformement aux Lettres Patentes ci-devant transcrites du 22. Février 1599. de troubler, ny empêcher lesdits Juge & Consuls en l'exercice de leurs Charges, & mettre au néant leurs Sentences, & autres défenses & enjonctions portées par lesdites Lettres Patentes.

SUR la Requête presentée par la Communauté des Marchands de Poitou és Villes de Poitiers & Nyort, tendante à ce que sans avoir égard aux défenses faites par les Presidiaux de Poitiers, du 30. Janvier dernier, il soit dit que les Juge & Consuls dudit Poitiers soient maintenus en leur Jurisdiction, suivant les Edits de Sa Majesté, & conformement aux Arrêts du Parlement de Paris ; & ce faisant, que les Parties adjournez pardevant lesdits Consuls, y comparoîtront pour decliner la Jurisdiction, si la matiere y est sujette ; & en cas d'appel, d'incompetance ou autrement, les Parties se pourvoiront au Parlement pardevant, suivant les Edits, & non pardevant le Presidial de Poitou ou autres Juges ; Et enjoint à tous Huissiers & Sergens, de faire les adjournemens pardevant lesdits Juge & Consuls dudit Poitiers & Nyort, & mettre à exécution leurs Sentences, nonobstant toutes défenses qui leur pourroient être faites par lesdits Juges de Poitiers & autres. VEU par le Roy en son Conseil l'Edit de Sa Majesté sur l'é-

Sur la Iurisdiction Consulaire.

rection d'un Juge & trois Consuls des Marchands en ladite Ville de Poitiers, du mois de May mil cinq cens soixante six : Arrêt du Parlement de Paris, des septiéme Mars mil six cens trois, & sixiéme May mil six cens huit : Lettres de confirmation du Reglement de la Jurisdiction desdits Juge & Consuls, du vingt-uniéme Février mil cinq cens quatre-vingts dix-neuf : Autre Arrêt dudit Parlement du neuviéme Mars mil six cens dix : Jugement desdits Presidiaux sur les plaintes de plusieurs particuliers, par lesquels auroient été faites défenses d'assigner les parties pardevant lesdits Consuls, & exécuter leur Jugemens, des cinquiéme Mars mil six cens sept, neuf & dixiéme Decembre mil six cens huit, vingt-huitiéme Decembre mil six cens neuf, vingt-huitiéme Avril, vingt-huitiéme May & dix-septiéme Septembre mil six cens dix, vingt-neuviéme Janvier, trois, quatorze & dix-huit Fevrier, & dix-huitiéme Mars mil six cens onze, ladite Ordonnance du vingt-neuviéme Janvier tout consideré : LE ROY EN SON CONSEIL, sans avoir égard aux Ordonnances desdits Presidiaux, leur a fait inhibitions & défenses, conformément aux Lettres Patentes de Sa Majesté du vingt-deuxiéme Fevrier mil cinq cens quatre-vingts dix-neuf, & Arrêts de ladite Cour, des 7. Mars mil six cens trois, sixiéme May mil six cens huit, & dixiéme Mars mil six cens dix, de troubler ny empêcher lesdits Juge & Consuls en l'exercice de leurs Charges, met au neant leurs Sentences, ny assigner les parties pardevant eux, au préjudice des assignations & procez pendant pardevant lesdits Juge & Consuls, sauf toutefois ausdites parties assignées, decliner leur Jurisdiction, si l'aventure y est sujette ; & en cas d'appel, d'incompetence ou autrement, se pourvoir par appel audit Parlement, non pardevant lesdits Presidiaux & autres Juges, conformément à l'Edit de leur Création, auquel & ausdits Arrêts défenses sont faites ausdits Presidiaux d'y contrevenir : ENJOINT Sa Majesté aux Huissiers & Sergens, faire tous Exploits qui leur seront baillez à faire, pour assigner pardevant lesdits Juge & Consuls, mettre leurs Sentences, Jugemens & Commissions, & tout ce qui aura par eux été jugé à dûe & entiere exécution ; Nonobstant les défenses desdits Presidiaux, & sur les peines portées par l'Edit desdits Juge & Consuls. FAIT au Conseil privé du Roy, tenu à Fontainebleau le treiziéme Juin 1611. Signé BOVER. Et scellé de cire jaune.

Instruction Generale
Commission du Roy pour l'exécution du susdit Arrêt.

LOUIS par la grace de Dieu Roy de France & de Navarre, à nôtre Huissier ou Sergent sur ce requis, SALUT. Nous te mandons & commandons que l'Arrêt de nôtre Conseil cy-attaché sous le contrescel cejourd'huy donné sur la Requête à Nous presentée par la Communauté des Marchands de nôtre Païs de Poitou, és Villes de Poitiers & Niort, tu signifies aux Présidiaux esdits lieux, Sergens & tous autres que besoin sera, à ce qu'ils n'en prétendent cause d'ignorance, & ayent à y obeïr. Luy faisant de par Nous tres-expresses inhibitions & défenses d'y contrevenir, ni attenter aucune chose au préjudice d'iceluy, à peine de tous dépens, dommages & interêts, & autres peines portées par nos Edits & Ordonnances. De ce faire, & tous autres actes & exploits requis necessaires pour l'exécution de nôtredit Arrêt, te donnons plein pouvoir, sans que tu sois obligé de demander aucun congé ny pareatis; CAR tel est nôtre plaisir. DONNÉ à Fontainebleau le 13. jour de Juin, l'an de grace 1611. Et de nôtre Regne le 2. Signé par le Roy en son Conseil, BOYER. Et scellé de cire jaune sur simple queuë.

ARREST DE LA COUR DE PARLEMENT

Intervenant au profit dudit Martin Parisis & de Iean Guillebon son associé, appellans du Iugement du Prevôt de Paris, du 20. Iuin 1614. d'une part, & lesdits Danier & sa femme: ledit Iugement portant cassation des Sentences des Juge & Consuls, par lequel la Cour a cassé, revoqué & annullé tout ce qui avoit été fait par ledit Prevôt de Paris: & Ordonne que les amandes, si aucunes avoient été payées en vertu desdits Jugemens, seroient renduës.

ENTRE Jean Guillebon & Martin Parisis, Marchands Drapier à Paris, appellans de la Sentence donnée par le Prevôt de Paris le 20. Juin, les Juge & Consuls intervenant, d'une part: Et Jean Danier Maître Tailleur d'habits, intimé défendeur d'autre, que les qualitez puissent préjudiciér. Delamet pour les appellans & conclu en leur appel de ce que le Prevôt de Paris en sa maison a

Sur la Jurisdiction Consulaire. 133

cassé les Sentences des Consuls avec condemnation d'amande contre eux, exécution, & ce qui s'en est ensuivy, à ce que lesdites Sentences données par Juge incompetant, soient cassées, & les Sentences données par les Consuls, en ce qui est de leur Jurisdiction, & dont il n'y a point d'appel, mais en partie exécutées, le soient pour ce qui reste. Maillet pour les Consuls, intervenant pour la conservation de leur Jurisdiction. Le Ferron pour l'intimé dit que la cause au fond n'est de la Jurisdiction des Consuls, parce que ce n'est entre Marchands; neanmoins sur un seul defaut, est condemné & emprisonné, dont s'est plaint au Juge ordinaire pour avoir élargissement, ce qu'il a peu faire. La Cour dit qu'il a été mal, nullement & incompetamment jugé, ordonné, procedé & exécuté, bien appellé par les appellans, a cassé, revoqué, annullé, comme attentat, tout ce qui a été fait par le Prevôt de Paris; Ordonne que les amandes, si aucunes ont été payées, seront rendues : A ce faire ceux qui les ont reçûës, contraints par les mêmes voïes, qu'ont été les appellans. Condemné l'intimé és dépens de la cause d'appel. Et a fait défenses au Prevôt de Paris, de proceder par cassation de Sentences des Consuls, sauf aux parties se pourvoir par appel, suivant les Arrêts. Fait en Parlement le 5. jour de Mars 1615. Signé DU TILLET.

ARREST DE LA COUR DE PARLEMENT

Rendu au profit dudit Perdoux appellant des Sentences du Prevôt de Paris, contre lesdits Jacquet & sa femme, appellans de la permission de saisir, des Juge & Consuls: Portant défenses audit Prevôt de Paris, de proceder par cassation des Sentences desdits Juge & Consuls, ny faire défenses de les exécuter, & que celles dont étoit appel, sortiroient leur effet.

ENTRE Louïs Perdoux, appellant des Sentences données par le Prevôt de Paris ou son Lieutenant, les huitiéme & dixiéme Janvier dernier & intimé, d'une part : Et Nicolas Jacquet & sa femme, intimez, ledit Jacquet appellant de la permission de saisie des Consuls, du septiéme Janvier, & Sentences des neuviéme & dixiéme dudit mois : & demandeur en Lettres du dernier Février, &

Requêtes des troisiéme & septiéme de ce mois, d'autre, sans que les qualitez puissent préjudicier. BRI pour Perdoux, dit que l'intimé luy doit deux mil deux cens cinquante livres pour vente des marchandises, de vin, & entre Marchands : Pour en avoir payement, l'a fait assigner pardevant les Consuls, & obtenu Sentence de condemnation, en vertu de laquelle l'a fait exécuter, ce qui ne se pouvoit revoquer que par appel ; Neanmoins l'intimé s'est pourvû au Prevôt de Paris, qui a cassé les Jugemens des Consuls, avec mainlevée & dépens dont est appel ; Auquel a conclu à ce que les Sentences des Consuls soient exécutées. DOUBLET pour Jacquet, que Perdoux n'est Marchand, mais Courtier, auquel il ne doit rien, toutes fois les Consuls, qui n'ont pouvoir de ce faire, luy ont donné permission de saisir, & fait assigner pardevant eux, dequoy le Prevôt de Paris, Juge des parties, puis qu'ils ne sont Marchands, & ne s'agit de Marchandise, l'a pû décharger, concluant en son appel des Consuls qui l'ont condamné, & fait défenses de se pourvoir ailleurs. LA COUR entant que touche les appellations de Perdoux, dit qu'il a été mal, nullement & incompetamment jugé, procedé, ordonné, déchargé & exécuté, bien appellé par l'appellant : A condamné l'intimé és dépens de la Cause d'appel, & a fait inhibitions & défenses au Prevôt de Paris ou ses Lieutenans, proceder par cassation ou décharge des Sentences & Jugemens des Consuls, ny faire défenses les exécuter, à peine de nullité, dommages & interêts des parties, sauf à elles suivant les precedens Arrêts, à se pourvoir par appel en la Cour. Et sera le present Arrêt leu & publié, l'Audience tenant au Châtelet de Paris, & faisant droit sur l'appel de Jacquet, a mis l'appellation au neant, Ordonne que ce dont est appel sortira son effet : Le condemné aux dépens de la cause d'appel. Fait en Parlement le 12. Mars 1615. Signé GALLARD.

ARREST DE LA COUR DE PARLEMENT

Portant défenses au Bailly de Vermandois & ses Lieutenans, de prendre aucune Cour, Jurisdiction & connoissance des Causes pendantes pardevant les Consuls de Reims, ny de faire défenses d'exécuter leurs Jugemens.

ENTRE Pierre Gehellier & Jean Rogier le jeune, appellans des Jugemens du Bailly de Vermandois à Reims, des derniers May 1662. & 12. Juin, exécutoire du 6. Juillet, & Jugement du 18. du mois, d'une part; Et Nicolas Camus, & Me. Jacques Fremin Lieutenant, pris à partie, intimez d'autre; sans que les qualitez puissent préjudicier. Denoyers pour les appellans, dit que ces appellations sont de ce qu'une cause où s'agit entre Marchands pour fait de marchandise, & au préjudice de la litispendence pardevant les Consuls où les intimez avoient procedé, le Juge ordinaire a pris connoissance de cause, & donné des Jugemens de condemnation, & déchargé d'amande, avec dépens, conclud à ce que le tout soit cassé, main levée de ses biens, dommages & interêts, les Sentences des Consuls exécutées. ROSE'E, pour l'intimé, dit qu'il est laboureur, poursuivy, comme répondant de celuy qui a pris du drap pour son usage, dont la connoissance n'appartient aux Consuls. Fremin pour le Juge conclud à follement intimé; LA COUR a déclaré & déclare le Juge bien pris à partie en son nom, Ordonne qu'il défendra presentement & en personne ouï; Ensembles les parties au principal sur la demande & conclusions de l'appellant, afin de délivrance de 28. septies de grain, restant de cinquante, du payement de cent soixante & douze livres, faisant parfait payement de ses promesses SERVIN pour le Procureur General du Roy dit que la Regle est que les Consuls étans saisis de la cause, le Juge ordinaire n'a pû, ny dû les empêcher, & faire des défenses; Mais les parties se pourvoir en la Cour, & lesdites parties en personne ouïes. LA COUR a dit qu'il a été mal, nullement & incompetamment jugé, procedé, inhibé & exécuté; bien appellé par l'appellant, a cassé & revoqué comme attentat tout ce qui a été fait au préjudice de l'appel; Déclare les exécutions & saisies nulles, injurieuses, tortionnaires & déraisonnables : A fait & fait main-levée audit appellant de ses biens saisis, qui luy seront, & les amandes si aucunes ont été payées, rendues & restituées, à ce faire Camus contraint par toutes voïes dûes & raisonnables, même par emprisonnement de sa personne. A condamné & condamne les parties és dommages & interêts de l'appellant, procedant des injurieuses exécutions & contraintes, lesquelles pour bonnes considerations à ce mouvans, a liquidez à 24. livres Parisis ; Et entre lesdits Camus & Lieutenant, és dépens de la cause d'appel. Et ayant égard aux conclusions du Procureur General du Roy ; A fait inhibitions & défenses au Bailly de Vermandois ou ses Lieutenans, prendre aucune Cour, Jurisdiction & connoissance des Causes pendantes pardevant les Consuls, ny faire défenses d'exécuter leurs Jugemens, sauf aux parties (suivant les Ordonnances & Arrêts) à se pourvoir en la Cour, à peine de dommage & interêts en leur nom ; a évoqué & évoque à elle le principal pendant, tant pardevant les Consuls, que Bailly, & y faisant droit, entant que touche la somme de cent quarante sept livres, lecture faite de la promesse, condamne Camus payer lad. somme discution préalablement faite des biens de feu Masuel. Et quant à la somme de dix-neuf livres, le condamne icelle payer en deniers ou acquits valables ; & sur la demande de vingt-huit Septiers de grain ; A mis & met les parties hors de Cour & de procez, sans dépens du principal. FAIT en Parlement le troisiéme Decembre mil six cens dix-huit.   Ainsi signé, VOISIN.

ARREST DE LA COUR DE PARLEMENT

au profit des Iuge & Consuls de la ville de Troyes, contre Estienne Blanchard Huissier en ladite Iurisdiction, appellant de leur Sentence ; lequel pour reparation des cas mentionnez au procez, a été condamné à comparoir en l'Audience desdits Iuge & Consuls de Troyes, nud tête & à genoux, & demander pardon, & banni pour un an du Bailliage de Troyes.

VEU par la Cour le procez criminel fait par les Juge & Consuls des Marchands établis en la Ville de Troyes, contre Estienne

Sur la Iurisdiction Consulaire. 137

ne Blanchard Huissier en ladite Jurisdiction, prisonnier és prisons de la Conciërgerie du Palais, appellant de la Sentence contre luy donnée le trentiéme jour de May ; par laquelle pour reparation des cas mentionnez audit procez, auroit été condamné en dix livres d'amande, applicable suivant l'Edit ; & tiendroit prison jusques à ce qu'il eut payé ladite somme, luy faisant défenses de plus reciviver, mais de se comporter modestement à l'avenir, à peine de plus grande amande s'il y echet, interdiction de sa charge, & outre tenu de comparoir pardevant lesdits Consuls au premier siege du matin, & illec déclareroit que temerairement il auroit dit & proferé les paroles mentionnées audit procez verbal ; & outre ledit Blanchard d'exercer sa charge en ladite Jurisdiction, ny assister aux sieges qui se tiendront en icelle pendant trois mois, à peine de nullité, & de dépens, dommages & interêts des parties. Conclusions du Procureur General du Roy, auquel le tout auroit été communiqué, & se seroit porté appellant *à minima* de ladite Sentence, requis être tenu pour bien relevé, & droit luy être fait sur sondit appel & conclusions. Oui & interrogé en ladite Cour ledit Blanchard sur sa cause d'appel & cas à luy imposez ; Et tout consideré : DIT A ESTÉ que ladite Cour a mis & met ladite appellation dudit Blanchard & Sentence au neant, a reçû & reçoit ledit Procureur General du Roy appellant *à minima* de ladite Sentence, l'a tenu & tient pour bien relevé : Et faisant droit sur sondit appel & conclusions pour reparation des cas mentionnez audit procez, a condamné & condamne ledit Blanchard comparoir en la Chambre de la Jurisdiction desdits Juge & Consuls de Troyes, & illec nud tête & à genoux dire & déclarer que mechamment, temerairement & indiscretement, & comme mal avisé il a proferé les paroles mentionnées és procez verbaux étans audit procez, dont il se repent, & en demande pardon à Dieu, au Roy, à la Justice, & ausdits Juge & Consuls. Ce fait l'a banni & bannit pour un an du Bailliage dudit Troyes, Prevôté & Vicomté de Paris: A luy enjoint de garder son ban, à peine de la hart ; outre le condamne en vingt-quatre livres, Parisis, d'amande envers le Roy applicable au pain des pauvres prisonniers de la Conciergerie du Palais & tenir prison pour ladite somme. Et pour faire mettre le present Arrêt à exécution ; ladite Cour a renvoyé & renvoye ledit Blanchard

S.

prisonnier pardevant lesdits Juge & Consuls. Fait en Parlement le dix-huitiéme jour de Juillet 1623. Signé RADIGUES.

Collation de la presente copie a été faite à son original étant en parchemin sain & entier en écriture & signature, & fût rendu par nous Notaires Royaux à Troyes, soussignez le vingt-sixiéme jour de Janvier mil six cens cinquante-deux, avant midy. Ainsi signé, COMBAULT & BARAT.

ARREST DE LA COUR DE PARLEMENT,

Portant Reglement entre les Juges Presidiaux, & le Juge & Consuls de Troyes.

ENtre Marie Joffier veuve de feu Jacques Morel, vivant Marchand demandeur à Troyes, Jean Bourjon Sergent Royal demeurant audit Troyes : Et les Juge & Consuls dudit lieu, appellans des Sentences rendues par les Presidiaux de Troyes, les 20. & 27. Août 1624. d'une part ; & Jean Gauterost & lesdits Juges Presidiaux de Troyes, intimé en leurs noms, d'autre. VEU par la Cour l'Arrêt du Conseil du 8. Mars 1625. par lequel en sondit Conseil auroit renvoyé les Parties en ladite Cour, pour y proceder sur les differens, ainsi que de raison. Arrêt de retention en icelle du 10. Juin 1625. par lesquels auroit été ordonné que les Parties y viendront proceder suivant les derniers erremens, ladite Sentence du 20. Août 1624. par laquelle auroit été donné défaut contre ladite Joffier, & sur le profit d'iceluy ; & Requête tant dudit Gauterost, que Procureur du Roy intervenu en cause. ORDONNE que ladite Joffier seroit readjournée ; & cependant eu égard à la qualité dudit Gauterost qui n'étoit Marchand, lecture faite de l'adjournement à luy donné par ledit Bourjon l'aîné, pardevant lesdits Juge & Consuls : Défenses auroient été faites à ladite Joffier de traiter ledit Gauterost pardevant lesdits Consuls pour le contenu en l'exploit dudit Bourjon, à peine de l'amande, dépens, dommages & interets : Et ordonné que ledit Bourjon qui avoit fait pardevant lesdits Juge & Consuls, seroit adjourné à comparoir en personne au lendemain matin, pour répondre aux conclusions que le

Sur la Jurisdiction Consulaire. 139

Procureur du Roy voudroit contre luy prendre. Enjoignons à Belin & Clement Sergens du service, de faire ledit adjournement, & d'en apporter exploit au Procureur du Roy dans ce jour, à peine d'amande & suspension de leurs Charges, & demeureroit ledit exploit de Bourjon au Greffe; ladite Sentence du 27. dudit mois, par laquelle par Jugement dernier, pour avoir par ledit Jossier contrevenu auxdites défenses, elle auroit été condamnée à trois livres d'amande, & fait mainlevée audit Gauterost de ses biens, pris par exécution à la Requête de ladite Jossier; & icelle condamnée en tous ses dépens, dommages & interêts, liquidez à la somme de quatre livres, en ce non compris le coût de ladite Sentence; & à elle fait défenses de s'aider de la Sentence des Consuls: Et seroient les gardiens des meubles exécutez, contraints iceux rendre audit Gauterost, & ce faisant dechargé. Et à l'égard dudit Bourjon, faute d'être comparu en personne, suivant l'assignation à luy baillée, donné défaut personnel au Procureur du Roy; & pour le profit d'iceluy ordonne que ledit Bourjon seroit pris & apprehendé au corps, sinon adjourné à trois briefs jours, & ses biens saisis & annotez; avec défenses d'exploiter, à peine de crime de faux, jusqu'à ce qu'autrement eût été ordonné, & que l'amande, à laquelle lesdits Belin & Clement avoient été condamnez, leur seroit rabatuë, moyennant qu'ils mettent ladite Sentence à exécution contre ledit Bourjon, ce qui leur auroit été enjoint à peine de suspension de leurs Charges. Acte du 8. Juillet 1625. par lequel ledit Gauterost auroit consenty pour son regard à ladite Marie Jossier, que la Sentence donnée par les Juge & Consuls de Troyes le 20. Août 1624. fut exécutée, luy offrant les dépens tels que de raison: Et pour le regard dudit Bourjon, soûtenant qu'il étoit mal assigné. Arrêt du 19. Février 1626. par lequel sur lesdites appellations, les Parties auroient été appointées au Conseil, corrigeroient leurs plaidoyers, & y ajoûteroient ce que bon leur sembleroit, bailleroient contredits & salvations, causes d'appel, réponses à icelles productions des Parties. Contredits desdits Jossier & Bourjon. Requête des Presidiaux du 11. du present mois, employée pour contredits & salvations à icelle desdits Jossier & Bourjon. Deux Requêtes des Juge & Consuls des 12. & 13. dudit mois, employées pour contredits & salvations; l'une signifiée de l'Ordonnance de la Cour & mise au sac. Et tout consideré; Nôtredite Cour a mis & met

S ij

les appellations, & ce dont a été appellé au neant, sans amande. Ordonne que la Sentence des Juge & Consuls de Troyes du 20. Août 1624. sera exécutée selon sa forme & teneur. A déchargé & décharge lesdits Bourjon & Marie Jossier des condamnations contr'eux rendues par les Juge Presidiaux : Ordonne que ce qu'ils montreront avoir payé de l'amande & dépens, leur sera rendu. A fait inhibitions & défenses ausdits Presidiaux, de prendre connoissance des causes dont la connoissance appartient ausdits Juge & Consuls, ny d'empêcher l'exécution de leurs Jugemens, sauf aux Parties adjournées comparoir pardevant les Consuls, de décliner leur Jurisdiction, si la matiere y est sujette ; & en cas d'appel d'incompetance ou autrement, se pourvoir en la Cour, suivant les Edits & Ordonnances : Condamne ledit Gauterost, suivant ses offres envers ladite Jossier aux dépens, tant faits au grand Conseil privé, que cause d'appel pour son regard, tels que de raison, & sans dépens entre toutes les autres Parties. Prononcé le 23. May 1626. *Signé*, DU TILLET.

ARREST DE LA COUR DE PARLEMENT.

Intervenu sur les appellations respectivement faites par lesdits Moiré & sa femme d'une part, & ledit Ernoul d'autre. Sçavoir, lesdits Moiré & sa femme du Jugement contre eux rendu par lesdits Juge & Consuls d'Angers ; Et ledit Ernoul de plusieurs Jugemens des Juges de Laval, & Château-Gontier, lesdites appellations interjettées comme des Juges incompetans ; par lequel Arrêt la Cour faisant droit sur lesdites appellations, a cassé, revoqué & annullé tout ce qui avoit été fait par lesdits Juges de Laval & Château-Gontier : Et ordonner au principal que les parties se pourvoiront pardevant lesdits Juge & Consuls d'Angers : Avec défenses ausdits Juges de Laval & Château-Gontier, de prendre connoissance des Jugemens desdits Juge & Consuls, sauf aux parties à se pourvoir par appel en ladite Cour, suivant l'Edit de Création desdits Juge & Consuls.

Entre René Moiré, & Anne Quentin sa femme, Marchands Hôteliers demeurans à Cossé, appellans d'un Jugement contr'eux rendu par les Consuls de ladite Ville d'Angers, le 7. Janvier 1623. tant comme des prétendus Juges incompetans qu'autrement, &

Sur la Iurisdiction Consulaire. 141

intimez, d'une part : Et Pierre Ernoul Marchand demeurant audit Angers intimé, & aussi appellant des Ordonnances & Jugemens contre luy rendus par le Juge de Laval ou son Lieutenant le 18. Ianvier, 20. Iuin, 5. & 10. Iuillet 1627. aussi tant comme de prétendu Juge incompetant qu'autrement, d'autre part : Et encore entre ledit Ernoul, appellant du Jugement contre luy rendu par le Juge de Château-Gontier & de Laval, les 10. Avril, 8. Iuin & 9. Septembre 1628. Ensemble d'une Ordonnance rendue par ledit Iuge de Laval, sur ce que le 12. dudit mois de Septembre, emprisonnement fait de sa personne, & de Iean Badier Sergent, détention de leurs personnes és prisons de Laval d'un autre Iugement du 15. dudit mois, & de toute la procedure faite par lesdits Iuges de Château-Gontier & de Laval, tant comme des prétendus Iuges incompetans qu'autrement, intimé d'une part : Et ledit Moiré intimé & appellant d'un Iugement de nonobstant l'appel donné par lesdits Iuge & Consuls aussi, tant comme des prétendus Iuges incompetans qu'autrement : Emprisonnement fait de sa personne en vertu dudit Iugement, & de tout ce qui s'en est ensuivy, d'autre : Et encore ledit Ernoul demandeur à l'enterinement des Lettres par luy obtenuës en la Chancellerie le 22. Iuin 1630. d'une autre part : Et lesdits Moiré & sa femme défendeurs d'autre. VEU par la Cour lesdites Sentences des Iuge & Consuls, par lesquelles lesdits Moiré & sa femme auroient été condamnez solidairement & par provision, à payer audit Ernoul la somme de 220. livres en deniers ou quitances, & qu'en baillant par luy caution, lesdits Iugemens seront exécutez : Lesdits Iugemens du Iuge de Laval, le premier dudit jour 18. Ianvier 1627. par lequel défenses sont faites audit Ernoul de faire aucunes poursuites contre ledit Moiré pardevant les Iuge & Consuls, ny de mettre à exécution contre ledit Iugement, à peine de cent livres d'amande ; le 2. du 20. jour de Iuin 1627. par lequel les défenses y seront reïterées audit Ernoul, à peine de 200. livres d'amande ; le 3. du 5. Iuillet ensuivant, par lequel lesdites défenses auroient encor été reïterées audit Ernoul, à peine de ladite amande de 200. livres payables sans dépôt, nonobstant opposition ou appellation quelconque ; le 4. du 10. dudit mois de Iuillet, par lequel main-levée est faite aud. Moiré & sa femme des heritages sur eux saisis en vertu des Sentences desdits Iuge & Consuls, en baillant caution des fruits des choses saisies, &

déchargé les Commissaires établis ausdits heritages ; le 5. du 11. Septembre audit an, par lequel lesdites défenses avoient été reiterées dudit Ernoul, & à tous Sergens de requerir ny mettre à exécution les Sentences & Iugemens donnez par lesdits Iuge & Consuls au profit dudit Ernoul contre ledit Moiré, à peine de deux cens livres d'amande, & contre chacun des contrevenans payable sans dépôt, nonobstant oppositions ou appellations quelconques; le 6. du 10. Avril 1628. par lequel lesdites défenses auroient encor été reiterées audit Ernoul, à peine de 500. livres d'amande, dés à present déclarée taxe, exécutoire à l'encontre d'iceluy, & payable par corps, & mis la personne dudit Moiré à recreance ; & d'ailleurs déchargé ceux qui s'étoient soûmis se representer en la Ville de Château-Gontier, & fait défenses à Badier Sergent, & à tous autres Sergens de faire aucune contrainte à l'encontre dudit Moiré, à la Requête dudit Ernoul, jusqu'à ce qu'autrement en ait été ordonné ; le 7. du 8. Iuin 1628. par lequel est ordonné, que pour avoir par lesdits Ernoul & Badier enfraint lesdites défenses, ils seront contraints, & chacun au payement de 500. livres d'amande, déclarée exécutoire contr'eux, & par corps, nonobstant oppositions ou appellations quelconques ; le 8. du 12. Septembre ensuivant, par lequel lesdites défenses sont reiterées ausdits Ernoul & Badier, à peine de mil livres d'amande ; l'Exploit d'emprisonnement fait de la personne tant dudit Ernoul & Badier le 13. dudit mois de Septembre, par lequel entr'autres choses, est ordonné que les prisons seront ouvertes ausdits Ernoul & Badier, en payant par eux la somme de soixante livres, à laquelle auroit été moderé l'amande contr'eux jugée, & le payement d'icelle fait le même jour, & Jugement donné par ledit Juge de Château-Gontier, le 9. dudit mois de Septembre ; par lequel entr'autres choses, il auroit mis la personne dudit Moiré à pleine main-levée & délivrance, & déchargé la caution & certificateurs. Et défenses faites audit Ernoul d'attenter à la personne dudit Moiré, en vertu du Jugement desdits Juge & Consuls, jusques à ce que la Cour en ait autrement ordonné ; ce qui seroit exécuté, nonobstant oppositions ou appellations quelconques : Arrêts des 9. May 1628. & 9. Février 1629. par lesquels sur lesdites appellations, les Parties auroient été appointées au Conseil, baillé causes d'appel, réponses, & produire causes d'appel : Réponses & productions desdites

Sur la Jurisdiction Consulaire.

Parties sur les appellations reglées par ledit Arrêt du 9 May: Contredits respectivement fournis, & dudit Ernoul par ce prétendu du 30. Juin 1629. suivant l'Arrêt du 21. Juillet 1628. avec causes d'appel: Réponses & productions desdites Parties sur les autres appellations reglées par ledit Arrêt du 9. Février; lesdites Lettres tendantes à ce que ledit Ernoul reçû à articuler de nouveau, & verifier les faits y contenus: Défenses, Appointemens en droit, & sousproductions desdites Parties, tout consideré : DIT A ESTE', que ladite Cour, entant que touchent les appellations dudit Ernoul, dit qu'il a été mal, nullement & incompetamment procedé, jugé, exécuté, & emprisonné: A cassé, revoqué & annullé tout ce qui a été fait par ledit Juge de Laval & Château-Gontier; déclaré l'emprisonnement desdits Ernoul & Badier, nul, injurieux, tortionnaire & déraisonnable: Ordonne que l'écrüe sera rayé & biffé, & que ladite somme de soixante livres d'amande par eux payée, sera rendue & restituée audit Ernoul; & ceux qui l'ont reçuë, contraints par les mêmes voyes que ledit Ernoul l'a été ; & lesdits Moiré & sa femme condamnez és dommages & intérêts, emprisonnement, liquidez à 32. livres Parisis : Et sur les appellations desdits Moiré & sa femme, a mis & met lesdites appellations au neant sans amande. A ordonné & ordonne que ce dont est appel, sortira son plein & entier effet. Et pour proceder au principal, ensemble sur lesdites Lettres, a renvoyé & renvoye les Parties pardevant lesdits Juge & Consuls d'Angers; & a condamné & condamne lesdits Moiré & sa femme és dépens. A fait & fait inhibitions & défenses ausdits Juges de Laval & Château-Gontier, de prendre aucune connoissance des Sentences & Jugemens, à peine de tous dépens, dommages & interêts des Parties; & sauf aux Parties à eux pourvoir par appel en ladite Cour, suivant l'Edit de Création desdits Juge & Consuls, & Arrêt de ladite Cour, prononcé le 19. Juillet 1631. *Signé*, RADIGUES.

Commission de Sa Majesté, pour mettre à exécution ledit Arrêt.

LOUIS par la grace de Dieu, Roy de France & de Navarre : Au premier nôtre Huissier ou Sergent sur ce requis; Salut. De la partie de Pierre Ernoul Marchand demeurant à Angers : Nous te mandons qu'à la Requête dudit Ernoul, tu mettes à dûe & entiere exécution, selon sa forme & teneur, l'Arrêt de nôtre Cour de Parlement du 12. Juillet dernier, par ledit Ernoul obtenu à l'encontre de René Moiré & Anne Quentin sa femme, ci-attaché sous le contre-scel de nôtre Chancellerie, nonobstant qu'il ne soit que par Extrait du Défendeur, te donnons pouvoir. Donné à Paris le 8. Août 1631. Et de nôtre Regne le 22. *Signé*, par le Conseil, DOULAT.

ARREST DE LA COUR DE PARLEMENT

Par lequel la Cour a dit avoir été mal & incompétamment jugé par le Prevôt de Paris, & fait main-levée des defenses par luy faites aux Huissiers de donner les assignations, & exécuter les Jugemens des Juge & Consuls, & enjonction à eux d'y proceder.

Entre Jacques Clement appellant de deux Sentences contre luy données par le Prevôt de Paris ou son Lieutenant Civil le 7. Janvier, de l'Ordonnance dudit Lieutenant Civil ; élargissement fait de la personne de Jean Dupuis, & de tout ce qui s'en est ensuivy, tant comme de Juge incompetant, qu'autrement & demandeur en Requête par luy presentée à la Cour le   jour dudit mois & an, & intimé d'une part : Et Iean Dupuis ;   Boissi Huissier Audiencier audit Châtelet, intimez & défendeurs : Et ledit Dupuis appellant de la Sentence de Iuge & Consuls du 2. Ianvier dernier, d'autre part : Et encore entre les Iuge & Consuls des Marchands, & les Corps & Communautez desdits Marchands intervenus, appellans d'une Sentence donnée par ledit Prevôt de Paris ou son Lieutenant Civil le 3. Decembre 1633. Portant défenses à tous Huissiers ou Sergens de donner aucunes assignations devant lesdits Iuge & Consuls, si ce n'est de Marchand à Marchand, ny exécuter leurs Sentences & Jugemens : & demandeurs en Requête par eux presentée en ladite Cour le 23. Janvier, & défendeurs d'une part : Et Me. Michel Moureau Conseiller du Roy & Lieutenant Civil, & autres Officiers dudit Châtelet, intimez, défendeurs & demandeurs en autre Requête du 27. Février d'autre part, sans que les qualitez puissent nuire ny préjudicier aux parties : Bezart Avocat pour Jacques Clement appellant & demandeur : Dit que sa partie s'est pourvûe pardevant les Juge & Consuls pour avoir payement de 65. livres d'une part, & 30. livres d'autre,

pour

Sur la Iurisdiction Consulaire.

pour vente de marchandise à l'encontre de Dupuis intimé, lequel s'étant presenté pardevant lesdits Juge & Consuls pour sa femme, demandé délay, a été condamné payer lesdites sommes dans un tems, en baillant caution : Et aussitôt ledit Dupuis s'est pourvû pardevant le Prevôt de Paris, qui a fait assigner Partie pour voir revoquer ladite assignation : Et depuis par autre Sentence ledit Prevôt de Paris a cassé la Sentence des Juge & Consuls, & condamné sa partie en l'amande de 48. livres Parisis, pour laquelle il a été scandaleusement emprisonné & traduit en la maison du Lieutenant Civil avec trois Archers comme un crimmel ; de laquelle Sentence & procedure est son appel : Auquel a conclu à ce qu'attendu les Déclarations du Roy de l'an 1565. & les Arrêts de Reglement ci-devant donnez entre les deux Jurisdictions, qui ont jugé que le Prevôt de Paris n'avoit aucun pouvoir de prendre connoissance sur la Iurisdiction des Juge & Consuls, l'intimé Marchand du Corps de la marchandise de loyallerie : Neanmoins le Lieutenant Civil contrevenant au Reglement, sa Partie ayant fait emprisonner Dupuis intimé en vertu de la Sentence : Il a ordonné que Dupuis seroit élargi ; & de fait un Audiencier du Châtelet s'en vient de son autorité privée mettre hors les prisons ledit Dupuis, & l'intimé condamné en tous ses dépens, dommages & interêts ; & aussi que l'Audiencier du Châtelet, ensemble Dumont Geollier, seroient condamnez en leurs noms à reintegrer ledit Dupuis esdites prisons, à faute de ce payer la dette, & aussi en tous ses dépens, dommages & interêts : Delamet pour les Iuge & Consuls, a dit que les frequentes entreprises des Iuge & Officiers du Châtelet, ont porté les Parties à presenter leur Requête à la Cour, pour être reçûs Parties intervenantes en la Cause, & à interjetter appel de l'Ordonnance & Sentence donnée le 3. Décembre dernier par le Lieutenant Civil, par laquelle il a fait défenses à tous Huissiers & Sergens de donner assignations pardevant les Iuge & Consuls, ny exécuter les permissions de saisir, à peine de 500. livres d'amande, & privation de leurs Charges, dépens, dommages & interêts, si ce n'est de Marchand à Marchand, & pour marchandise seulement, en quoy il a été mal jugé, d'autant qu'il n'appartient point au Prevôt de Paris ou ses Lieutenans, de faire des Reglemens qui regardent la Iurisdiction Consulaire, ayans l'honneur les Iuge & Consuls, d'être Iuges Royaux concernant le genre des Causes de

T

leur connoiſſance, auſſi bien que les Iuges du Châtelet : Puis c'eſt faire les Sergens Iuges de la competance ou incompetance des Cauſes : D'ailleurs, que c'eſt juger contre les Edits du Roy, verifiez ; & encore contre les Arrêts de cette Cour : Partant conclud en ſon appel & Requête d'intervention, à ce qu'il ſoit dit qu'il a été mal, nullement & incompetamment jugé, & que leſdites défenſes ſeront levées & ôtées ; & enjoint à tous leſdits Huiſſiers & Sergens de faire tous exploits & exécutions des Sentences, nonobſtant toutes défenſes, ſuivant les Edits, Déclarations & Arrêts, ſur les peines y contenuës : Et faiſant droit ſur ladite Requête, qu'iteratives défenſes ſoient faites au Prevôt de Paris & à ſes Lieutenans de proceder par caſſation des Sentences des Iuge & Conſuls, empêcher & connoître de l'exécution de leurs Sentences, élargir les priſonniers, ny connoître des cauſes attribuées auſdits Iuge & Conſuls, & au Subſtitut du Procureur General du Roy, de requerir leſdites caſſations ny empêchemens, ny de faire aſſigner les Parties & les Sergens à ſa Requête en prétenduë diſtraction de Iuriſdiction, ſauf aux Parties à eux pourvoir directement à la Cour, ſuivant leſdites Déclarations & Arrêts, leſquels ſeront lûs & publiez l'Audience tenant audit Châtelet, comme il eſt dit par iceux : Et d'autant que leſdites contreventions proviennent de la part des Procureurs dudit Châtelet, qui conſeillent les Parties à faire que défenſes leur ſeront faites, à peine de 200. livres d'amande, de preſenter Requêtes ny faire donner aucunes aſſignations pardevant ledit Prevôt de Paris ou ſeſdits Lieutenans pour marchandiſe entre Marchands, ny en exécution des Sentences des Iuge & Conſuls, ny pour empêcher l'exécution, décliner & diſtraire leur Juriſdiction : Cornuaille auſſi Avocat pour Dupuis, que ſa Partie n'a interêt aux Reglemens d'entre les Officiers du Châtelet, ny des Iuge & Conſuls, ſa cauſe étant particuliere ; ſa Partie n'eſt Marchand, ny du corps de la marchandiſe ; on s'eſt ſervy pour la cauſe d'un brevet d'apprentiſſage, ce n'eſt de luy, mais de ſon frere, donc ſa Partie eſt un Artiſan Maître Chevetier à Paris, qui a vendu des petites choſes qui reſtoient de leurs ouvrages à un Brodeur, qui n'eſt auſſi Marchand, ny du corps de la marchandiſe, n'a pû être convenu pardevant les Iuge & Conſuls, & que du chef de ſa Partie il avoit à propoſer une fin de non recevoir reſultante de la Coûtume, n'a voulu défendre ; & combien qu'il ait donné charge de décliner, lesdits Juge & Consuls ne font écrire aucune chose du déclinatoire, & refusent d'y prononcer : Tellement qu'ils entreprennent le Jugement de plusieurs causes qui ne leur sont attribuées par les Ordonnances, parce qu'ils ne doivent connoître des causes que de Marchand à Marchand, & pour fait de marchandise ; donc luy n'étant Marchand, ny sujet à la Jurisdiction desdits Juge & Consuls, a eu récours au Magistrat ordinaire, qui est le Prevôt de Paris, pour y pourvoir ; mais parce que par induction des Juge & Consuls qui ont fait exécuter leur Sentence à l'encontre de l'appellant au préjudice des défenses du Prévôt de Paris, a été contraint de faire contraindre l'appellant au payement de l'amande renduë contre luy qui étoit conditionnée, qu'en cas qu'il fît exécuter la Sentence des Juge & Consuls ; de laquelle Sentence entant que besoin seroit, supplie l'en recevoir appellant ; ses moyens sont qu'il ne doit rien, la dette des 929. livres provenuë d'un précedent compte de 621. qui est acquité ; c'est pourquoy quant à l'appel de la Partie de Bezart, le soûtient sans grief, & pour son appel de la Sentence des Juge & Consuls, qu'il a été mal jugé : Emendant, sera renvoyé absous avec dépens : Bataille aussi Avocat pour le Lieutenant Civil & Officiers du Châtelet, défendeurs & demandeurs : Que les Juge & Consuls ont fait grande plainte d'usurpation & entreprise sur leur Jurisdiction : Mais eux ont plus grand sujet des entreprises que font les Juge & Consuls sur leur Jurisdiction ordinaire contre les Edits & Ordonnances concernant leur Jurisdiction, ils entreprennent ordinairement, & veulent connoître des causes entre des Ecclesiastiques, Gentils-hommes, Officiers du Roy, Bourgeois non Marchands, Laboureurs, Artisans, des causes pour salaires de mercenaires : Toutes lesquelles causes par attribution de Jurisdiction, doivent aller pardevant les Auditeurs du Châtelet, tout cela hors de la teneur de l'Edit de Création, décernent permissions de saisir contre l'autorité du Juge ordinaire, prennent connoissance du payement de toutes sortes de Lettres de change, sous pretexte que par leur Edits ils doivent connoître de Lettres de change pour fait de marchandise, & non d'autre ; & en cette cause parlant particulierement des Parties, elle est entre deux Artisans qui contestent pour chose de leur Art, qui n'est de la Jurisdiction des Consuls : C'est pourquoy les Parties ont pû prononcer en cette cause pour la conservation de leur Justice ; & conclud à ce que

T ij

défenses soient faites aux Iuge & Consuls de prendre connoissance de causes qu'entre Marchand à Marchand, & pour fait de marchandise seulement. Ouis, ensemble Bignon pour le Procureur General du Roy, qui a dit que la cause est entre deux particuliers, en laquelle les Iuges ont baillé Requête, afin d'intervention ; & entre ces deux particuliers il ne s'agit que de 65. livres demandées par l'appellant Chevetier contre un Brodeur. L'on dit que l'un & l'autre ne sont Marchands, & partant qu'ils ne doivent proceder pardevant les Iuge & Consuls, encore que l'un soit Chevetier & l'autre Brodeur; & que les Parties soient Artisans ; neanmoine leur trafic & ouvrage passe en marchandise qui se debite l'un à l'autre, comme ici s'agit de vente de paillate que l'appellant a vendu à Dupuis Brodeur, qui les employe à sa broderie, cela passe en marchandise de Manufacture : ils estiment que pour le different qui est intervenu pour raison du payement, la connoissance en appartient aux Iuge & Consuls, comme étant marchandise ; & encore que l'on se soit voulu servir de la prescription, elle n'a lieu entr'eux qui continuent le trafic ensemble, & qui prennent de la marchandise, lors qu'ils en ont affaire : Pour ce regard estiment que la Sentence des Iuge & Consuls doit être confirmée au general : Ce sont deux Iurisdictions qui contestent pour la conservation de leurs Iustices, lesquelles est besoin de regler ; & combien que le Prevôt de Paris soit le premier Magistrat en cette Ville, les Iuge & Consuls établis par le Roy sont égaux en Iurisdiction, & ne pouvoit le Prevôt de Paris entreprendre les defenses qu'il a faites au préjudice des Arrêts, & encore de faire défenses à tous Sergens de bailler aucunes assignations pardevant les Iuge & Consuls, si ce n'est entre Marchand à Marchand, à peine de 400. livres parisis d'amande, suspension de leurs Charges, & de tous dépens, dommages & interêts des Parties, & ainsi ont constitué les Sergens Iuges de la Iurisdiction des Iuge & Consuls. La Déclaration du Roy de l'an 1565. n'a été faite pour autre sujet, que pour lever semblables défenses qui avoient été faites par le Prevôt de Paris aux Sergens, de bailler semblables assignations, & ainsi voyent qu'il y a contrevention par le Prevôt de Paris à cette Déclaration, même un attentat contre l'Autorité d'un Roy & de la Cour, pour raison de laquelle ils supplient ladite Cour d'y pourvoir presentement. Il est vray que le Prevôt de Paris se plaint d'entreprise de Iurisdiction par les Iuge &

Consuls, comme de fait il y en a ; Ils ne peuvent avoir connoissance des causes qu'entre Marchand à Marchand, & pour fait de marchandise, ny connoitre du payement des Lettres de change, si ce n'est pour fait de marchandise, & sous pretexte se commettent plusieurs usures de change & rechange ; ne peuvent aussi bailler permission de saisir en premiere instance ; c'est au Lieutenant civil de vray, s'il y avoit instance pardevant eux, incidemment avec connoissance de cause, pourroient ordonner une saisie, mais directement non : c'est pourquoy ils estiment qu'il y a lieu de regler les parties, & que défenses leur soient faites d'y contrevenir, sur telles peines qu'il plaira à la Cour ordonner. La Cour a reçû & reçoit les parties de Lamet intervenantes & appellans de l'Ordonnance du Lieutenant Civil; portant défenses à tous Huissiers & Sergens de bailler aucunes assignations, & exécuter les Sentences des Juge & Consuls, les a tenus & tient pour bien relevez : Et faisant droit de ladite intervention & appel, dit qu'il a été mal, nullement & incompetamment jugé, inhibé & défendu : A fait main-levée desdites défenses ; & enjoint à tous Huissiers & Sergens, bailler tous exploits d'assignations pardevant les Juge & Consuls, & d'exécuter leurs Sentences selon leur forme & teneur, tout ainsi qu'ils eussent pû faire auparavant icelle, à peine de tous dépens, dommages & interêts des parties, & les amandes rendues ; comme aussi a reçû & reçoit les parties de Cornuaille, appellans de la Sentence des Juge & Consuls, les a tenus & tient pour bien relevez : & pour faire droit, tant sur ledit appel que celuy interjetté par la partie de Bezart, & reglement demandé. Ordonne la Cour, qu'elle verra les Edits de création des Juge & Consuls, les déclarations faites en consequence, & les Arrêts sur les plaidoyers des Avocats des parties, sans autre production, forclusions ny significations des Requêtes, en sera déliberé & fait droit sommairement au raport de Me. Jacques Pinon Conseiller en ladite Cour. Fait en Parlement le 16. Mars 1634. Signé GALLARD. Collationné à l'Original.

ARREST DE LA COUR DE PARLEMENT

Par lequel le procez verbal & information faite par les Juge & Consuls de Paris, & emprisonnement fait de la personne de Jacques Lalonde de leur Ordonnance en la Conciergerie du Palais, a été avoüé, & ensuite le procez fait & parfait audit Lalonde, lequel pour les cas mentionnez audit procez, auroit été condemné à faire amande honorable en l'Auditoire des Iuge & Consuls, battu & fustigé de verges, & banny du Royaume.

VEU par la Cour le procez criminel fait de l'Ordonnance d'icelle, à la Requête du Procureur Général du Roy, demand. contre Jacques Lalonde, défendeur & accusé, prisonnier en la Conciergerie du Palais, procez verbal & information faite par les Juge Consuls de cette Ville, tenans leur Audience le septiéme Septembre mil six cens quarante, sur la plainte à eux faite par Louïs Larcher demeurant à Besaulcourt prés S. Leu, interrogatoires faites audit de Lalonde par lesdits Juge & Consuls, ensemble leur Ordonnance, portant que ledit de Lalonde seroit amené & conduit és prisons de ladite Conciergerie pour y être pourvû : Arrêt de ladite Cour du douziéme dudit mois de Septembre, par lequel auroit été ordonné que ledit de Lalonde seroit arrêté ausdites prisons, pour être ouï & interrogé sur les faits de la plainte d'iceluy Larcher, & information faite en consequence ; interrogatoires faits audit de Lalonde par l'un des Conseillers de ladite Cour à ce commis, le vingt-deuxiéme dudit mois, contenant ses réponses, confessions & dénegations : Autre Arrêt du douziéme Octobre ensuivant, portant que les témoins ouïs en l'information faite par lesdits Juge & Consuls, seroient repetez en leurs dépositions, & si besoin étoit confrontez audit Lalonde : repetition desdits témoins, & confrontations d'iceux audit Lalonde faite par ledit Conseiller commis le vingt-sixiéme Novembre audit an mil six cens quarante, & autres poursuivans plusieurs écroüés d'emprisonnemens dudit Lalonde, tant és prisons du grand & petit Châtelet, que du Fort-l'Evêque : Conclusions dudit Procureur General, ouï & interrogé par ladite Cour ledit Lalonde

Sur la Jurisdiction Consulaire. 151

sur les cas à luy imposez; Tout consideré: DIT A ESTE' que la Cour pour reparation des cas mentionnez audit procez, a condamné & condamne ledit Jacques Lalonde faire amande honnorable nud en chemise, la corde au col en la salle desdits Juge & Consuls, l'Audience tenant, & illec à genoux tenant en ses mains une torche ardente du poids de deux livres, dire & déclarer que temerairement & comme mal avisé, il a mal & furtivement pris dans ladite salle pendant l'Audience de la Bourse mentionnée audit procez, dont il se repent, & en demande pardon à Dieu, au Roy & à la Justice, ce fait, être battu & fustigé nud de verges par les carrefours & lieux accoûtumez de cette Ville; & en outre l'a banni & bannit du Royaume de France à perpetuité; luy enjoint de garder son ban à peine de la hart; & déclaré & déclare tous & chacuns ses biens situez en païs de confiscation acquis & confisquez à qui il appartiendra, sur iceux & autres non sujets à confiscation, prealablement pris la somme de deux cens livres parisis d'amande envers le Roy, applicable au pain des prisonniers de ladite Conciergerie. Fait en Parlement, prononcé audit Lalonde, & exécuté le trentiéme Janvier mil six cens quarante-un.

Signé GUYET.

ARREST DE LA COUR DE PARLEMENT

Par lequel les Huissiers Audienciers des Jurisdictions Consulaires, ne doivent être reçus & instituez que pardevant les Juge & Consuls des Marchands; & défenses à tous autres Huissiers & Sergens de les troubler & empêcher à l'exercice & fonction de leurs Charges.

LOUIS par la grace de Dieu Roy de France & de Navarre; Au premier des Huissiers de nôtre Cour de Parlement, ou autre nôtre Huissier ou Sergent sur ce requis, Salut. Sçavoir faisons que le jour & datte des Presentes, comparant en nôtre Cour de Parlement, Paul Dubois Huissier Audiencier en la Jurisdiction des Juge & Consuls des Marchands établis en la ville de Reims, appellant des Sentences données par le Lieutenant general de Vermandois & Siege Presidial dudit Reims les 23. jour d'Août, 19. Septembre

1644. Emprisonnement de sa personne, saisie & vente de ses biens, meubles, & de tout ce qui s'en est ensuivy, d'une part. Et la Communauté des Sergens Royaux audit Bailliage de Vermandois à Reims, intimez d'autre. Et entre lesdits Juge & Consuls des Marchands établis en ladite ville de Reims, demandeurs & intervenans, suivant la Requête par eux presentée à ladite Cour le 12. Janvier 1646. d'une autre part. Et ladite Communauté des Sergens Royaux, & ledit Dubois, défendeurs d'autre; & les Officiers dudit Siege Presidial de Reims, aussi demandeurs & intervenans, suivant la Requête par eux presentée à ladite Cour le 4. Juin 1646. & appellans, tant comme de Juges incompetans, qu'autrement de l'Ordonnance desdits Juge & Consuls apposée au bas de la Requête à eux presentée par Joseph Aubertin Huissier Audiencier en la Iurisdiction desdits Consuls le 9. May 1646. d'autre part; & ladite Communauté des Sergens Royaux dudit Reims, ledit Dubois Huissier, & lesdits Iuge & Consuls défendeurs : Et encore lesdits Iuge & Consuls intimez d'autre ; & ledit Aubertin demandeur & intervenant, suivant la Requête par luy presentée à ladite Cour le 16. Iuin 1646. & appellant d'une Sentence donnée par ledit Lieutenant General le 5. May audit an 1646. d'une autre part : Et ladite Communauté des Sergens Royaux dudit Bailliage & Siege Présidial de Reims, & ledit Dubois défendeurs & intimez, d'autre. VEU par la Cour lesdites Sentences des 23. Août 19. Septembre & 23. Decembre 1644. dont est appel ; La premiere, par laquelle avant faire droit sur les conclusions de ladite Communauté des Sergens Royaux avoit été ordonné que ledit Dubois feroit apparoir de ses Lettres de provisions & reception en ladite Charge d'Huissier, tant ausdits demandeurs qu'à nôtre Procureur. Cependant défense à luy d'exploiter, à peine de faux ; La deuxiéme, par laquelle défenses auroient été faites audit Dubois d'exploiter, & mettre à exécution les Iugemens rendus audit Bailliage & Siege Presidial de Reims, à peine de faux, d'amande, & des dommages & interêts desdites Communautez des Sergens Royaux ; & pour l'avoir fait au préjudice desdites defenses, condamné en huit livres Parisis d'amande, au payement de laquelle il seroit contraint par corps, & és dépens ; & seroit ladite Sentence exécutée, nonobstant oppositions ou appellations quelconques, & sans préjudice d'icelles ; La troisiéme, par laquelle auroit été permis.

Sur la Jurisdiction Consulaire. 153

mis à ladite Communauté des Sergens faire mettre à exécution, & faire contraindre ledit Dubois au payement de la somme de huit liv. parisis, portée par le Reglement de leurs Officiers & Proficiat, & condamnez és dépens, liquidez, à soixante-huit sols parisis : Arrêt du 17. Juillet 1645. par lequel sur ledit appel lesdits Dubois & Communauté des Sergens, auroient été appointez au Conseil, à bailler causes d'appel : Réponses, produire & contredire causes d'appel : Réponses, productions & contredits desdites parties : Requête desd. Communautez de Sergens du 6. Février 1647. employée pour salvation. Arrêt du 7. Octobre 1645. donné entre ledit Dubois, demandeur, aux fins d'une Requête par luy presentée à ladite Cour le 20. Septembre 1645. & ladite Communauté des Sergens Royaux de Reims, défendeurs, par lequel auroit été ordonné que lesdites parties fairoient diligence de faire juger les appellations desdites Sentences des 23. Août & 19. Septembre 1644. ausquelles ladite Requête auroit été jointe en ce qui concernoit l'exercice de ladite Charge d'Huissier pour exécuter les Sentences du Bailliage de Vermandois de Reims ; Cependant, & sans préjudice du droit des parties, permis audit Dubois exercer ladite Charge d'Huissier en la Justice desdits Consuls, & exécuter tous actes d'icelle ; & d'autres Justices : Défenses de l'y troubler pour ce regard. Ordonne que les amandes qu'il avoit payées en vertu desdites Sentences dont étoit appel, luy seroient rendues, à ce faire ceux qui les auroient reçuës, contraints par les voyes qu'il avoit été, dépens reservez, ladite Requête desdits Juge & Consuls du 10. Janvier 1646. sur laquelle ils auroient été reçûs parties intervenantes : Arrêt du 24. dudit mois de Janvier 1646. entre les intervenans, Dubois & la Communauté desdits Sergens Royaux, par lequel lesdites parties auroient été appointées à bailler moyens d'interventions ; Réponses, & produire de trois en trois jours : Moyens d'interventions ; Réponses, productions ; Réponses & contredits desdites parties : Déclaration dudit Dubois qu'il employoit ce qui avoit été écrit par lesdits Consuls : Ladite Requête desdits Officiers dudit Siege Présidial de Reims, du 4. Juin 1646. sur laquelle ils auroient été reçûs parties intervenantes, ladite Ordonnance desdits Consuls appoée au bas de la Requête à eux presentée par ledit Aubertin, du 9. May 1646. par laquelle avoit été ordonné que nonobstant les dé-

V.

fenfes dudit Lieutenant General audit Aubertin d'exploiter, iceluy Aubertin exerceroit fondit Office d'Huiffier Audiencier en la Jurifdiction des Confuls, conformément à l'Edit de creation dudit Office: Verification d'iceluy, & Arrêts de ladite Cour; défenfes aufdits Sergens Royaux & tous autres de l'empêcher, à peine de cinq cens liv. d'amande, & de tous dépens, dommages & interêts; ce qui feroit fignifié aufdits Sergens Royaux: Arrêts du 13. dudit mois de Juin 1664. entre lefdits Officiers dudit Siege Prefidial de Reims, demandeurs intervenans & appellans, tant comme de Juges incompetans, qu'autrement, de ladite Ordonnance du 9. May 1646. & ladite Communauté des Sergens Royaux de Reims, ledit Dubois & lefdits Juge & Confuls défendeurs en ladite intervention, & encore lefdits Confuls intimez fur ledit appel, par lequel lefdites parties auroient été appointées à bailler caufes de moyens d'intervention & d'appel; Réponfes produites de trois en trois jours; caufes & moyens d'intervention & d'appel; Réponfes & productions defdits Officiers dudit Préfidial de Reims, & Juge Confuls: Contredits defdits Confuls: Forclufions d'en fournir par lefdits Officiers dudit Prefidial, & de fournir de réponfes aufdits moyens d'intervention, & produire par ladite Communauté des Sergens Royaux de Reims, & ledit Dubois: Ladite Requête de Communauté des Sergens du 6. Février 1647. employée pour falvations: Déclaration dudit Dubois, qu'il employoit ce qu'avoient écrit lefdits Confuls: ladite Requête dudit Aubertin du 16 Juin 1646. fur laquelle il auroit été reçû partie intervenante, ladite Sentence du 5. May audit an 1646. dont eft appel fur le requifitoire defdits Sergens Royaux, auroit été ordonné que ledit Aubertin bailleroit coppie, & fe communiqueroient lefdites parties les pieces dont elles s'entendoient fervir, même à nôtre Procureur: Cependant défenfe audit Aubertin d'exploiter les Commiffions dudit Lieutenant General, jufqu'à ce qu'il eût fait apparoir & communiqué lefdites Lettres de provifions; Arrêt du 19. Juin 1646. entre ledit Aubertin demandeur intervenant & appellant de ladite Sentence du 5. May, & ladite Communauté des Sergens Royaux, & ledit Dubois, défendeurs & intimez; Par lequel lefdites parties auroient été appointées à bailler moyens d'intervention & réponfes, & fur l'appel au Confeil bailler caufes d'appel; Réponfes, & produire fur le tout de trois en

Sur la Iurisdiction Consulaire. 155

trois jours ; Causes & moyens d'intervention & d'appel : Réponses & productions desdites parties : Contredits dudit Aubertin, Forclusions d'en fournir par ladite Communauté des Sergens ; leurdite Requête du 6. Février 1647. employée pour salvations ; Déclaration dudit Dubois qu'il employoit ce que ledit Aubertin avoit ecrit & produit : Acte d'inscription en faux faite au Greffe de ladite Cour par ledit Aubertin le 8. Août 1647. contre la grosse de ladite Sentence du 5. May 1646. ladite Sentence maintenuë de faux ; moyens de faux joints au procez par Arrêt du 5. Septembre 1647. Conclusions de nôtre Procureur General, Tout joint & consideré : NOSTREDITE COUR faisant droit sur le tout, sans s'arrêter à l'intervention desdits Officiers dudit Présidial de Reims, ny audit feaux A M I S E T M E T les appellations respectivement interjettées au neant, sans amande : emendant, A debouté & deboute la Communauté des Sergens Royaux du Village de Vermandois à Reims, de leur demande, fins & conclusions, & les condamne és dommages & interets liquidez à seize livres parisis : Défense à eux de troubler & empêcher lesdits Dubois & Auberrin en la fonction & exercice de leursdits Offices d'Huissiers en la Jurisdiction desdits Consuls des Marchands établis en ladite Ville de Reims, Ordonne que les amandes, & ce que lesdits Dubois & Aubertin ont payé leur sera rendu & restitué, à ce faire ceux qui les ont reçûs contraints par les mêmes voyes : A Declare' & declare l'emprisonnement fait de la personne dudit Dubois, à la Requête desdits Huissiers & Sergens dudit Bailliage, en tous les dépens envers lesdits Dubois & Aubertin, même des reservez, sans dépens ; A l'égards desdits Juge & Consuls, & Officiers dudit Siege Presidial de Reims. S I T E M A N D O N S & Commettons à la Requête desdits Paul Dubois & Joseph Aubertin, le present Arrêt mettre à dûe & entiere exécution selon sa forme & teneur ; De ce faire te donnons pouvoir. D O N N E' à Paris en nôtre Parlement le 28. jour de Mars, l'an de grace 1648. & de nôtre Regne le cinquiéme. Signé par la Chambre, DU TILLET. Et scellé.

V ij

ARREST DE LA COUR DE PARLEMENT.

Donné au profit des Juge & Consuls de Reims : Contre les Officiers du Bailliage dudit Reims, par lequel la Cour ordonne qu'ils auront Commission pour faire en icelle qui bon leur semblera aux fins de leur Requête : Cependant seront les Arrêts & Reglemens de ladite Cour exécutez : Fait défenses ausdits Officiers d'y contrevenir, à peine de mil livres d'amande contre châcun des contrevenans en leurs noms, & en cas de contrevention, permis d'emprisonner les contrevenans.

LOUIS par la grace de Dieu, Roy de France & de Navarre : Au premier des Huissiers de nôtre Cour de Parlement, ou autre nôtre Huissier : Comme ce jourd'huy, Veu par nôtredite Cour la Requête presentée par les Juge & Consuls des Marchands établis en la Ville de Reims ; contenant qu'au préjudice de l'Edit de leur Création, & de nôtre Déclaration verifiée en nôtredite Cour le seiziéme Janvier 1612. laquelle il leur a été permis de faire signifier, lire & publier, à ce qu'aucun n'en ignore, & ait à y obeïr, par Arrêt du 16. Mars dernier, & de la signification qui en a été faite à leur Requête aux Officiers du Bailliage & Siege Presidial de Reims, & autres Officiers, Huissiers & Sergens dudit Bailliage, & au mépris de plusieurs Arrêts par eux obtenus : Les Officiers dudit Bailliage & Siege Presidial de Reims, ont entrepris de ruiner & aneantir ladite Jurisdiction Consulaire par deux moyens : Le premier, d'empêcher que nos Sergens dudit Bailliage & Siege Presidial baillent aucun exploit d'assignation pardevant les Supplians : Le second, de ne permettre l'exécution de leurs Sentences : Et de fait, lors que les particuliers chargent nosdits Sergens de donner des assignations pardevant les Supplians, au lieu d'y satisfaire, & suivant l'intention des Parties ; ils donnent au contraire lesdites assignations pardevant les Presidiaux ; & cela au sujet de ce que les Huissiers Audienciers des Supplians ont été déchargez de representer leurs provisions, & de prêter le serment pardevant lesdits Presidiaux, & de ce qu'ils ont été déclarez n'être de la Communauté, ny sujets au Reglement desdits Sergens, qui ont été condamnez en tous leurs dommages, interêts & dépens : Avec défenses de les troubler & empêcher en la fonction & exercice de leurs Offices d'Huissiers Audienciers, par Arrêt du 28. Mars dernier : Comme aussi lors que les Parties condamnées par Sentences des Supplians, pour quelque refus de payer, commettent quelques legeres rebellions, & s'évadent, ou sont emprisonnez, alors les Officiers du Siege Presidial pretendent avoir seulement la connoissance de l'exécution des Sentences des Supplians; veulent obliger lesdits Huissiers Audienciers, de mettre leurs procez verbaux en leurs Greffes, & entreprenans sur ladite Jurisdiction Consulaire, élargissent de leur autorité les détenus emprisonnez pour dettes civiles, de l'Ordonnance des Supplians : Et de fait, quand lesdits Audienciers font des procez verbaux de l'évasion des prisonniers, & de ce qu'on leur a ôté des mains, & empêché par quelques moyens qu'ils les emprisonnent actuellement ; & qu'ils les rapportent aux Supplians qui ont donné des Sentences & Jugemens, en vertu desquels les contraintes se doivent faire ; aussi-tôt le Substitut de nôtre Procureur Géneral audit Siege Presidial, ensemble le Lieutenant Criminel son beau-frere, prennent cet exploit de Justice pour un crime, font les procez aux Huissiers Audienciers des Supplians, & aux recours qui les ont assistez : De telle sorte que souventefois ils n'ont aucun Huissier à leur Audience, parce qu'on les tient prisonniers, de quoy il y a eu plusieurs plaintes sur icelles : Divers Arrêts qui font défenses ausdits Officiers du Presidial d'en connoître ; mais tant s'en faut que cela les ait retenus, qu'au contraire, ils ont donné hardiesse à toutes sortes de personnes de faire & commettre des irreverences inciviles, & desobeïssance envers les Supplians, & à la face de la Justice, lors qu'ils l'exercent, jusques dans leur Parquet des excez & battures, juremens & blasphêmes, présupposans que lesdits Supplians n'ont aucun droit ny pouvoir d'en faire la Justice : Tellement que si à cause de ces mauvaises actions commises à la face des Juges, les Supplians condamnent quelques-uns en l'amande, ils s'en mocquent, ne veulent pas obeïr, & commettent des rebellions : Cause de quoy, si on les veut mener & conduire prisonniers, lesdits Officiers du Siege Presidial l'empêchent ; mais bien plus, emprisonnent lesdits Huissiers & Sergens qui executent les Sentences & Ordonnances des Supplians, & les condamnent en des amandes payables par corps ; & tous les jours, & à toutes occasions renouvellent & recommencent tels & pareils attentats, par le moyen de quoy ladite Jurisdiction Consulaire demeure sans exercice, & les Jugemens donnez en icelle, demeurent sans exécution, en quoy nos Sujets souffrent. Pourquoy étant nécessaire d'arrêter le cours de telles entreprises & violences, afin de pourvoir à la tranquilité publique, laquelle pourroit être troublée, & des grands malheurs & accidens funestes arrivez par cette violence si extraordinaire, que lesdits Officiers du Presidial exercent tous les jours, & en tous les actes de l'exécution des Jugemens donnez par les Supplians. A CES CAUSES, requeroient être enjoint aux Huissiers & Sergens dudit Bailliage & Siege Presidial de Reims; & tous autres, de donner les assignations dont ils seront requis par les Parties pardevant les Supplians, & de mettre à exécution les Sentences, Jugemens & Ordonnances desdits Supplians qui leur seront mises en main, & à la Requete & diligence des Parties, nonobstant les défenses des Officiers dudit Presidial, à peine de suspension de leurs Charges, & de cinq cens livres d'amande contre chacun d'eux : Avec défenses particulieres aux Officiers dudit Bailliage & Siege Presidial, d'entreprendre sur la Jurisdiction des Supplians, ny d'empêcher l'exécution de leurs Sentences & Ordonnances, ny de connoître de l'exécution d'icelles, & des procez verbaux qui seront faits par les Sergens en exécution desdites Sentences, en quelque sorte & maniere que ce soit, d'empêcher l'exploitation & vente des biens des condamnez, & emprisonnement de leurs personnes, en vertu des Sentences & Jugemens des Supplians, ny d'élargir aucuns prisonniers, de condamner en l'amande, & emprisonner les Sergens, exécuteurs des Ordonnances & Mandemens des Supplians, à peine de dix mil livres d'amande, & de répondre en leurs noms des dommages & interêts des Parties, nonobstant oppositions ou appellations quelconques, & sans préjudice, pour lesquelles ne sera differé. VEU aussi lesdits Arrêts & autres pieces attachées à ladite Requête, Conclusions de nôtre Procureur General, tout consideré : Nôtredite Cour a ordonné & ordonne que lesdits Supplians auront Commission pour faire assigner en icelle qui bon leur semblera, aux fins de leur Requête. Cependant seont les Arrêrs & Reglemens de nôtredite Cour exécutez selon leur forme & teneur. Fait défenses ausdits Officiers dudit Bailliage & Siege Presidial, d'y contrevenir, à

Sur la Iurisdiction Consulaire.

peine de mil livres d'amande contre chacun des contrevenans en leurs noms. Et en cas de contravention, permet d'emprisonner les contrevenans. Si te Mandons à la Requête desdits Supplians, mettre le present Arrêt à exécution, selon sa forme & teneur ; & à cette fin, faire tous exploits nécessaires. De ce faire te donnons pouvoir Donné à Paris en nôtre Parlement le septiéme Septembre, l'an de grace 1648. Collationné par la Chambre, *Signé*, GUYET.

ARREST DE LA COUR DE PARLEMENT

Donné au profit des Juge & Consuls d'Abbeville : Et Antoine Mauvoisin Marchand, & leur Greffier en chef, appellans d'une Sentence renduë par le Lieutenant general de la Senéchaussée de Ponthieu, & demandeurs à l'encontre de Maître Philippes Papin Lieutenant general en ladite Senéchaussée : Et Maître Iean Papin Avocat du Roy audit Siege, intimez, en leurs propres & privez noms ; par lequel la Sentence est mise au neant, &c. Et faisant droit sur les Conclusions du Procureur general du Roy, a déclaré les défenses faites par ledit Lieutenant general, de nul effet & valeur : Enjoint à tous Huissiers & Sergens, de donner les assignations dont ils seront requis pardevant les Juge & Consuls, sans connoissance de Causes, & défenses audit Lieutenant general, de prendre connoissance des Causes attribuées ausdits Juge & Consuls, ny de l'exécution de leurs Sentences & Jugemens.

Entre les Juge & Consuls d'Abbeville, & Antoine Mauvoisin Marchand, & le Greffier en chef de ladite Jurisdiction Consulaire, appellans, tant comme de Juges incompetans, qu'autrement, d'une Sentence renduë par le Lieutenant general de la Senéchaussée de Ponthieu, le dernier Juin mil six cens cinquante-un ; & demandeurs aux fins de la Requête énoncée par l'Arrêt du 14. Juillet ensuivant, à ce que défenses soient faites aux intimez ci-aprés nommez, de plus commettre telles entreprises que celles portées par ladite Sentence, & lesdits intimez condamnez aux dépens, dommages & interêts soufferts & à souffrir, à cause desdites défenses portées par icelle d'une part : Et Maître Philippes Papin Ecuyer Sieur de Machy,

Conseiller du Roy, & Lieutenant general en la Senéchauffée de Ponthieu: Et Maître Jean Papin Avocat du Roy audit Siege, intimez, en leurs propres & privez noms d'autre part, sans que les qualitez puissent nuire ny préjudicier. Aprés que Lauranchée pour les appellans, & Rimbancour pour les intimez, ont dit qu'en communiquant de la Cause au Parquet des Gens du Roy, ils sont demeurez d'accord, sous le bon plaisir de la Cour, de l'Appointement par l'un d'eux recité, & Talon pour le Procureur General, ouï; la Cour a mis & met l'appellation, & dont a été appellé au neant, & en emendant & corrigeant, & faisant droit sur les Conclusions du Procureur General du Roy, a déclaré & déclare lesdites défenses de nul effet: A enjoint à tous Huissiers & Sergens Royaux, de donner les assignations dont ils seront requis pardevant les Juge & Consuls, sans connoissance de cause, tout ainsi qu'ils le faisoient auparavant lesdites défenses. A fait & fait inhibitions & défenses, de prendre connoissance des Causes attribuées aux Juges & Consuls par l'Edit de leur Création, Déclaration, & Arrêts de la Cour, & de l'exécution de leurs Sentences & Jugemens, sauf aux Parties à se pourvoir en la Cour, & au Substitut du Procureur General au même Siege, de plus faire telles requisitions, & respectivement aux Juges & Consuls, de rien entreprendre sur la Jurisdiction ordinaire, le tout conformement aux Edits, Déclarations, Arrêts & Reglemens. Et seront les amandes rendues, si aucunes ont été payées, & ceux qui les ont reçûës, contraints par les mêmes voïes, & sur la folle intimation, les Parties hors de Cour & de procez, le tout sans dépens. Fait en Parlement le trentiéme Janvier 1652. Signé, GUYET.

ARREST DE LA COUR DE PARLEMENT,

Confirmatif des Sentences, portant contrainte par corps pour fait de Lettres de Change.

Entre Jean Roüillard, Marchand Banquier à Paris, appellant de la Sentence donnée par les Juge & Consuls de cette Ville de Paris, le 20. Novembre 1652. Par laquelle lecture faite de la Lettre

tre de Change dattée du 20. Juin 1652. tiré par François Calandrin sur ledit Roüillard, & par luy acceptées, payable à deux usances à Abraham Angels ou à son ordre : Ledit appellant a été condamné payer à l'intimé ci-aprés nommé, la somme de trois mil livres tournois contenuë en ladite Lettre de Change, en faisant par ledit intimé reconnoître sa procuration être passée pardevant Notaires audit Amsterdam, & baillant par luy copie d'icelle audit Roüillard, laquelle sera translatée de langue Holandoise en Françoise, par le Sieur Vankessel nommé d'Office par lesdits Juge & Consuls, pour servir de décharge audit Roüillard ; & au payement de laquelle somme sera ledit Roüillard contraint par toutes voïes dûes & raisonnables, même par corps, attendu la nature & qualité de la dette, & condamné aux dépens taxez à cinquante sols tournois, d'une part : Et Nicolas de Caunille Marchand Bourgeois de Paris, au nom & comme Procureur fondé de Procuration du Sieur Abraham Angels, Marchand de la Ville d'Amsterdam en Holande, intimé d'autre, sans que les qualitez puissent nuire ny préjudicier aux Parties. Lambit pour l'appellant a dit que le grief qu'il avoit reçû par ladite Sentence, qui donnoit sujet à son appel etoit, qu'encore que Calandrin Marchand à Amsterdam, qui avoit tiré ladite Lettre de Change fût decedé, neanmoins il avoit été condamné de payer ladite Lettre de Change de trois mil livres, par vertu d'une Procuration envoyée d'Amsterdam par Angels, auquel ladite Lettre de Change étoit dûë, sans que ladite Procuration fût certifiée par le Magistrat d'Amsterdam, qu'elle avoit été reçuë par un veritable Notaire de ladite Ville, & a conclu au mal jugé ; & en emendant, a été déchargé de la condamnation par corps contre luy prononcée par ladite Sentence, attendu que la condamnation étant de trois mil livres, cela excede le pouvoir des Juge & Consuls. Langlois pour l'intimé a dit qu'il n'étoit point nécessaire que la Procuration fût certifiée, d'autant que ladite Lettre de Change, portant qu'elle étoit payable par l'appellant, qui étoit un Marchand de cette Ville de Paris, audit Angels ou à son ordre, lequel ordre étoit suffisamment baillé par ladite Procuration, veu même que l'appellant en étoit valablement déchargé, en luy rendant ladite Lettre de Change, conclud au bien jugé : Et que s'agissant du payement du contenu en une Lettre de Change acceptée par l'appellant, la condamnation par corps prononcée contre

X

luy par la Sentence, dont est appel, est avec justice & équité. La Cour a mis & met les Parties hors de Cour & de procez sans dépens : Condamne l'appellant en l'amande ordinaire de douze livres tournois. Fait en Parlement le huitiéme Février mil six cens cinquante-trois. Signé par Collation, avec Paraphe.

REQUETE PRESENTEE AU ROY PAR les Juge & Consuls, Bourgeois & Marchands de la Ville de Bordeaux.

Concernant l'Etablissement des Foires.

SIRE,

Les Juge & Consuls des Bourgeois, Marchands de vôtre Ville de Bordeaux, remontrent humblement à vôtre Majesté, que pour rendre convenable à la dignité de la Justice, l'Hôtel où ils la distribuent aux Négocians suivant vos Ordonnances, ils l'ont bâty & decoré à grands frais, & l'ont mis dans tel état, que le dessein de rétablir vôtre Autorité blessée dans Bordeaux, & d'en éteindre les factions, ayant été heureusemeet conçû & exécuté dans le même Hôtel, par le concours general de la Bourgeoisie bien intentionnée au service de vôtre Majesté, & nos Seigneurs les Ducs de Vandôme & de Candale, y ayant été honorablement reçûs lors de leur Entrée dans la même Ville : A ces occasions les Supplians se sont exposez à des dépenses fort notables, & d'autant que les frais du bâtiment & le reste concernent vôtre service, ils ont esperé de vôtre Majesté, sur tout lors qu'Elle aura été informée avec quel zele les Bourgeois Négocians l'ont servie en cette derniere & importante action, qu'il luy plaira incliner à leur soulagement & à l'avantage de vos Sujets, en ce que comme dans vôtre Ville de Bordeaux, il n'y a que deux Foires generales, l'une au mois de Mars, l'autre en celuy d'Octobre, châcune de quinze jours seulement : Les Marchands Forains suivant la coûtume entrent dans ladite Ville, & y exposent leurs marchandises à découvert en divers Cantons de la même Ville, ou sur des bancs à leur discretion, ce qui fait la confusion,

& souvent des abus par ce difpercement de perfonnes, la plûpart inconnuës, faifant le marché en tous les lieux qu'ils prennent place, en donnant quelque tribut aux Maîtres des maifons, au devant defquelles ils étalent leur marchandife? Or, s'il plaît à vôtre Majefté d'ordonner, comme les Supplians requierent humblement, qu'à l'avenir lefdits Marchands Forains expoferont leur marchandife & tiendront leur marché, tant dans la Cour dudit Hôtel de la Bourfe, qu'en la place qui eft au devant d'iceluy, & non ailleurs durant les deux fufdites Foires, il en arrivera en plufieurs façons du bien à vos Sujets, en ce que ceux qui voudront acheter & vendre, fçauront certainement le lieu du marché fans fe diftraire ailleurs, que les places y feront plus grandes & commodes, que les Marchands vendeurs ou acheteurs traiteront leur négoce avec plus de fûreté & liberté dans un lieu vafte & public, que les differens qui pourront furvenir entr'eux y feront vuidez fommairement & fur le champ par les Supplians, qui par cette occafion auront de quoy payer les dettes contractées au fujet dudit Hôtel, & de quoy l'entretenir, augmenter & embellir pour la gloire de vôtre Majefté & le bien de vôtre fervice; & ce au moyen des gratifications que lefdits Marchands Forains feront liberalement pour l'ufage defdites places. A CES CAUSES, il plaife à vôtre Majefté accorder aux Supplians le fufdit Privilege, & les Supplians prieront Dieu pour la confervation de vôtre Sacrée Perfonne, & la profperité de vos juftes & glorieux deffeins.

MARTINY, *Juge*.   *J U G E, premier Conful*.

LE Roy ayant égard à la prefente Requête, a ordonné & ordonne que pendant les deux Foires qui fe tiennent tous les ans à Bordeaux, les Marchands Forains feront obligez d'établir leurs marchandifes dans la Place au Change de la Bourfe, & audevant d'icelle, & non ailleurs, comme étant ledit lieu le plus commode de ladite Ville à cét effet, & en cas que pour raifon de ce, il intervint quelque conteftation, Sa Majefté en renvoye la connoiffance aux Maire & Jurats de Bordeaux, comme Juges de Police, aufquels entant que befoin eft ou feroit, elle en attribuë toute Jurifdiction & connoiffance. Fait à Châlon fur Marne le 20. jour de Novembre 1653.

Signé, PHELYPEAUX.

LES Maire & Iurats Gouverneurs de Bordeaux, Iuges Criminels & de Police, aprés lecture faite de l'Ordonnance de Sa Majesté mise au pied de la susdite Requête, Ordonnent que tant ladite Requête qu'Ordonnance seront enregistrées dans les Registres de l'Hôtel de Ville, & en consequence font inhibitions & défenses à tous Marchands Forains d'étaller ou vendre en détail leurs marchandises dans les Hôteleries & maisons où ils seront logez, à peine de confiscation desdites marchandises, & de mil livres d'amande, & à même peine à tous les proprietaires desdites maisons d'Hôteliers & Cabaretiers de permettre ladite vente & debite, ordonnent que ladite Requête & Ordonnance seront publiées & affichées par les cantons & carrefours de la Ville, afin que nul n'en pretende cause d'ignorance. Fait dans la Chambre du Conseil de l'Hôtel de Ville, le 9. jour du mois de Décembre 1653. Signé, LAUVERGNAC, Jurat Commis.

ARREST DE LA COUR DE PARLEMENT.

Entre Jean Brevot Marchand demeurant à Ricey-Bas appellant, tant comme de Juge incompetant, qu'autrement, du Iugement rendu par le Bailly dudit Ricey, & de tout ce qui s'en est ensuivy d'une part: Et M. Nicolas Michelin, Bailly dudit Ricey: Et M. Michel Aubert, Procureur Fiscal audit lieu, intimez d'autre: Par lequel Arrêt la Cour faisant droit, tant sur l'appellation dudit Brevot, que des Iuge & Consuls de Troyes: A cassé & revoqué tout ce qui avoit eté fait par ledit Bailly de Ricey, & fait défenses aux intimez d'empêcher les parties de se pourvoir pardevant lesdits Iuge & Consuls, sauf ausdites parties à demander leur renvoy.

ENtre Jean Brevot Marchand demeurant à Ricey-Bas, appellant tant comme de Juge incompetant qu'autrement, du Jugement rendu par le Bailly dudit Ricey, sur le Requisitoire du Procureur Fiscal audit lieu, le dix-septiéme Janvier 1656. emprisonnement fait de sa personne en vertu d'iceluy, de l'anticipation faite sur ledit appel, pardevant les Presidiaux de Sens, & de ce qui s'en est ensuivy, d'une part: Et Me. Nicolas Michelin, Bailly dudit Ricey: Et Me. Michel Aubert, Procureur Fiscal audit lieu, intimez d'autre: Et encore entre les Juge & Consuls des Marchands établis en la Ville de Troyes, aussi appellans, tant comme de Juge incompetant qu'autrement, dudit Jugement du 17. Janvier 1656. Et demandeurs aux fins de l'exploit du 24. dudit mois de Janvier, à ce que pour la contrevention apportée par lesdits Michelin & Aubert aux Edits de leur Etablissement, & à l'Arrêt de la Cour du 18. Novembre 1649. la peine de 500. livres d'amande portée par iceluy, fût déclarée encouruë, les défenses reïterées, & condamné aux dépens, & défendeurs d'une part : Et lesdits Michelin & Aubert intimez, défendeurs & demandeurs, suivant leurs défenses fournies par écrit le 26. May 1656. à ce que défenses fussent faites ausdits Juge & Consuls, de ne prendre connoissance que des causes qui seront de Marchand à Marchand, pour fait de marchandise, à peine de mil livres d'amande, dépens, dommages & interêts, d'autre : Et encore entre Messire Loüis de Vignier, Chevalier Baron de Ricey, Beauvais & autres lieux, Conseiller du Roy en ses Conseils d'Etat, & en son grand Conseil : Et Me. Jean Morillon Tuteur de Abel, Jean Vignier Sieur de Hauterive, demandeurs en Requête du 26. Avril 1656. à ce qu'ils fussent reçûs parties intervenantes en l'instance, pour y déduire leurs moyens ; & que acte leur fût donné de ce qu'ils prenoient le fait & cause desdits Michelin & Aubert, d'une part : Et lesdits Juge & Consuls de Troyes & Brevot, défendeurs d'autre. Aprés que Thiboudeau Procureur dudit Brevot, Guillier pour les Juge & Consuls, Dordier pour lesdits Michelin, Aubert & intervenans, sont par l'avis des Gens du Roy demeurez d'accord de l'Appointement qui ensuit. Appointé, & oüi sur ce le Procureur General du Roy : Que la Cour faisant droit sur les appellations, dit qu'il a été mal, nullement & incompetamment ordonné, decerné, exécuté & emprisonné. Ordonne que l'écroüe sera rayé, biffé, & la somme par ledit Brevot payée pour l'amande, renduë & restituée par ceux qui l'ont touchée. A fait & fait inhibitions & défenses ausdits intimez de proceder par telles voïes, ny faire défenses aux Parties de se pourvoir pardevant lesdits Juge & Consuls, & aux Sergens de les y assigner, à peine de nullité, dommages & interêts des Parties en leurs propres & privez noms, sauf aux Parties de demander leur renvoy, ou se pourvoir par appel contre les Sentences & Appointemens donnez par lesd. Juge & Consuls, ainsi qu'ils verront être à faire. Et sur le surplus des autres demandes & interventions, a mis & met les Parties hors de Cour & de procez, sans dommages, interêts, ny dépens. Fait en Parlement le 4. Décembre 1656. *Signé*, GUYET, avec Paraphe, & collationné.

ARTICLE TIRÉ DE LA MERCURIALE
de la Cour de Parlement, touchant le pouvoir donné par icelle pour l'exécution des Sentences des Juge & Consuls.

Du Mardy 29. Ianvier 1658.

CE jour, la Cour, toutes les Chambres assemblées, ayans deliberé sur les Articles presentez par le Procureur General du Roi arrêtez en la Mercuriale tenuë en la Chambre de la Tournelle, les 12. & 17. Décembre 1657. & 9. 11. & 16. Janvier 1658. A ordonné que lesdits Articles seront gardez & observez ; à cette fin lûs & publiez en la Communauté des Avocats & Procureurs d'icelle Cour, & la Mercuriale continuée.

ARTICLE I.

POur éviter les surprises qui se font par la multiplicité des Arrêts sur Requête, & regler les cas esquels les Sentences des premiers Juges doivent être exécutées, nonobstant l'appel.

ARRESTÉ

SEront les Sentences diffinitives données Presidialement en cas de l'Edit, exécutoires ; nonobstant l'appel, jusques à cinq cens livres, ensemble les Sentences d'ordre.

Et celles des Consuls de Marchand à Marchand, & pour le fait de marchandises, à quelques sommes qu'elles puissent monter.

En tous lesquels cas, & autres portés par les Ordonnances, pourront lesdits premiers Juges ordonner qu'il sera par eux passé outre à l'exécution de leurs Jugemens, nonobstant & sans préjudice de l'appel.

Et pour ôter tout pretexte aux fraudes que l'on pourroit faire au contraire, seront les premiers Juges rendans leurs Jugemens de nonobstant l'appel, tenus inserer en iceux la raison pour laquelle ils jugeront nonobstant l'appel, ainsi qu'il est pratiqué par eux és cas de l'appel desert, & Jugemens de competance.

Et en tous lesdits cas susdits desdites Sentences & Jugemens de non-

Sur la Jurisdiction Consulaire. 167

obstant l'appel, lors que les premiers Juges seront demeurez dans ces termes de leur pouvoir, ne seront données aucunes défenses particulieres, & ne pourront les Procureurs presenter aucunes Requêtes au contraire, à peine de seize livres Parisis d'amande pour la premiere fois, quarante-huit livres Parisis pour la seconde, applicables, moitié aux necessitez de la Cour, moitié à l'Hôpital general, & d'interdiction pour trois mois pour la troisieme, sans que lesdites peines puissent être remises.

Et quant aux autres cas, esquels les premiers Juges ne peuvent prononcer, nonobstant l'appel, sera permis aux Parties, en cas qu'ils le fassent, de se pourvoir à l'Ordinaire par Requête de défenses particulieres, même faire intimer les Juges qui seront audit cas remis & responsables en leurs noms, des dommages & interêts des Parties, & poursuivre Arrêt de défenses particulieres sur lesdites Requêtes : Mais pour éviter aux surprises qui s'y pourroient faire, ne sera donné aucun Arrêt sur les Requêtes qu'ils presenteront à cette fin, qu'il n'en ait été deliberé. Et sera dans l'Arrêt qui interviendra fait mention dans le Veu d'icelui, du nom du Procureur qui aura signé la Requête, & du nom du Rapporteur. Fait en Parlement le vingt-neuviéme Janvier 1658. Signé, DU TILLET.

Leu & publié en la Communauté des Avocats & Procureurs de ladite Cour, le Lundy quatriéme jour de Février 1658. par moy Greffier soussigné. Signé, LOGER.

ARREST DE LA COUR DE PARLEMENT.

Portant Reglement entre les Iuge & Consuls de la Ville de Soissons, & les Officiers du Présidial de ladite Ville, par lequel défenses sont faites ausdits Officiers de connoître des Causes de Marchand à Marchand, & pour fait de marchandise, d'empêcher ny suspendre l'exécution des Sentences desdits Iuge & Consuls pour quelque cause que ce soit, ny d'empêcher aux Sergens de donner des assignations, ny aux Parties d'y plaider, sous pretexte de distraction de Iurisdiction.

LOUIS par la grace de Dieu, Roy de France & de Navarre : Au premier des Huissiers de nôtre Cour de Parlement, ou autre nôtre Huissier ou Sergent sur ce requis; Salut. Sçavoir faisons que le jour & datte des Presentes, comparant en nôtre Cour de Parlement, Husson Darocourt, & Antoine Vaillant, Marchands demeurans à Soissons, & Nicolas Gauderon, appellans d'une Sentence renduë par les Presidiaux de Soissons le 16. Juin 1654. d'une part. Et Me. Nicolas Moreau, Lieutenant Particulier, les Conseillers & Magistrats dudit Bailliage & Siege Presidial de Soissons: Maître Claude Cochois Substitut de nôtre Procureur General audit lieu, intimés, en leurs propres & privés noms: Et Pierre Boüilly Marchand demeurant audit Soissons aussi intimé d'autre: Et entre les Juge & Consuls de nôtre Ville de Soissons, & la Communauté des Marchands de ladite Ville intervenans, suivant la Requête par eux presentée à la Cour le 17. Décembre 1654. d'une part. Et lesdits Darocourt, Vaillant, Gauderon, Moreau, Cochois, Boüilly, & lesdits Conseillers audit Presidial de Soissons, défendeurs d'autre: Et entre lesdits Darocourt, Vaillant & Gauderon appellans, en adherant à leur premier appel d'une Sentence portant Commission, decernée & renduë par lesdits Presidiaux de Soissons le 15. Juin 1664. d'une part: Et lesdits Maître Nicolas Moreau Lieutenant Particulier, Conseillers & Magistrats dudit Siege, Cochois, intimez, en leurs propres & privez noms: Et ledit Boüilly aussi intimé d'autre: Et entre lesdits Darocourt & Vaillant demandeurs en Lettres de recision par eux obtenuës en la Chancellerie le 8. Juillet 1656. d'une part: Et ledit Moreau & lesdits Officiers Magistrats dudit Siege Presidial de Soissons défendeurs: Et entre lesdits Juge & Consuls des Marchands de la Ville de Soissons, & la Communauté desdits Marchands de ladite Ville, appellans tant comme de Juge incompetant, interessé & pris à partie qu'autrement, de deux Ordonnances sur Requête renduës par nôtredit Lieutenant General de Soissons, les 29. Août & 5. Septembre d'une part: Et Me. Jean Legras, ledit Cochois & lesdits Officiers dudit Siege Presidial de Soissons en leurs propres & privez noms, d'autre: Et encore entre lesdits Officiers dudit Bailliage & Siege Presidial de Soissons, demandeurs aux fins de la Requête par eux presentée à la Cour le 3. de Décembre 1657. d'une part: Et lesdits Juge & Consuls des Marchands de ladite Ville de Soissons, défendeurs d'autre. VEU par nôtredite Cour ladite Sentence dont est appel dudit jour 16. Juin 1654. par laquelle Parties ouïes,

Acte

Sur la Jurisdiction Consulaire. 169

Acte auroit été donné audit Substitut de nôtredit Procureur General à Soissons, de l'appel par luy interjetté de la Sentence desdits Juge & Consuls de Soissons, comme des Juges incompetans, sur lequel permis de se pourvoir : Cependant ayant égard à ses Conclusions pour la distraction, lesdits Darocourt, Vaillant & Gaudron, condamnez en six livres Parisis d'amende châcun, à quoy ils seroient contraints, nonobstant oppositions ou appellations quelconques : Deffences à eux de recidiver, sur plus grande peine : Acte donné de la declaration de Boüilly : des offres de proceder audit Siege, & de ce qu'il étoit appellant comme de Juge incompetant de ladite Sentence des Juge & Consuls ; lequel Darocourt satisfaisant à lad. Sentence des Juge & Consuls, auroit mis au Greffe lesdites six livres Parisis pour sa part : Arrest d'appointé au Conseil du 15. May 1656. Causes d'appel desdits Darocourt, Vaillant & Gaudron, contenant leurs conclusions à ce qu'il avoit été mal & incompetamment jugé par ladite Sentence du 16. Juin, bien appelé : émendant & corrigeant, que lesdits appellans seroient déchargez de la condemnation de l'amende portée par ladite Sentence, icelle renduë par les mêmes voyes qu'ils y auroient été contraints; ce faisant, que les Sentences renduës en la Jurisdiction des Consuls les 15. Juin & 16. Juillet audit an 1654. seroient executées selon leur forme & teneur; ledit Bouilly & les intimez condamnez en tous les dépens : Réponses desd. Moreau Conseiller audit Presidial de Soissons, Cochois & Boüilly, ladite Requête d'intervention desdits Juge & Consuls de Soissons, & Communauté des Marchands de ladite Ville, dudit jour 17. Decembre 1654. & moyens d'intervention, contenant leurs Conclusions ; à ce que faisant droit sur icelles, il fut dit mal jugé par ladite Sentence du 16. Juin : émendant & corrigeant, que lesdits Darocourt, Vaillant & Gaudron, seroient déchargez de ladite condemnation d'amende portée par ladite Sentence ; que défenses feroient faites ausdits Officiers du Baillage & Presidial, de juger à l'avenir aucune distraction de pretenduë Jurisdiction, ny en condamner à l'amende aucuns particuliers, pour s'être pourveus pardevant les Juge & Consuls, ny aucuns Sergens, Huissiers ou Archers qui auroient donné les assignations pardevant eux, sauf ausdits Officiers à se pourvoir par appel des Sentences desdits Juge & Consuls, ainsi qu'ils aviseront bon être. Comme aussi, que défenses feroient faites à l'avenir ausdits Officiers du Presidial, de prendre con-

Y

noissance des causes où il s'agira de promesses faites pour payement du prix des marchandises, & qui seront introduites pardevant lesdits intervenans en sommation à une premiere demande principale, dont lesdits Juge & Consuls auront été saisis; ce faisant, que les Jugemens que les intervenans auront ci-devant rendus le 15. Juin 1654. entre lesdits Darocourt, Vaillant & Boüilly, seroient exécutez selon leur forme & teneur; lesdits Officiers du Présidial & Boüilly condamnez aux dépens de l'intervention. Forclusion de fournir de réponses ausdits moyens d'intervention par lesdits défendeurs en intervention. Productions des Parties sur le tout, suivant ledit Arrêt d'appointé au Conseil du 15. May 1656. Contredits desdits Darocourt, Vaillant & Gauderon, suivant l'Arrêt à contredire du 24. Juillet 1656. déclaré commun sur Requête du 16. Octobre audit an. Forclusions d'en fournir par lesdits Boüilly, Juge, Consuls & Communauté des Marchands dudit Soissons, ladite Sentence dont est appel par lesdits Darocourt, Vaillant & Gauderon, dudit jour 15. Juin 1654. portant Commission decernée & renduë par lesdits Présidiaux de Soissons. Arrêt d'appointé au Conseil du 16. Juillet 1656. Requête desdits Darocourt, Vaillant & Gauderon, employée pour causes d'appel, Production d'iceux Darocourt, Vaillant & Gauderon. Forclusion de fournir des réponses audit employ pour causes d'appel, & de produire par lesdits Moreau, Conseillers & Magistrats dudit Siege, Cochois & Boüilly: Lesdites Lettres de recision obtenuës par ledit Darocourt & Vaillant dud. jour 8. Juillet 1656. afin d'être restituées contre la procuration portant acquiescement par lesdits Darocourt & Vaillant, à l'exécution de la Sentence renduë par lesdits Officiers de Soissons, le 16. Juin 1664. & à eux fait droit sur ledit appel, sans avoir égard à icelles défenses desdits Moreau & Consorts. Appointement à droit du 2. Janvier 1657. Production desdits Darocourt & Vaillant: Requête desdits Moreau & Consorts employée pour production; lesdites Ordonnances sur Requête dont est aussi appel, renduës par nôtredit Lieutenant General de Soissons, lesdits jours 29. Août, & 5. Septembre 1656. Arrêt d'appointé au Conseil du 23. Avril 1657. Causes d'appel desdits Juge & Consuls des Marchands de Soissons, & la Communauté des Marchands de ladite Ville, contenant leurs conclusions à ce qu'il fût dit, mal, nullement & incompetamment jugé & ordonné par lesdites Ordonnan-

Sur la Iurisdiction Consulaire.

ces ; bien appellé par les appellans : Emendant, que défenses seroient faites ausdits Présidiaux de prendre aucune Cour, Jurisdiction & connoissance de causes mûes & pendantes pardevant les Juge & Consuls, d'empêcher ny suspendre sur simples Requêtes l'exécution de leurs Sentences, d'en recevoir leurs appellations, accorder aucun relief d'icelles, prononcer aucune condamnation d'amande contre ceux qui se sont pourvûs pardevant eux, ny aucune suspension contre les Sergens qui auroient donné les assignations devant lesdits Consuls, & exécuté leurs Sentences, de faire sous le nom dudit Substitut aucun requisitoire, ny donner aucune assignation en pretenduë distraction de Jurisdiction, sauf aux Parties interessées à décliner & se retirer en nôtredite Cour, pour être pourvû sur le declinatoire, le tout conformement aux Arrêts des 14. Mars 1611. 5. & 11. Mars 1615. 15. May 1623. 7, Janvier & 7. Avril 1631. 5. Mars 1634. 21. Octobre 1637. & 18. Septembre 1647. qui seroient exécutez selon leur forme & teneur : Et pour l'attentat commis par lesdits intimez, d'auoir contrevenu ausdits Arrêts, & voulu anéantir par des voïes indirectes la Jurisdiction desdits Juge & Consuls, qu'ils seroient solidairement condamnez en une amande de quinze cens livres, aux dommages & interêts desdits appellans, & aux dépens de l'instance : Réponses ausdites causes d'appel : Production des Parties : Requête desdits appellans, employée pour contredits contre les productions faites par les intimez, suivant ledit Arrêt à contredire, déclaré commune ladite Requête desdits Officiers dudit Bailliage & Siege Présidial de Soissons, dudit jour 3. Décembre 1657. à ce qu'il fût dit que lesdits Juge & Consuls ne pourroient connoître que des differens qui naîtroient de Marchand à Marchand, & pour fait de marchandise, dont ils trafiquent, & qu'ils achetent pour revendre, & non pour l'usage de l'acheteur & de sa famille, quand même l'acheteur seroit Marchand, & ce suivant & conformement à l'Arrêt de nôtredite Cour, rendu au profit du Prevôt d'Angers, du 21. Avril 1657. que défenses leur seront faites de prendre aucune connoissance & Jurisdiction des procez & differens mûs, même entre Marchands, sur promesses, cedules, obligations en deniers & par prêts, qui ne seront causez pour vente & délivrance de marchandises, suivant & conformement à la Déclaration du mois d'Octobre 1610. verifiée par nôtre Edit le 18. Juillet 1611. que suivant & conformement à nôtredite Dé-

Y ij

claration, ils ne pourroient prendre aucune connoissance des procez mûs pour la vente des bleds, vins & autres danrées, faite par Bourgeois, Laboureurs, Vignerons, étans de leur crû & revenus, non plus que differens mûs à l'encontre des Maſſons, Charpentiers, Maréchaux & autres Ouvriers mercenaires, pour leur ſalaires & marchez par eux faits & entrepris, marchandiſes par eux achetées pour leurs métiers, & qu'ils ſeroient obligez d'en renvoyer les cauſes pardevant les Juges ordinaires deſdites Parties, encore qu'elles n'en demandaſſent point leur renvoy; que leſdits Juges prêteroient le ſerment pardevant nôtre Bailly de Soiſſons ou ſon Lieutenant General, auſſitôt qu'ils auroient été élûs: Et auparavant que de pouvoir faire aucun Acte de Juriſdiction, conformement à ladite Déclaration du 16. Décembre 1656. verifiée en nôtredite Cour le 17. Février 1657. que les Marchands ne pourront élire pour Juge & Conſuls, autres perſonnes que des Marchands faiſans marchandiſes, & non Officiers ny Bourgeois qui ne font trafic, ſuivant & au deſir de l'Edit de Création deſdits Juge & Conſuls que conformément à tous les Arrêts & Reglemens de nôtredite Cour il ſeroit enjoint auſdits Juge & Conſuls de tenir leur Audience en l'ancienne Chambre des Conſuls, bâtie ſur la Hâle dudit Soiſſons, ou en tel autre lieu public qu'ils voudroient faire bâtir: Et fait défenſes à l'avenir de les plus tenir en leurs maiſons particulieres, comme ils ont fait depuis 12. ou 15. ans, ny d'exercer aucun acte de Juriſdiction, pour éviter aux abus qui ſe commettent, leſdits Juge & Conſuls ôtans par ce moyen la liberté aux Parties de demander leur renvoy dans les matieres qui ne ſont de leur connoiſſance, par les menaces qu'ils leur font, que lors que les Parties déclineront la Juriſdiction deſdits Juge & Conſuls, & demanderont leur renvoy pardevant les Juges ordinaires, qu'ils ſeront tenus faire inſerer les requiſitoires deſdites Parties, enſemble les moyens par eux propoſez dans leur Jugement, & prononcer ſur ce renvoy requis, & en faire delivrer les actes aux Parties quand ils les demanderont: Que tous les Marchands exerçans marchandiſes dans ladite Ville de Soiſſons, ſeront obligez, à peine d'amande, de faire écrire leurs noms dans un Tableau qui ſeroit appoſé au Greffe des demandeurs, ſuivant l'Ordonnance: Et défenſes faites auſdits Juge & Conſuls d'entreprendre directement ou indirectement ſur la Juriſdiction des demandeurs, à peine de quinze cens livres d'amende, & de

Sur la Iurisdiction Consulaire. 173

tous dépens, dommages, & interêts des demandeurs, & telle amende qu'il plaira à nôtredite Cour ordonner : défenses desd. Juges & Consuls, & additions à icelles : Répliques desdits Demandeurs : Appointement en droit du 29. Décembre 1657. Production des Parties : Requête desdits Officiers du 25. Février dernier, employée pour contredits contre toutes les productions desdites Parties, suivant ledit Arrêt à contredire déclaré commun : Contredits desdits Juge & Consuls : Conclusions de nôtre Procureur General, & tout joint & consideré. Nôtredite Cour faisant droit sur le tout, ayant égard ausdites Lettres & interventions, sans s'arrêter à ladite procuration, a mis & met les appellations, Sentences, & ce dont a été appellé, au néant : Emendant, a déchargé & décharge lesdits Darocourt, Vaillant & Gaudron de la condamnation portée par la Sentence du 16. Juin 1655. Ordonne que les amandes payées leur seront renduës par les mêmes voies qu'ils y ont été contraints. Défenses ausdits Juges & Officiers du Présidial de Soissons, de surseoir ou empêcher l'exécution des Sentences desdits Juge & Consuls, ny de condamner les Parties ou Sergens en l'amande, pour s'être pourvûs, ou avoir donné des assignations pardevant lesdits Juge & Consuls, sous prétexte de distraction de Jurisdiction, sauf aux Parties à se pourvoir par appel en nôtredite Cour, suivant les Arrêts & Reglemens ; & en conséquence a renvoyé & renvoye pardevant lesdits Juge & Consuls la sommation desdits Vaillant & Darocourt contre ledit Bouilly. Ordonne que lesdits Juge & Consuls ne connoîtront que des differens de Marchand à Marchand, pour le fait de marchandises, & d'entre Marchands & Artisans pour le fait de marchandises par eux achetées des Marchands, pour employer aux ouvrages qu'ils révendront seulement lors de leurs nouvelles Elections. Ne pourront faire aucun acte de Jurisdiction, qu'ils n'ayent préalablement prêté le serment en la maniere accoûtumée, suivant les Edits & Déclarations : Tiendront leur Audience & Jurisdiction en l'ancienne Chambre desdits Consuls, ou telle autre maison & lieu public qu'ils pourront acheter & faire bâtir, avec défenses de les tenir en leur maison particuliere. Enjoint ausdits Officiers du Présidial & Consuls respectivement, de faire inserer dans leurs Sentences les réquisitoires & moyens des Parties qui demanderont leur renvoy, & de leur faire délivrer les Actes, & accorder leur renvoy des causes qui ne sont de leur Jurisdiction. Et sur le surplus desdites demandes, met les Parties hors de Cour & de procez sans dépens. Si te mandons à la Requête desdits Darocourt, Vaillant & Gauderon, mettre le present Arrêt à exécution. De ce faire te donnons pouvoir. Donné à Paris en nôtre Parlement, le 16. jour de Mars 1658. Et de nôtre Regne le quinziéme. *Signé*, GUYET. Et scellé le 27. Mars 1658. DEREFUGE Rapporteur. BOSQUILLON Procureur.

D'UN GROS REGISTRE CONTENANT LES EDITS
& Declarations du Roy, & Arrêts, tant de son Conseil, que du Parlement de Normandie, donnez en faveur de la Jurisdiction des Prieur & Consuls des Marchands à Roüen & du commerce, en a été extrait ce qui ensuit.

Du dixiéme May, mil six cens cinquante-huit, à Roüen en la Cour de Parlement.

ENTRE Me. Jacques Poyer Lieutenant Criminel au Bailliage de Roüen, impetrant du Mandement de la Cour, du huitiéme de ce mois: pour faire dire que comme ayant fait saisir les Livres Comptoirs de Jean Dies Marchand en cetre Ville, à cause de son absence, & comme pretendu avoir fait fraude à ses Creanciers, qu'au préjudice du Lieutenant General Civil, qui doit avoir aussi fait mettre les scellez audit Comptoir, effets & autres lieux de la maison dudit Dies, tout ce qui fait a été par luy, sera confirmé, & la procedure dudit Lieutenant Civil cassée; & permis audit Lieutenant Criminel de continuer ses diligences. VEU la Provision de la chose, comme étant purement criminelle, & défendeur des Requêtes verbales present en personne, & par Me. Georges Louche son Procureur d'une part. Me. Marc Antoine de Bernedent Conseiller du Roy en son Conseil d'Estat, Lieutenant General audit Bailliage, & President au Siege Presidial dudit lieu, François Briffault Substitut du Procureur General du Roy audit Siege, ajournez en vertu dudit Mandement, comparans par Me. Guillaume Mabire leur Procureur d'autre. Les

Sur la Jurisdiction Consulaire. 175

Prieur & Consuls de cette Ville, demandeurs en Requête, pour faire dire qu'au préjudice tant desdits Lieutenant Civil & Criminel, le Negoce de cét affaire doit être renvoyé en leur Jurisdiction, pretendant qu'il ne s'agît purement & simplement, que d'affaires de comptes de Marchands à Marchands, & non pas de banqueroute, n'y ayant aucune plainte qui paroisse avoir été renduë à l'encontre dudit Dies, & partant que comme étant en possession, suivant leur Privileges, verifiés en la Cour, ils la supplient de leur renvoyer l'Instance, comparans en personnes : & par Me. Claude Marc leur Procureur ; & les creanciers dudit Dies aussi demandeurs en autre Requête verbale, à ce qu'attendu que l'on a fait saisir & mettre les scellez ausdits comptoirs & autres lieux de la maison dudit Dies, en vertu du Mandement desdits Consuls, ladite instance soit renvoyée devant eux, étant l'interêt & profit des creanciers qui pourront se rencontrer, parce que plus facilement leurs comptes seront à moins de frais examinez, comparans par Me. Jacques Robert leur Procureur. Et ledit Jean Dies aussi demandeur de sa part, en autre Requête verbale, à ce que Mandement luy soit accordé pour faire assigner ses creanciers, afin de voir l'état de ses effets & pertes ; & à cette fin attendu qu'il n'y a aucun d'iceux qui se soit plaint de son absence, faire défenses ausdits Lieutenant Civil & Criminel de continuer leurs diligences, obeïssant se representer devant lesdits Juges Consuls competans de connoître de telle nature de cause, ensemble representer en la presence de ses creanciers tous ses livres & effets, & cependant qu'il luy soit donné sauf-conduit de sa personne pour un an, comparant par Me. Richard Bon son Procureur d'autre part, sans que les qualitez préjudicient. Ouï ledit Poyer Lieutenant Particulier, lequel a conclu aux fins de sondit Mandement, que le Substitut dudit Procureur General du Roy, audit Bailliage, soit condamné de remettre au Greffe Criminel le procez verbal & information par luy faite, & à luy envoyée pour y mettre ses Conclusions, & que défenses luy feront faites à l'avenir de porter ny envoyer aucunes informations criminelles en la Chambre Civile, ny faire aucunes requisitions en matieres criminelles ailleurs qu'en la Chambre criminelle, pardevant le Lieutenant General Criminel, ou pour son absence ou recusation pardevant luy, comme Lientenant Particulier, Assesseur Criminel, & premier Conseiller audit Bailliage, en laquelle qualité il se maintient suffisamment étably par ses Provisions, Arrêts de la Cour, & possession continuelle : Et défenses au Lieutenant Civil de connoître ny faire informer des fraudes commises és faillites & banqueroutes, ny autre matiere criminelle, conformement aux Edits de creation de leurs Charges, Declarations, Arrests & Reglemens donnez en consequence ; Barve Avocat dudit Dies, lequel a conclu aux fins de sadite Requête verbale. Et ledit Briffault Substitut dudit Procureur General du Roy, lequel a dit qu'il se presente sur l'assignation à luy donnée, instance dudit Poyer, devant lequel il n'a voulu faire aucune requisition, n'estimant pas qu'il y ait encore sujet de faire poursuite criminelle : mais requis devant le Lieutenant, que les biens dudit Dies absent soient mis en seure garde pour l'interêt du Roy & du public, de laquelle requisition & Ordonnance donnée sur icelle, ledit Poyer ayant eu connoissance, il a de son seul mouvement ordonné qu'il se transporteroit en la maison dud. Dies, pour informer & dresser procez verbal, lequel luy ayant été communiqué, ensemble celuy qui avoit été fait par le Lieutenant General, il avoit requis que la Compagnie fut assemblée pour pourvoir à ce qui est de l'interêt public, veu la contention desdits Juges, ce qu'ayant eté fait, & ledit Poyer n'ayant voulu se presenter, quoy qu'averty par le Greffier, il fut donné Sentence, portant qu'il seroit continué & ledit Lieutenant, en quoy il n'y a aucun sujet de plainte contre ledit Procureur du Roy, & soûtient qu'il doit être déchargé de ladite assignation. Pour ce qui est de l'intervention dudit Dies, desdits Consuls & pretendus creanciers, qui demandent d'être renvoyez devant lesdits Consuls, & que temps soit donné audit Dies pour se representer, ledit Dies doit se pourvoir par les formes, presenter Requête, ou prendre Lettres de Respit, desquelles ledit Lieutenant doit être seul competant par l'Ordonnance & suivant l'usage qui s'observe en tous lieux ; lesquelles Lettres seront enterinées s'il est jugé capable de cette grace, aprés avoir appellé les creanciers, & ne pouvant lesdits Consuls en avoir connoissance, puis qu'ils ne sont établis que pour régler les differens de Marchand à Marchand : mais en ce fait il est question d'un affaire generale, ou il se trouvera des creanciers hipotequaires, & de toutes sortes de conditions & des mineurs interessez, dont le Procureur du Roy doit prendre la protection ainsi que

des

Sur la Jurisdiction Consulaire. 177

des absens, se rencontrant souvent en semblables faillites, plusieurs considerations qui obligent ledit Procureur du Roy de prendre l'interêt pour sa Majesté ou pour les interessez, & si ces sortes d'affaires étoient renvoyées aux Consuls, ce seroit autoriser les banqueroutes qui continueroient par l'impunité de leurs crimes, lesquels Consuls n'ayans l'autorité ny la puissance pour cét effet, & cét affaire se trouvera peut-être criminelle, selon les faits qui seront éclaircis par la representation des livres, & par les circonstances desdits faits, partant soûtient que sans s'arrêter aux Requêtes verbales desdits Consuls & pretendus creanciers, la Requête dudit Dies doit être renvoyée audit Bailly pour y être pourveu en connoissance de cause ainsi qu'il appartiendra : Lebigos Avocat pour ledit Lieutenant General, lequel a dit que sans demeurer d'accord de la qualité que prend ledit Poyer de Lieutenant Particulier Criminel, quoy qu'il ne soit que premier Assesseur Criminel, laquelle qualité il entend luy contester, dont il demande Acte ; Il soûtient que ledit Poyer doit être évincé de son Mandement, attendu que l'instance dont il s'agît est publique, generale, & politique, dont il est seul competant, ayant même été jugé par plusieurs Arrêts, que le crime de Police appartient aux Juges Politiques, comme entr'autres, entre le Vicomte de Falaise & le Lieutenant Criminel dudit lieu, pour un fait de Police ou une instance criminelle, fut renvoyée devant ledit Vicomte, comme Maire de ladite Ville, au préjudice dudit Lieutenant Criminel dudit lieu, la procedure duquel fut cassée, l'intervention dudit Dies qui demande sauf-conduit pour faire voir ses pertes à ses creanciers, n'étant considerable, puis qu'il devoit faire telle Requête devant ledit Lieutenant General, au lieu de s'absenter, & où il devoit être renvoyé faire sa Requête, suivant l'Ordonnance, n'ayant aucune qualité pour s'adresser en premiere instance en ladite Cour. Et d'autant que les Consuls se presentent pour intervenir en cette Cause, sans avoir donné aucune Requête par écrit, ny rien fait signifier audit Lieutenant General, qui n'a connoissance de la contestation qu'ils pretendent former, qui feroit une surprise manifeste ; Supplie la Cour de trouver bon qu'il en soit averty pour y répondre. Lefevre Avocat pour lesdits creanciers, lequel a aussi conclu aux fins de leur Requête verbale. Et Maurry Avocat pour lesdits Prieur & Consuls, qui a soûtenu qu'il n'y a lieu

Z

de proceder en l'affaire dont il est question, ny pardevant le Lieutenant Civil, d'autant qu'il s'agit purement des Marchandises, & de negoce, & de la conservation de l'interêt des Marchands interessez aux affaires dudit Dies, qui ne doivent plaider ailleurs que devant lesdits Prieur & Consuls, y ayant même déja saisie faite, & à la Requête de l'un desdits Creanciers, en vertu d'une Cedule reconnuë devant lesdits Prieur & Consuls, ensuite dequoy il sera besoin de regler les privileges & preferences desdits Creanciers, où il ne se trouve rien qui puisse etablir la Jurisdiction desdits Lieutenans du Bailly, qui ne doivent connoître des Respits & atermoyemens entre Marchands, qui resultent ordinairement de la veuë & discution de leur livres ; Aussi toutes fois & quantes que pareilles questions se sont offertes, la Cour les a toûjours renvoyées devant lesdits Consuls, concluant à ce moyen, à ce que sans s'errêter à la procedure tant de l'un que de l'autre des Juges, tant Civil que Criminel, le tout doit être renvoyé devant lesdits Prieur & Consuls ; Et aussi Hué Avocat General pour le Procureur General du Roy. LA COUR a accordé Acte audit Lieutenant General Civil, & Lieutenant Particulier Criminel, de leurs soûtien & declarations ; A envoyé sur ce Mandement obtenu par led. Lieutenant Particulier, les parties quand à present, hors de Cour & de procez ; Et en faisant droit sur les Requêtes desdits Dies & Creanciers, les a renvoyez pardevant lesdits Prieur & Consuls des Marchands où les livres & Registres seront representez, & pourveu ausdits Creanciers ainsi qu'il appartiendra : Auquel Dies cependant ladite Cour a octroyé sauf conduit de sa personne pour le temps d'un mois. FAIT comme dessus. Signé VAIGNON, avec paraphe.

Collationné sur ledit Registre par moy Greffier de la Iurisdiction des Prieur & Consuls : A Roüen soubs-signé. BECACEL.

ARREST DE LA COUR DE PARLEMENT.

Par lequel ladite Cour auroit ordonné que par les Juge & Consuls, il seroit pourvû aux prisonniers détenus en vertu de leurs Sentences & Ordonnances par eux renduës, jusques à la somme de deux cens livres.

SUr ce que les Juge & Consuls ont representé à la Cour, qu'il y avoit quelques prisonniers détenus en vertu de leurs Jugemens, pour petites sommes, & requis la Cour leur donner Audience : Et attendu qu'il ne s'est presenté aucun Avocat, ny Procureur pour lesdits prisonniers. La Cour ordonne que par les Juge & Consuls il sera pourvû aux prisonniers détenus en vertu des Sentences & Ordonnances par eux renduës jusques à la somme de deux cens livres, & ce qui sera par eux ordonné, exécuté, nonobstant oppositions ou appellations quelconques, & sans préjudice d'icelles. Fait au Châtelet, la Cour y séant, le 7. Juin 1658. *Collationné.*

AUTRE ARREST DE LA COUR DE PARLEMENT

séant audit Châtelet, par lequel ladite Cour auroit renvoyé pardevant lesdits Juge & Consuls les prisonniers détenus en vertu des Sentences par eux renduës, & que ce qui seroit par eux ordonné, seroit exécuté, nonobstant, &c.

SUr ce que les Juge & Consuls ont representé à la Cour, qu'il y avoit quelques prisonniers détenus en vertu de leurs Jugemens, ausquels est necessaire de pourvoir de quelque soulagement. Sur la Requête par l'un d'iceux presentée : La Cour a renvoyé la Requête du Demandeur, & autres Parties détenuës en vertu des Sentences renduës par les Juge & Consuls, pardevant lesdits Juge & Consuls, & sera par eux ordonné, exécuté, nonobstant oppositions ou appellations quelconques, & sans préjudice d'icelles. Fait au Châtelet, la Cour y séant, le 8. Avril 1659. *Collationné.*

PROCEZ VERBAL FAIT PAR LES JUGE ET Consuls, contre certain Quidam accusé d'avoir pris une bourse, l'Audience tenant.

CE jourd'huy Mercredy 22. jour d'Octobre 1659. sur les cinq heures de relevée, l'Audience tenant par nous Juge & Consuls des Marchands établis par le Roy nôtre Sire à Paris, grand bruit se seroit élevé en nôtre Sâle Judiciaire, en sorte que l'Audience en auroit été troublée : Et nous étans informez de la cause dudit bruit, nous auroit été raporté par l'un des Huissiers Audienciers de cette Jurisdiction, que l'on avoit surpris certain Quidam fouillant dans la poche d'un nommé Genty, auquel ledit Quidam auroit pris sa bourse, & à l'instant pour nous instruire de ce qui s'étoit passé, aurions enjoint ausdits Huissiers Audienciers de faire perquisition dudit Quidam, & de l'amener pardevant nous pour être ouï & interrogé : Ce qu'ayant fait, avons dudit Quidam pris & reçû le serment en tel cas requis & accoûtumé, & iceluy interrogé sur la verité de ce que dessus, & après son interrogatoire prêté séparément, avons aussi séparément ouï plusieurs témoins, & leurs dépositions fait rediger en forme d'information ; & pour être fait droit sur icelle par Nosseigneurs de Parlement, ordonné que ledit Quidam seroit conduit és prisons de la Conciergerie du Palais, & autant desdites informations & interrogatoire portez au Greffe de nosdits Seigneurs de Parlement; pour l'exécution de laquelle nôtre Ordonnance, Simon l'un desdits Huissiers se seroit saisi dudit Quidam, & avec escorte suffisante iceluy conduit esdites prisons, & fait écroué de sa personne à la Requête de Monseigneur le Procureur General : Ce fait, & à l'instant nous sommes sortis de nôtredite Jurisdiction Consulaire, & rendus chez Messieurs les Gens du Roy, ausquels avons fait récit de ce que dessus, & du tout dressé le present procez Verbal, pour servir & valoir en tems & lieu, les jour & an susdits. Signés, LE MARCHANT, LE VIEUX, HELLYOT PLANSON & GERVAIS Juge & Consuls, & VERRIER Commis au Greffe.

Ensuit l'écrou d'emprisonnement fait de la personne dudit Quidam.

Sur la Iurisdiction Consulaire. 181

EXTRAIT DES REGISTRES DU GREFFE DE LA
Conciergerie du Palais à Paris, du 22. Octobre 1659.

BAltazard Noury amené prisonnier és prisons de la Conciergerie par Simon Huissier au Consulat, de l'Ordonnance des Juge & Consuls, pour être fait droit. Signé, LEBOURSIER, avec paraphe.

ARREST DE LA COUR DE PARLEMENT.

Intervenu sur ledit Procez verbal. Du 31. Janvier 1660.

ENtre les Juge & Consuls des Marchands de cette Ville de Paris, accusateurs pour raison des menaces, injures, & voïes de fait, suivant leur Procez verbal du 9. Juin 1659. & Arrêt intervenu sur iceluy le   desdits mois & an, défendeurs & demandeurs en Requête par eux presentée à la Cour le 15. Janvier 1660. tendante à ce que le défendeur ci-après nommé, fût tenu de venir conclure à l'Audience sur la Requête par luy presentée à ladite Cour, le 13. desdits mois & an ; sinon & à faute de ce faire, qu'il en sera débouté, & condamné aux dépens, d'une part : Et Martin Abraham, Huissier à cheval au Châtelet de Paris, défendeur & demandeur en Requête par luy presentée à la Cour le 13. Janvier 1660 tendante à ce qu'il soit reçû opposant à l'exécution de l'Arrêt du 2. desdits mois & an, portant que les témoins oüis és informations faites, seront confrontez ; faisant droit sur ladite opposition, attendu que l'affaire ne merite être approfondie, & qu'il s'est toûjours comporté avec honneur & respect, qu'il sera renvoyé quite & absous avec dépens, d'autre part. Aprés que ledit Abraham a déclaré qu'il est marry d'avoir proferé les injures mentionnées au Procez, & prié lesdits Juge & Consuls de l'en excuser ; appointé est, oüi sur ce le Procureur General du Roy, que la Cour a donné & donne acte ausdits Demandeurs de ladite Déclaration ; & en conséquence fait défenses audit Abraham de récidiver : Ordonne que l'Edit de Création desdits Juge & Consuls, Arrêts &

Reglemens intervenus en conséquence, seront exécutez, & suivant iceux fait défenses à tous Huissiers de faire aucuns exploits dans l'en-clos de la Jurisdiction Consulaire pendant l'Audience, sous les peines y contenuës : Condamne ledit Abraham aux dépens liquidez en quarante-huit livres Parisis : Ce faisant, sur l'opposition dudit Abraham, a mis & met les Parties hors de Cour & de procez. Fait en Parlement & reçû à l'Audience, de l'Ordonnance de la Cour, ouï les Procureurs des Parties, & Talon pour le Procureur du Roy, le 31. Janvier 1660. Signé, par Collation.

ARREST DE LA COUR DE PARLEMENT.

Par lequel ladite Cour auroit ordonné que par les Juge & Consuls, il seroit pourvû aux prisonniers détenus en vertu de leurs Sentences, & Ordonnances renduës, jusques à la somme de deux cens livres.

SUr ce que les Juge & Consuls ont representé à la Cour, qu'il y avoit quelques prisonniers détenus en vertu de leurs Jugemens pour petites sommes, & réquis la Cour leur donner Audience : Et attendu qu'il ne s'est presenté aucun Avocat ny Procureur pour lesdits prisonniers; la Cour ordonne que par les Juge & Consuls il sera pourvû aux prisonniers détenus en vertu des Sentences & Ordonnances par eux renduës jusques à la somme de deux cens livres, & ce qui sera par eux ordonné, exécuté, nonobstant oppositions ou appellations quelconques, & sans préjudice d'icelles. Fait au Châtelet, la Cour y séant, le 7. Juin 1658. *Collationné.*

EXTRAIT DES REGISTRES DU CONSEIL d'Etat.

ENtre les Juge & Consuls de la Cour de la Bourse commune des Marchands de la Ville de Bordeaux, demandeurs en Requêtes inserées és Arrêts du Conseil des 11. Décembre 1663. & 19. Novembre 1669. & en Requête verbale, énoncée en l'Appointement du Re-

Sur la Jurisdiction Consulaire, 183

glement de l'Instance du 7. Septembre 1664. d'une part. Et Me. Pierre de la Montagne, Conseiller & Procureur de Sa Majesté, & autres Officiers de la Senéchauffée & Siége Présidial de Guyenne : Me. Dumas, aussi Conseiller, Lieutenant General, & autres Officiers de la Senéchauffée & Siége Présidial de Libourne, défendeurs d'autre part, sans que les qualites puissent nuire ny préjudicier aux Parties. Veu au Conseil du Roy, l'Arrêt rendu en iceluy ledit jour 11. Décembre 1663. sur la Requête desdits Demandeurs, tendante à ce que pour les causes y contenuës, il plût à Sa Majesté les maintenir & garder en la possession & jouissance de leursdites Jurisdictions Consulaires, Droits, Priviléges en dépendans, suivant l'Edit de leur Etablissement, Ordonnances faites en conséquence, & Arrêt confirmatif d'iceluy : Ce faisant, casser, revoquer & annuller comme attentat, les Ordonnances renduës par les Senéchaux & Présidiaux de Guyenne & Libourne ; au préjudice desdits Edits, Déclarations & Arrêts, Droits & Priviléges attribuez par iceux, desdits jours 21. Avril & 13. Août dernier, avec tous dépens, dommages & interêts, & leur faire défenses ; ensemble audit Siége de l'Amirauté, & à tous autres de prendre à l'avenir aucune connoissance des affaires & differens, concernans les Marchands du Ressort de leur Jurisdiction, Regnicoles ny étrangers, lors qu'il s'agira du fait de marchandise, sur peine de mil livres d'amande, & à leurs Greffiers d'en délivrer aucunes expeditions ; à tous Huissiers, Sergens & Archers, de mettre à exécution aucuns Mandemens, Ordonnances, ny condamnations renduës sur ce sujet par lesdits Juges de l'Amirauté, Senéchaux de Guyenne, Libourne, Bazas & tous autres Juges, sur peine d'interdiction de leurs Charges, & de répondre en leurs propres & privez noms, des dépens, dommages & interêts des Parties. Sur quoy Sa Majesté a ordonné que pour proceder sur les fins de ladite Requête, les Présidiaux de Guyenne, Libourne, & autres qu'il appartiendra, seront assignez en iceluy à six semaines, pour, Parties ouïes, être ordonné ce que de raison : Et cependant Sa Majesté a maintenu & gardé les Juge & Consuls de la Cour de la Bourse commune des Marchands de ladite Ville de Bordeaux, és fonctions, Droits & Priviléges à eux attribuez par l'Edit de leur Etablissement, Déclarations & Arrêts du Conseil intervenus en conséquence, au bas duquel sont exploits d'assignations donnez au Conseil ausdits de la Montagne, Damazac, Dumas, Salomon, Daniel, Berthelot & autres, dattez des 4. Mars & 12. Février & 5. Mars 1664. 12. Février & 5. Mars audit an. Appointement de Reglement à l'Ordonnance dudit jour 9. Septembre 1664. rendu sur la Requête verbale desdits Demandeurs, tendant à ce qu'attendu la haine & animosité, à raison de divers procez & differens qui arrivent journellement entre lesdits Demandeurs & les Officiers desdites Senéchauffées & Siéges Préfidiaux de Guyenne & Libourne, pour le fait de leur Jurisdiction ou autrement : Qu'il plaise à Sa Majesté & à Nosseigneurs de son Conseil, évoquer desdits Senéchaux & Siéges Préfidiaux de Guyenne & Libourne, tous les procez & differens que lesdits Juge & Consuls, les Clercs de leur Conseil, le Greffier, ses Commis, Huissiers & Verguiers de ladite Jurisdiction de la Cour de la Bourse de Bordeaux, leurs femmes & enfans ont ou auront ci-après pardevant eux contre toutes personnes generalement quelconques, tant en demandant que défendant : Ensemble leurs successeurs ausdites Charges, procez & differens, avec leurs circonstances & dépendances, renvoyer les premieres instances aux Requêtes du Palais à Bordeaux, & en cas d'appel, au Parlement dudit lieu : Faire tres-expresses inhibitions & defenses aux Officiers desdites Senéchauffées & Siéges Préfidiaux de Guyenne & Libourne, d'en prendre aucune connoissance, & aux Parties d'y faire aucune poursuite, à peine de nullité, cassation de procedures, & de tous dépens, dommages & interêts, & condamner les Défendeurs.

Arrest du Conseil du 19. Novembre 1669. intervenu sur la Requête desdits demandeurs, tendant à ce qu'il plût à sa Majesté ordonner, que conformement audit Edit du Roy Charles IX. fait pour l'établissement desdits demandeur de ladite Ville de Bordeaux, au mois de Decembre de l'année 1563. & autres Declarations faites ensuite pour le reglement de leurs Jurisdictions, ils connoîtront de tous procez & differens entre Marchands pour fait de Marchandise, argent prêté l'un à l'autre par obligation, cedule, recepicés, missive ou Lettre d'échange, réchange, cautionnement, souscription, affeurances, transports de debtes, voitures de Marchandises & denrées, tant par eau que par terre, dont les Marchands font commerce, seulement des comptes, calculs, erreurs en iceux, des societez, compagnies faites entre Marchands du Royaume, residens & non residens de ladite

Ville

Sur la Iurisdiction Consulaire.

Ville, & Etrangers qui auront fait commerce, acheté ou vendu des Marchandises, tant en gros qu'en détail, exclusivement aux Officiers desdits Sieges & autres du Ressort dud. Parlement de Bordeaux, pourveu toute-fois qu'il soit question de Marchandises negociées. Et à l'égard des Lettres d'échange, soit qu'elles soient faites entre Marchands, Bourgeois & autres personnes privilegiées, tant Regnicoles entre Marchands & Etrangers pour fait de mer ou terre, la connoissance en appartiendra ausdits demandeurs privativement à tous autres Juges, ausquels défenses seront faites d'en connoître, conformement audit Edit & Declaration du Roy Charles IX. des mois de Decembre 1563. 28. Avril 1565. 20. Juillet 1566. & 26. Juin 1571. sur les veuves, heritiers ou biens-tenans des Marchands qui se trouveront devoir à quelques Marchands pour fait de marchandise, seront tenus, nonobstant qu'ils ne soient Marchands, de subir la Jurisdiction desdits Juges & Consuls; ensemble les Officiers faisans actuellement trafic de quelque marchandise que ce soit pour eux ou pour quelque personne qu'elle soit, pourveu toute-fois qu'il soit question de marchandise par eux venduë ou achetée pour revendre, desquels differends & de tous autres pour fait de negoces & marchandises, lesdits Supplians en ont la connoissance privativement à tous autres Juges, & iceux jugeront suivant le pouvoir qui leur en a été donné par les susdit Edit & Declarations, pourveu que l'un des Parties soit Marchand, & qu'il soit question de marchandises negociées, que ceux qui seront condamnez par lesdits Supplians, à payer diffinitivement, ou à garnir par provision jusqu'à la somme de cinq cens livres, seront contraints par toutes voyes deuës & raisonnables, nonobstant oppositions ou appellations quelconques, pour lesquelles ne sera differé, avec défenses ausdits Officiers desdits Sieges, d'élargir aucuns prisonniers constituez de l'Ordonnance desdits demandeurs, à peine d'en répondre en leurs propres & privez noms, & de tous dépens, dommages & interêts, & d'interdiction des Huissiers & Sergens qui feront lesdits élargissemens, sauf aux Parties à se pourvoir pardevant lesdits Juge & Consuls, s'il y a quelque grief à propos contre leur Jugement, & que défenses seront faites audit Parlement de Bordeaux de renvoyer lesdites appellations, & de surseoir lesdits Jugemens, aux Officiers de la Chancellerie de sceller aucun relief d'appel desdites Sentences, à peine d'être privez de leurs droits de Bourse, & aux Officiers des Senéchauffées & Sieges Presidiaux, d'en prendre aucune connoissance, recevoir aucune Requête en cassation, soûs pretexte que l'une des Parties ne sera Marchand, pourveu qu'il s'agisse de Marchandise venduë, achetée, troquée ou changée, à peine de nullité contre les Procureurs qui auront signé pareille Requête, & contre les Rapporteurs d'icelle de tous dépens, dommages & interêts, & d'en répondre en leurs propres & privez noms, & à tous Huissiers & Sergens de faire aucuns exploits de significations desdits reliefs d'appel surséance, à peine d'interdiction de leurs Charges, & ausquels il sera enjoint de mettre à execution les Sentences desdits Supplians dans tout le Ressort dudit Parlement de Bordeaux, sans demander aucun placet, visa ny pareatis, nonobstant oppositions, appellations & empêchemens quelconques, pour lesquels ne sera differé, à peine de mil livres d'amande, & de demeurer responsables en leurs propres & privez noms desdites condamnations, & de tous dépens, dommages & interêts; ce qui sera signifié au Syndic de la Communauté desdits Huissiers & Sergens, tant de ladite Senéchaussée de Bordeaux, qu'autres Senéchaussées du Ressort dudit Parlement, & que défenses seront faites à tous Officiers des Bailliages & Senéchaussées, & autres Justiciers de donner aucunes Ordonnances contre les Huissiers qui auront mis à execution les Sentences desdits demandeurs, à peine d'interdiction de leurs Charges & de demeurer responsables en leurs propres & privez noms des dommages & interêts des Parties : & à cét effet, qu'en cas de contravention à l'Arrêt qui sur ce interviendra, ils seront assignez au Conseil : Que lesdits demandeurs seront maintenus suivant la coûtume locale de ladite Ville de Bordeaux & Païs de Bordelois, & pouvoir decerner Mandement de Partie formée pour fait de marchandise & entre Marchands, suivant laquelle ils sont en droit & en possession de faire emprisonner les Etrangers & autres non possedant biens en la Senéchaussée de Guienne, & en tous leurs autres pouvoirs & privileges concedez par les Roys & Predecesseurs de sa Majesté, par les susdits Edit, & Declarations & Arrêts donnez en consequence sur le fait des Jurisdictions des Juge & Consuls du Royaume, afin que personne ne puisse pretendre cause d'ignorance desdits Reglemens, que l'Arrêt que sur ce qu'interviendra, sera leu, publié & affiché par

Sur la Jurisdiction Consulaire. 197

tous les lieux de ladite Ville, & où les publications ont accoûtumé d'être faites. Et parce que les continuelles entreprises des Officiers desdits Sieges obligent lesdits demandeurs de renouveller leurs plaintes, & que cette division a formé une haine irreconciliable aux Officiers desdits demandeurs, en sorte qu'ils ne peuvent avoir justice & qu'elle leur est ouvertement refusée, ainsi qu'il appert par plusieurs actes de refus, & entr'autres par trois desdits actes, faits les 3. 20. & 29. Aoust dernier au sieur de Baritaud, Conseiller, Lieutenant Particulier audit Siege de Guienne : Qu'il plût à sa Majesté évoquer desdits Sieges, tous les procés & differens, civils & criminels, meus & à mouvoir, que lesdits demandeurs en charge de leurs anciens, qui ont passé par lesdites charges de Juge & Consuls, ensemble leur enjoint & qui tient la plume, ont ou auront cy-après contre toutes sortes de personnes, tant en demandant qu'en défendant, & iceux avec leurs circonstances & dépendances, renvoyer en premiere instance aux Requêtes du Palais de Bordeaux, & par appel au Parlement dudit lieu, avec defenses aux Officiers desdites Senéchaussées & Sieges Presidiaux, de plus connoître leurs differens à peine de nullité, trois mil livres d'amande contre chacun Officier contrevenant, & de tous dépens dommages & interêts, sa Majesté auroit Ordonné qu'aux fins de ladite Requête, les parties seront sommairement ouies, & joint à l'instance pendante entr'elles audit Conseil, pour au rapport du Commissaire à ce deputé être fait droit aux parties ainsi qu'il appartiendra par raison, signification d'iceluy du 25. Novembre 1669. Reglement sommaire intervenu sur ladite Requête & joint à l'instance principale, signification d'iceluy du troisiéme Decembre audit an 1669.

Un livre in Octavo couvert de parchemin, intitulé *Récüeil*, contenant diverses Déclarations de Sa Majesté, & Arrêts de son Conseil, donnez en faveur des Juge & Consuls de la Bourse de Bordeaux, imprimé en ladite Ville en l'année 1665. dans lequel sont les Edits & Déclarations des Rois Charles IX. des 10. Décembre 1563. 28. Avril 1565. la Déclaration de Henry IV. du 14. Avril 1596. la Déclaration de Louis XIII. du 4. Octobre 1611. celle dudit Seigneur Roy Henry IV. du 8. Août 1597. & Arrêts rendus contre les Officiers des presidiaux, cottez aux articles & feüillets ci-devant énoncez. Un autre petit livre intitulé, Edit du Roy sur la Jurisdiction des Juge & Consuls des Marchands de la Ville de Bordeaux, dans lequel est inseré l'Edit du Roy Charles IX. du 20. Juillet 1566. dont les inductions ont été tirées ci-devant, & autres Edits & Arrêts, dont l'induction a été pareillement tirée pour fondement des démandes susdites. L'Edit de Sa Majesté du mois de Juillet 1669. bien & dûëment verifié, dont l'induction a été pareillement tirée en tout ce qui peut servir ausdits Demandeurs. Arrêt contradictoirement rendu au Conseil, du 9. jour de Juin 1670. entre les Juge & Consuls d'Angers & les Officiers de Laval, par lequel l'on voit que l'on a cassé deux Arrêts du Parlement de Paris, qui avoient énervé quelque chose à la Jurisdiction Consulaire de ladite Ville d'Angers, & que les derniers sont maintenus dans la connoissance des causes de marchandises vendues ou achetées, ou promesse livrée au payement, pour icelle destinée à faire dans les Villes de leur Etablissement par les Marchands en gros & détail, tant Habitans desdites Villes qu'autres Jurisdictions Royales, des Hauts Justiciers & autres Jurisdictions subalternes & Ressorts du Royaume, & és Païs où le trafic est permis par Cedules, Obligations, Promesses par écrit ou verbales. Ordonnance du 20. May 1667. renduë par lesdits Juge & Consuls de Bordeaux, entre Pierre Labé Marchand demandeur, & Antoine Chaloupin Marchand défendeur, par laquelle il a été permis audit demandeur de faire mettre en exécution une Sentence qu'il avoit otenuë, dont le Présidial de Bazas avoit empêché l'effet. Sentence du 28. May audit an, renduë par les Officiers dudit Présidial, par laquelle ils ont retenu la connoissance de la cause du different des Parties, & fait défenses ausdits demandeurs d'en connoître, & même condamné ledit Labé en 20. livres d'amande, pour s'être pourvû pardevant eux. Autre Sentence du 20. Avril 1667. desdits Juge & Consuls, par laquelle ils ont condamné ledit Chaloupin à fournir au demandeur 4000. milliers marrain, garny & doublé à 500. faits de lidre, ainsi qu'il étoit obligé, laquelle Sentence est pareillement demeurée sans exécution, à cause des empêchemens formez par lesdits Officiers. Ordonnance du 2. May dernier, étant au bas d'une Requête, tendante à la cassation de la procedure faite par lesdits demandeurs contre Pierre Guybert pour fait de marchandise: par laquelle Ordonnance les Présidiaux de Guyenne ont ordonné que les Parties en viendroient au premier jour, & cependant sursis à toutes procedures, &

Sur la Iurisdiction Consulaire. 199

inhibitions & défenses aux demandeurs de passer outre. Sentence du 27. Juin dernier du Présidial de Bordeaux, renduë entre Louis Patou Marchand, demandeur d'une part, & Jacques Magné aussi Marchand, défendeur & défaillant, lequel Patou auroit été mis prisonnier en vertu d'un Mandement de partie formée, expedié de l'autorité desdits demandeurs, par laquelle Sentence ledit Présidial a cassé & annullé le Mandement de partie formée, obtenuë par ledit Magné, & l'emprisonnement fait dudit Patou avec dépens, dommages & interêts; a ordonné son élargissement, & fait défenses ausdits demandeurs de plus demander de semblables Mandemens, à peine de tous dépens, dommages & interêts, & d'en répondre en leurs propres & privez noms. Lettres du grand Sceau du 14. Janvier 1664. en Reglement de Juges, surpris sous le nom dudit Sieur de la Montagne, Procureur du Roy en ladite Senéchaussée, en vertu desquelles ils ont fait assigner tous les divers Particuliers & Marchands au Conseil Privé de Sa Majesté, & au grand Conseil. Quitance du 3. Mars 1664. dudit Gachet de la somme de 33. livres, par luy reçuë du Sieur Volbes Marchand de la Ville de Bordeaux pour les prétendus frais. Lesdites informations faites contre lesdits Gachet & la Montagne, du 19. Août 1664. Les decrets d'ajournement personnel contre ledit Gachet & contre ledit de la Montagne, du 6. Septembre audit an. Continuations d'informations du 16. dudit mois & an, contre lesdits de la Montagne & Gachet, à la Requête du Sieur Procureur General audit Parlement. Arrêt du 4. Novembre 1664. rendu pour l'instruction du procez que l'on faisoit contre ledit Gachet. Autre Arrêt de Parlement du 14. Décembre audit an, par lequel il a été ordonné que ledit Gachet subiroit l'interrogatoire dans le jour, autrement qu'il seroit pourvû. Autre Arrêt du 11. Mars 1664. rendu audit Parlement de Bordeaux contre Pierre Vidal Marchand de ladite Ville, appellant du Senéchal de Guyenne contre Françoise Salomon & Jean du Plauny, dans lequel est inseré le Plaidoyé dudit Vidal par Me. Dusolier son Avocat, par lequel Arrêt le Parlement a cassé le Reglement fait par les Officiers dudit Présidial de Guyenne, avec défenses & autres du Ressort, & à eux de faire de semblables Reglemens, ny d'empêcher les Parties d'appeller audit Parlement de leur Sentence & Jugement, & ordonné que tant le Substitut dudit Procureur General audit Siege, que le Conseiller qui l'auroit prononcé comparoîtroit en personne en la Chambre dudit Conseil dudit Parlement. Sentence du Présidial de Bordeaux, renduë le 6. Mars 1665. par laquelle il a cassé un Appointement rendu par les Juge & Consuls de la Bourse, comme Juges incompetans, avec dépens, dommages & interêts, quoique la contestation fût entre Marchands. Requête presentée ausdits Présidiaux de Guyenne, en cassation des procedures faites par les Juge & Consuls, du 15. May 1664. au bas de laquelle il a été ordonné que sur la cassation requise, les Parties en viendront au premier jour, & cependant sursis, ladite Requête signifiée le 21. Septembre audit an. Arrêt du Parlement du 12. Août 1664. rendu contre Me. Pierre de la Montagne Procureur du Roy audit Présidial, en faveur de Jean Penicault Marchand, Bourgeois de Bordeaux, pour la cassation d'un exploit d'assignation donné au grand Conseil audit Penicault, à la Requête dudit la Montagne. Acte de deny de Justice du 3. Août 1669. par lequel l'on voit que le Sieur Sabatier, à present Juge, & Consuls de la Bourse de Bordeaux, ayant procez en la Senéchaussée & Siege Présidial de Guyenne, contre la veuve Borderie & autres, il a été contraint de faire sommer le Sieur de Baritaut Lieutenant particulier audit Siege, qui présidoit en l'absence du Lieutenant General, de luy donner Audience pour le Jugement des défauts par luy obtenus contre ses Parties, laquelle luy a été déniée, quoique cette sommation ait été suivie de deux autres, en datte des 29. Août 1669. Copies des Lettres Patentes de Charles IX. du 26. Juin 1571. par lesquelles Sa Majesté déclare, en interpretant l'Edit de Création desdits Juge & Consuls, entend que lesdits Juge & Consuls connoissent & jugent de tous differens procedans du fait de marchandises, traité & negocié tant sur mer que sur terre, en quelque sorte & maniere que ce soit, sans aucune exception ny reservation, & autres choses plus au long. Copie imprimée d'un Arrêt du Parlement de Tolose du 13. Décembre 1651. rendu entre le Syndic des Prieurs & Consuls de la Bourse commune des Marchands de Tolose, demandeurs d'une part. Et les Juge-Mages, Magistrats, Présidiaux des Senéchaussées de Carcassonne & Laurageois, Me. Saumelon Dazin, le Juge de Lizieux, le Lieutenant principal Dumas, premier, & le Lieutenant de Verdun, d'autre ; par lequel est entr'autres choses fait défenses, tant ausdits Présidiaux de Carcassonne, Laurageois, qu'autres Juges

Sur la Iurisdiction Consulaire. 207

& Officiers du Ressort du Parlement, de donner aucun empêchement à l'exploit des Lettres de provisions qui seront émanées desdits Juge & Consuls, à peine de 1000. livres, ensuite duquel est autre Arrêt dudit Parlement de Tolose du 9. May 1612. par lequel est ordonné que les Arrêts precedens seront à la Requête desdits Prieurs & Consuls, proclamez, & copies d'iceux affichées aux portes de toutes les Villes, lieux, & Sieges du Ressort dudit Parlement, aux fins qu'ils y soient gardez & observez, & que personne n'en pretende cause d'ignorance. Copie collationnée d'un Arrêt du Parlement de Bordeaux, rendu sur la Requête de Joseph Couture Sergent Royal, du 29. Novembre 1617 prisonnier detenu dans les prisons de la Ville de Libourne, pour avoir exploité un Mandement des Juge & Consuls de Bordeaux, par lequel entr'autres choses ledit Sergent est élargy des prisons, & ordonné que que sur l'appel les Parties viendront plaider. Autre copie d'un Arrêt dudit Parlement de Bordeaux du 16. Mars 1645. rendu entre Pierre de Gan Bourgeois & Marchand de la Ville de Libourne, appellant d'une part : Et Michel Despujols, & Jean Maison Neuve d'autre ; par lequel sans avoir égard à la procedure faite par le Senéchal de Libourne, est ordonné que l'appointement donné par les Juge & Consuls de la Bourse, sortira son plein & entier effet, avec défenses audit Senéchal de prendre aucune connoissance des procedures qui auront été introduites devant lesdits Juge & Consuls pour fait de marchandises, avec l'exploit de signification du dernier desdits mois & an. Copie de Requête presentée au Senéchal de Guyenne, par Pierre Poitier du 29. Janvier 1663. afin de cassation de procedures faites devant les Juge & Consuls de la Bourse des Marchands de la Ville de Bordeaux par Gasnes Girard, à ce que défenses leur fussent faites d'en connoître, répondué, viennent les parties au premier jour sur la cassation, & cependant défenses ausdits Juge & Consuls d'en plus connoître, & au bas de laquelle est l'exploit d'assignation donné audit Girard, audit Senéchal de Guyenne par Michel Barrault du 21. Avril 1663. afin de cassation des procedures faites pardevant les Juge & Consuls de la Bourse de Bordeaux, par Marie Roullet veuve de défunt Jean Forgeron, pour la vente d'un paire de bœufs & autres marchandises, répondué sur la cassation des procedures, viennent les Parties en Audience au premier jour, & cependant défenses ausdits Juge & Consuls, au bas de laquelle est l'exploit d'assignation donné à ladite Marie Roullet, à comparoir audit Senéchal de Guyenne. Autre Requête presentée audit Parlement de Bordeaux du 14. Août 1663. par Jean Dopcal Bourgeois & Marchand dudit Bordeaux, afin de cassation des procedures faites devant lesdits Juge & Consuls, & par Daniel Bataillé, viennent les Parties en la Chambre au premier jour, cependant défenses, au bas de laquelle est l'exploit d'assignation donné audit Bataillé à comparoir audit Senéchal de Guyenne.

Requête presentée pardevant le Juge de l'Amirauté de Guienne, par Pierre le Pelon Proprietaire du Navire le saint Antoine, du 27. Octobre audit an, afin de cessation des procedures faites par les Juge & Consuls, par Julien & Nicolas Thomas, Jean Belne & autres, sur laquelle est ordonné que les parties en viendront plaider sur la cassation au premier jour, avec le Procureur de sa Majesté, & cependant défenses signifiées le même jour. Copie d'une Sentence du 5. Avril 1641. donnée au Sénechal de Guienne, entre Martine Boudach, femme de François Gachet Maître Charpentier d'une part : Et Jean Gorignon Bourgeois de Bordeaux défendeur d'autre, portant cassation des procedures faites pardevant les Juge & Consuls de la Bourse commune des Marchands à Bordeaux, comme Juges incompetans & sans pouvoir, avec dépens, dommages & interêts, avec inhibitions & défenses ausdits Juges d'en connoître, & aux parties de s'y pourvoir. Arrêt du Parlement de Bordeaux du 17. Mars 1643. donné entre Pierre Duqué Bourgeois & Marchand de Libourne, appellant de certain Appointement rendu par le Senéchal de Libourne d'une part : Et Michel Despujols, Jean Maison-Neuve aussi Marchands intimez d'autre : Par lequel sans avoir égard à la procedure faite pardevant le Senéchal de Libourne, est ordonné que l'appointement donné par les Juge & Consuls de la Bourse sortira son plein & entier effet. Autres inhibitions & défenses audit Senéchal de Libourne, de prendre connoissance des procedures qui auront été produites devant lesdits Juge & Consuls, pour fait de marchandises ; ensuite est l'Exploit d'assignation dudit Arrêt du dernier jour dudit mois de Mars. Imprimé d'une commission obtenuë au grand Conseil du 23. Août par Me. Pierre de la Montagne Procureur de sa Majesté en la Senéchaussée & Siege Presidial de Guienne, soûs pretexte de ce qu'il expose, que diverses per-

sonnes

fonnes sous pretexte de privilege imaginaire, attirent des sujets de ladite Province aux Reequêtes du Palais à Bordeaux. Et encore, dit-il, de ce que les Maire, Jurats & Consuls de la Bourse, & autres Juges, s'ingerent de connoître indifferemment de toutes sortes de nature de causes, par laquelle Commission est permis audit Sieur de la Montagne de faire assigner audit grand Conseil ceux qui ont cy-devant contrevenu & contreviendront cy-aprés ausdits Edits & Lettres Patentes, concernant la jurisdiction des Presidiaux, pour eux voir condamner aux peines portées par icelles : Ensuite est un Exploit d'assignation donné à Jean Loignon Bourgeois & Marchand de Bordeaux, pour comparoir audit grand Conseil, pour s'être rendu appellant d'un Jugement Presidial du troisiéme Decembre 1663. Arrêt du Parlement de Bordeaux du 10. dudit mois & an, rendu entre Jean Loignon Bourgeois & Marchand de Bordeaux, demandeur en cassation de l'Exploit d'assignation à luy donné audit grand Conseil d'une part : Et ledit sieur de la Montagne défendeur d'autre : Par lequel Arrêt ledit Exploit a été cassé, avec défenses au sieur de la Montagne de s'en aider. Copie imprimée d'une commission du grand Conseil du 23. Août 1663. obtenuë par le sieur de la Montagne Procureur de sa Majesté en la Senéchaussée & Siege Presidial de Guienne, au bas de laquelle est l'Exploit d'assignation donné en vertu d'icelle, du 4. Janvier 1664. à comparoir audit Grand Conseil pour avoir porté ledit Exploit, fait assigner pardevant les Juge & Consuls de la Bourse petit Guillen le Fevre Me. Boucher de ladite Ville. Autre imprimé de la même commission dudit grand Conseil dudit jour & an, obtenuë par ledit sieur de la Montagne, au bas de laquelle est l'Exploit d'assignation donné à sa Requête, à Pierre Delage Me. Serrurier de ladite Ville de Bordeaux, à comparoir audit grand Conseil, pour avoir fait assigner devant les Juge & Consuls de la Cour de la Bourse Pierre Benoist, ledit Exploit du 23. Janvier 1664. Autre Exploit d'assignation du 14. Février audit an donné en vertu de la susdite commission à Nicolas Pelletas. Arrêt du Conseil d'Etat du 3. Octobre 1661. par lequel sa Majesté y étant, a évoqué à soy tous les procez & differens civils, & & criminels de l'Hôtel de la Ville de Bordeaux, tant en demandant qu'en défendant, ausquels les Jurats, Procureur Syndic, Clerc de la Maison de Ville & Officiers d'icelle seront parties, soit en charge &

hors de charge, soit en leurs noms particuliers, eux, leurs femmes & enfans, & iceux procez & differens, avec leurs circonstances & dépendances renvoyez : sçavoir, pour les affaires qui regarderont en general ladite Ville en son grand Conseil, & pour celles qui seront en leurs propres & privez noms, & qui concerneront leurs interêts particuliers, sa Majesté les a renvoyez en premiere instance au Siege Presidial de Libourne, par appel audit grand Conseil, avec défenses audit Parlement de Bordeaux d'en connoître, sous quelque cause & pretexte que ce soit, à peine d'interdiction de leurs charges. Ladite évoquation generale fondée sur ce qu'il a plû à sa Majesté ordonner, que les Conseillers du Parlement de ladite Ville qui avoient manié les deniers publics, en rendroient compte pardevant les Maire & Jurats. Acte de declaration de l'Avocat de Maître Bernard Damazac, Commissaire general des saisies reéelles en Guienne, à celuy desdits demandeurs, que depuis long-temps il n'est plus Greffier en ladite Senéchaussée & Siege Presidial de Bordeaux, & par consequent qu'il n'a aucun interêt en la contestation dont il s'agit, que le Bail à luy fait dudit Greffe étant fini, il en a laissé la pleine possession aux proprietaires d'iceluy, ausquels ou à celuy qui a ledit Bail à ferme, lesdits demandeurs se peuvent adresser, protestant de nullité de toutes les procedures & poursuites qui pourroient être faites au préjudice de sa susdite declaration, declarant qu'il ne produira point en ladite instance : Signification dudit Acte à l'Avocat desdits demandeurs du 27. Septembre 1667. Ecritures & productions des demandeurs. Forclusions de produire par lesdits défendeurs, des 12. 19. 23. Septembre 1667. 9. & 13. Septembre 1670. Certificat du Greffier des productions du Conseil de ce jourd'huy, comme de la part des défendeurs il n'a été aucune chose écrit ny produit, & tout ce que par les demandeurs a été mis, écrit & produit pardevers le sieur de Ribeyre, Conseiller du Roy en ses Conseils, Maître des Requêtes ordinaire de son Hôtel, Commissaire à ce deputé, ouy son Rapport, & tout consideré : LE ROY EN SON CONSEIL, faisant droit sur l'instance, sans s'arrêter aux Ordonnances des Presidiaux de Guyenne & Libourne, des 21. Avril & 14. Août 1663. A ordonné & ordonne, que conformément à l'Edit d'établissement desdits Juge Consuls du mois de Decembre 1563. Declarations & Arrêts, portans reglemens pour leur Jurisdiction, des 28. Avril

Sur la Iurisdiction Consulaire.

1565. 20. Juillet 1566. 26. Juin 1560. 11. Avril 1596. 8. Août 1597. 2. Decembre 1610. & 4. Octobre 1611. lesdits Juge & Consuls connoîtront de tous procez & differens entre Marchands pour fait de marchandise seulement dans le Ressort du Parlement de Bordeaux, procedans d'obligations, cedules, recepissez, lettres d'échange ou credit, réponses, assurances, transports de dettes & novations d'icelles, calcul ou erreur en iceux, compagnies, societez ou associations faites entre Marchands du Royaume, residens & non residens en ladite Ville, & Etrangers qui auront fait commerce, acheté ou vendu des marchandises, tant en gros qu'en détail exclusivement aux Officiers desdits Sieges de Guienne & Libourne, & autres du Ressort dudit Parlement, pourveu toute-fois qu'il soit question de marchandises negociées, des Lettres d'échange faites entre Marchands, Bourgeois & autres personnes privilegiées, tant Regnicoles qu'Etrangers pour fait de mer ou de terre, de tous les differens qui naîtront entre les veuves & heritiers ou bien-tenans des Marchands qui se trouveront devoir à autres Marchands pour fait de marchandise entre les Officiers, faisant actuellement trafic de quelque Marchandise que ce soit, pour eux ou pour autre personne, pourveu toute-fois qu'il soit question de marchandise par eux venduë ou acheteé, & de tous autres pour fait de negoce & marchandise. Que les condamnations prononcées par lesdits Juge & Consuls diffinitivement jusqu'à la somme de 500. livres, seront executées par toutes voyes deuës & raisonnables, même par corps, nonobstant oppositions ou appellations quelconques, pour lesquelles ne sera différé. Fait sa Majesté défenses aux défendeurs & à tous autres Officiers des Bailliages, Senéchaussées & tous autres Juges du Ressort dudit Parlement de Bordeaux, d'élargir aucuns prisonniers écroüés en vertu des Sentences & Ordonnances desdits Juge & Consuls, ny decerner aucunes Ordonnances contre les Huissiers qui auront mis à execution celles desdits Juge & Consuls, à peine contre lesdits Officiers d'en répondre en leurs propres & privez noms, & de tous dépens, dommages & interêts, & d'interdiction des Huissiers & Sergens qui feront lesdits élargissemens, sauf aux parties de se pourvoir pardevant lesdits Juge & Consuls. Fait pareillement sa Majesté défenses audit Parlement de Bordeaux de recevoir les appellations, & aux Officiers de la Chancellerie de sceller aucunes Lettres de Relief d'appel des Sentences & Ordonnances desdits Juge & Consuls, & aux Officiers desdits Bailliages & Senechaux d'en prendre aucune connoissance, recevoir aucune Requete en cassation, sous pretexte que l'une des parties ne sera Marchand, pourveu qu'il s'agisse de marchandise vendue, achetee, troquée ou échangée, à peine de tous dépens, dommages & interests: & à tous Huissiers, Sergens & Archers de signifier lesdites Lettres de Relief & Sur-ceance, à peine d'interdiction. Enjoint Sa Majesté ausdits Huissiers, Sergens & Archers de mettre à execution les Sentences desdits Juge & Consuls dans tout le Ressort dudit Parlement, sans demander aucun Placet, Visa ny Pareatis, nonobstant toutes oppositions, appellations ou autres empêchemens quelconques, pour lesquelles ne sera differé, à peine de trois mille livres d'amende, & de demeurer réponsables en leurs propres & privez noms desd. condamnations, & de tous dépens, dommages & interests. A maintenu & maintient lesdits Juges & Consuls, suivant la coûtume locale de la Ville de Bordeaux & Païs Bordelois, au droit & pouvoir de decerner Mandement de Parties formées pour fait de Marchandise, & entre Marchands de faire emprisonner les Etrangers, & autres non possedans biens en la Senechaussée de Guienne, & en tous les autres pouvoirs, Privileges concedez par les Rois predecesseurs de sa Majesté, par les susdits Edits & Declarations donnez sur le fait de la Jurisdiction des Juges & Consuls du Royaume. A évoqué & évoque à soy & à son Conseil tous les procés & differens mûs & àmouvoir desd. Juge & Consuls étans en charge, & ceux qui l'ont été depuis l'instance, & qui le seront cy après, pendant esdits Sieges Presidiaux de Guienne & Libourne, & iceux a renvoyé & renvoye durant deux ans en premiere instance aux Requêtes du Palais, & par appel audit Parlement de Bordeaux. Fait sa Majesté défenses ausdits Sieges Presidiaux de plus connoitre de leurs differens, à peine de nullité, cassation de procedures, de trois mil livres d'amande, & de tous dépens, dommages & interêts. Et sera le present leu, publié où besoin sera, & executé nonobstant oppositions ou appellations quelconques, pour lesquelles ne sera differé, & en cas de contravention seront les contrevenans assignez au Conseil, sans qu'il soit besoin d'autre Arrêt. Condamne sa Majesté les défendeurs aux dépens de l'instance. Fait au Conseil Privé du Roy, tenu à Paris le 21. jour d'Octobre 1670. *Collationné.* DAGUILLAUMIE.

Sur la Jurisdiction Consulaire. 207

LOUIS par la grace de Dieu, Roy de France & de Navarre : A nos Amez & feaux Conseillers les Gens tenans nôtre Cour de Parlement de Bordeaux, & Requêtes du Palais audit lieu ; Salut. Par l'Arrêt ci-attaché sous le contre-scel de nôtre Chancellerie, ce jour donné en nôtre Conseil, entre les Juge & Consuls de la Cour de la Bourse commune des Marchands de la Ville de Bordeaux, demandeurs d'une part. Et Pierre de la Montagne nôtre Conseiller & Procureur, & autres Officiers de la Senéchaussée & Siege Présidial de Guyenne ; Dumas aussi nôtre Conseiller, Lieutenant General, & autres Officiers de la Senéchaussée & Siege Présidial de Libourne, défendeurs d'autre. Nous avons revoqué à Nous & à nôtre-dit Conseil tous les procez & differens mûs & à mouvoir desdits Juge & Consuls élûs en Charge ; & de ceux qui l'ont été depuis l'instance, & qui le seront ci-après, pendans esdits Sieges Présidiaux de Guyenne & Libourne : Et iceux renvoyé & renvoyons pendant deux ans en premiere instance pardevant Vous, susdites Requêtes du Palais, & par appel à nôtre-dit Parlement de Bordeaux, pour y être jugez & terminez, ainsi qu'il appartiendra par raison. A ces Causes vous Mandons & Ordonnons rendre ausdites Parties bonne & briéve Justice, vous en attribuant & châcun de vous endroit soy, toute Cour, Jurisdiction & connoissance, & icelle interdisons & défendons à tous autres Juges : Commandons au premier nôtre Huissier ou Sergent sur ce requis, faire exprés Commandement de par Nous aux Greffiers desdits Présidiaux & Senéchaux de Bordeaux & Libourne, leurs Clercs & autres qui se trouveront saisis des pieces & procedures concernans lesdits procez & differens, d'icelles porter ou envoyer sans délay en vos Greffes, moyennant salaires raisonnables ; & en cas de refus les assigner pardevant vous, pour & dire les causes, & se voir condamner, si faire se doit, aux dommages & interêts de qui il appartiendra. Et au surplus pour l'entiere exécution de nôtre Arrêt, à la Requête desdits demandeurs, toutes significations, assignations, commandemens, défenses, actes & exploits nécessaires, sans pour ce demander autre permission ny pareatis. CAR tel est nôtre plaisir. Donné à Paris ce vingt-uniéme jour d'Octobre, l'an de grace mil six cens soixante-dix : Et de nôtre Regne le vingt-huitiéme. Par le Roy en son Conseil. DAGUILLAUMIE.

Extrait des Regiſtres de Parlement.

ENtre Jean Marchandon Bourgeois & Marchand de Bordeaux, iceluy heritier de Leonard Marchandon ſon frere, appellant de deux Appointemens rendus par les Juge & Conſuls de la Bourſe de Bordeaux, le 23. & 26. Septembre 1680. & autrement défendeur d'une part. Et Silva Morenna & Manuël Mines Mirande Bourgeois & Marchands intimez ; & autrement ledit Silva Morenna demandeur en relaxance d'autre : Vû le proces, Lettre de Change de la ſomme de dix-huit cens livres, tirée Utroly Marchand de Carcaſſonne ſur le nommé Boſc Marchand de Lyon, en faveur de Manuel Mines Mirande, du 11. Avril 1680. au dos de laquelle, eſt l'ordre dudit Mirande en faveur deſd. Silva, Morenna, & d'iceux Silva Morenna en faveur de Marchandon, & dudit Marchandon en faveur de Clapeyron, des 5. 10 & 16. May audit an. Acte de proteſt fait audit Boſc, faute d'acceptation, à la Requête dudit Clapeyron du 7. Juin audit an. Autre Acte de proteſt fait par ledit Clapeyron faute de payement, du 28. deſdits mois & an. Lettre d'avis dudit Clapeyron audit Marchandon, qui les renvoye, ladite Lettre proteſtée du 19. deſdits mois & an. Acte de ſommation dudit Marchandon audit Silva Morenna de luy rembourſer ladite ſomme, change & rechange du 3. Septembre audit an. Exploit d'aſſignation donné enſuite en la Bourſe, pour ſe voir condamner au payement de ladite ſomme, change & rechange, dommages & interêts, dudit jour 3. Septembre 1600. Appointement du 4. deſdits mois & an, portant que ledit Silva Morenna juſtifiera que Duboſq avoit proviſion en main, lorſque ladite lettre de Change fut tirée pour l'acquiter, & cependant qu'il conſigneroit la ſomme de dix-huit cens livres pour valeur reçuë de ladite lettre. Requête dudit Morenna devant ledit Juge & Conſuls des Marchands, du 5. deſdits mois & an. Autre Appointement portant, que ledit Morenna conſigneroit la ſomme de dix-huit cens livres, du 13. deſdits mois & an. Autre Appointement du 13. Septembre audit an. Requête d'intervention devant leſdits Juge & Conſuls par ledit Mirande, portant appel en reparation de l'appointement dudit jour 4. Septembre, & Ordonnance ſur icelle du 19.

desdits mois & an. Autre Requête dudit Mirande, contenant ses conclusions sur ledit appel en reparation ; & au fonds à ce que ledit Marchandon fût declaré non recevable à sa demande du 20. desdits mois & an. Autre Appointement du 20. desdits mois & an. Acte de consignation de ladite somme de dix-huit cens livres és mains de Gerban Lacan, Bourgeois & Marchand de Bordeaux, du 23. desdits mois & an. Appointement desdits Juge & Consuls dont est appel, du 23. desdits mois & an, par lequel reparant celuy du 4. Septembre, & autre donné en conformité, les Parties en auroient été mises en l'état qu'elles étoient auparavant ; ledit Silva relaxé de la demande dudit Marchandon, & pareillement ledit Mirande de la garantie contre luy requise par ledit Silva, en se purgeant par iceluy Mirande sur le *Tagitur* & croid avoir réelement compté la valeur de ladite lettre de Change audit Utroly, du même tems qu'elle luy a été fournie, sauf audit Marchandon son recours, ainsi qu'il verra être à faire, en conséquence main levée audit Silva de la somme consignée. Acte d'appel interjetté audit appointement par ledit Marchandon, du 26. dudit mois & an. Relief d'appel relevé par ledit Marchandon, & exploit d'assignation donné en conséquence en la Cour pour proceder sur lesdits appels, ausdits Silva & Morenna, du 2. & 10. Octobre audit an. Lettres d'anticipations & exploit d'assignation donné à même fin audit Marchandon, à la Requête dudit Mirande des 26. & 29. dudit mois & an. Requête dudit Marchandon contenant ses conclusions du 26. Novembre audit an. Deux actes de Déclarations prises pour être fait droit aux Parties, du 30. Janvier dernier. Requête contenant le corrigé & conclusions dudit Mirande du 4. Février dernier. Autre Requête dudit Silva & Morenna, contenant son corrigé & conclusions du 10. du même mois. Autre corrigé & conclusions dudit Marchandon, du 16. du même mois. Requête réponsive dudit Marchandon du 11. du même mois. Autre Requête dudit Marchandon portant appel de l'appointement dudit jour 23. Septembre 1680. & Ordonnance sur icelle portant jonction dudit appel au procez, du 29. dudit mois de Février dernier. Autre Requête réponsive dudit Mirande du premier jour du present mois ; & autres pieces & productions des Parties avec l'Acte à droit. DIT A ESTE' que la Cour, sans s'arrêter à la relaxance requise par lesdits Silva & Morenna, a mis & met les appellations interjettées par ledit Marchandon, des appointemens des an & jours 23. & 26. du mois de Septembre dernier, & ce dont a été appellé au néant. Ordonne que l'appointement du 4. dudit mois de Septembre dernier sortira son effet, en conséquence que dans deux mois conformément audit appointement lesdit Silva & Morenna justifieront que ledit Bosc avoit provision en main pour acquiter la lettre de Change en question, lors qu'elle a dû être payée. Pour ce fait, ou à faute de ce faire, ledit délay passé, être ordonné ce qu'il appartiendra, & lors sera fait droit de la garantie desdits Silva & Morenna contre ledit Mirande, ainsi que de raison: Cependant ordonne que ledit Mirande consignera la somme de dix-huit cens livres entre les mains d'un Marchand solvable, dont les Parties conviendront devant le Rapporteur du procez. Condamne ledit Mirande & Silva Morenna envers ledit Marchandon au dépens faits, tant devant les Juge & Consuls qu'en la Cour, châcuns les concernans, ceux d'entre ledit Silva, Morenna & Mirande reservez. Dit aux Parties à la Réole en Parlement le 15. Mars 1681. *Collationné.* Signé, Du BERNARD.

DE GOURGUE Président.

DE VOLUSAN Rapporteur. Epices 30 écus par Mirande.

Signifié le 29. Mars 1681. à Maron & Latorze, parlant à eux. Signé, POULARD.

Extrait des Régistres de Parlement.

VEU par la Cour la Requête à elle presentée par les Juge & Consuls de la Bourse commune de la Ville de Bordeaux, à ce que pour les causes y contenuës il luy plaise homologuer la Déliberation contenant Reglement, pour l'avenir des Billets donnez en deniers, payables aux porteurs d'iceux sans autre reçû, faite entre les suplians & autres Bourgeois & Marchands de la Ville de Bordeaux, & ordonner que le contenu en iceluy sera gardé & exécuté, tant entre les Marchands & Négocians, qu'autres particuliers non Marchands, à qui lesdits Billets pourroient être donnez en payement: A ces fins permettre aux Supplians de faire afficher l'Arrêt qui interviendra, tant à

la

Sur la Jurisdiction Consulaire.

la porte de leur Parquet, qu'autres lieux accoûtumez. Ladite Requête marquée de Fenis, appointée d'une Ordonnance de soit montré au Procureur General du Roy, & de luy repondue n'empêcher l'interinement d'icelle. Veu aussi ledit acte de Déliberation du 25. Août dernier.

DIT A ESTE que la Cour ayant égard à ladite Requête du consentement du Procureur General du Roy, a homologué & homologue l'acte de Déliberation dudit jour 5. Août dernier. Ordonne qu'elle sera exécutée suivant sa forme & teneur : A ces fins ladite Cour permet ausdits Juge & Consuls de faire afficher le present Arrêt où besoin sera. S'ensuit la teneur dudit acte de Déliberation du 5. d'Août 1685.

Ce jourd'huy Messieurs les Juge & Consuls ayans convoqué Messieurs les Anciens pour déliberer sur un affaire d'importance qui regard le négoce, & s'étans rendus dans la Chambre du Conseil, Messieurs Duribaut, Loustau, Valoux, Boisson, Jean Roche, Eimery, Bechon, Poncet, Lafosse, Dupin, Gignoux & Sigal le jeune Bourgeois : Lesdits Sieurs Juge & Consuls ont dit que depuis quelque tems il s'est glissé parmi les Négocians un tres-grand abus au sujet des Billets en deniers, qui se donnent payables au porteur sans autre reçû, & lesquels passans en diverses mains, il se trouve bien souvent que lesdits Billets ne sont point acquitez, & qu'aprés cinq ou six mois ecoulez, ceux qui ont fourni lesdits Billets sont devenus insolvables : ce qui donne lieu à diverses garanties & regaranties contre ceux dans les mains desquels lesdits Billets ont passé, & par consequent à diverses contestations entre les Négocians & autres particuliers qui ne sont point Marchands, ausquels lesdits Billets avoient été donnez en payement : A quoy il est important de pourvoir en limitant un certain tems, dans lequel ceux qui auront donné ou reçû lesdits Billets, seront tenus de faire leurs diligences, & que pour servir de Reglement à l'avenir, la Cour sera suppliée d'autoriser & homologuer par un Arrêt ce qui sera déliberé par Messieurs les Juge & Consuls & les Anciens : Sur quoy châcun ayant donné son avis a été déliberé que pour reparer cet abus, & prévenir les procez & contestations qui naissent tous les jours à ce sujet.

Celuy qui aura reçû un Billet en deniers payable au porteur sans autre reçû, & sans qu'il y aye de délay reglé, demeurera garant dudit Billet, ceux de de la datte & écheance compris dans lesdits trente jours.

Pendant lesquels trente jours le porteur dudit Billet sera obligé de sommer par acte celuy qui l'aura fait de le payer.

Et en cas que ledit Billet ne soit pas payé, le porteur d'iceluy sera obligé de recourir trois jours après contre celuy qui aura donné ledit Billet, & le sommer de le rembourser.

Que s'il arrive que ledit Billet aye passé en diverses mains, & que le remboursement aye été fait au porteur par celuy qui l'avoit donné en dernier lieu, celuy qui l'aura remboursé, sera obligé trois jours après la sommation qui luy aura été faite de le denoncer à celuy des mains duquel il l'avoit precedamment reçû.

Ce qui aura lieu pareillement pour les autres garans dudit Billet, pourvû que les significations de la sommation soient faites dans ledit délay de trois jours, dont chacun doit jouir.

Sans que celuy qui aura fait ledit Billet originairement, puisse prétendre de jouir dudit délay de trente jours, étant à l'option du porteur de s'en faire payer à toutes heures.

Et à faute de faire lesdites sommations & significations dans lesdits délais, celuy qui aura donné ledit Billet ne sera plus garant d'iceluy, mais ledit Billet sera pour le compte de celuy qui aura manqué à faire lesdites diligences. Lesquels Articles ci-dessus, la Cour sera suppliée d'autoriser & homologuer par un Arrêt, afin de servir de Reglement à l'avenir, tant à l'égard des Négocians que des autres particuliers, à qui lesdits Billets auront été fournis. *Ainsi signez*, Dumas Juge, de Lavaud Consul, & Gentille de Mora Consul, Duribaut, Loustau, Bechon & Gignoux. *Collationné.* Signé, DESCHIENS.

LOUIS par la grace de Dieu, Roy de France & de Navarre: Au premier nôtre Huissier ou Sergent sur ce requis, à la supplication & Requête des Juge & Consuls de nôtre Ville de Bordeaux, ensuivans les Arrêts de nôtre Cour de Parlement de Guyenne, dont l'Extrait est cy sous le contre scel de nôtre Chancellerie attaché. Te Mandons signifier iceux à tous ceux qu'il appartiendra, & faire pour raison de ce tous Exploits, Affiches & autres Actes requis & nécessaires. Commandons à tous nos Sujets d'obeïr. Donné à la Réolle en nôtredit Parlement le 5. Septembre, l'an de grace 1685. Et de nôtre Regne le 43. Par la Chambre. DESCHIENS.

Sur la Iurisdiction Consulaire. 213.

LEs Juge & Consuls de la Bourse établie par le Roy en la Ville de Bordeaux : Lecture faite en Jugement de l'Arrêt du Parlement de Guyenne, portant Reglement sur les Billets en deniers, & Commission sur iceluy expediée du 5. du courant : Ordonnent que ledit Arrêt & Reglement sera exécuté selon sa forme & teneur, & affiché tant à la porte de la Salle de l'Audience de la presente Cour, porte principale de l'Hôtel commun, où est la Place du Change des Marchands, qu'autres lieux où besoin sera. Fait à Bordeaux en Jugement de ladite Cour, le 25. Septembre 1685. signé, Messieurs, THIBAUD DUMAS Juge, JEAN LAVAUD l'aîné, premier Consul. GENTILLE DE MORA, second Consul. Et plus bas, Par Mandement de mesdits Sieurs. RIGNOL Greffier.

LE Octobre, le susdit Arrêt du Parlement de Guyenne, Commission, y attachée l'Ordonnance de Messieurs les Juge & Consuls de ladite Cour de la Bourse, a été par moy Huissier en icelle soussigné, lû, publié & affiché à la porte de la Salle de l'Audience, Parquet, & Auditoire Royal de ladite Cour, & à la grande porte de l'Hôtel commun, où est la Place du Change des Marchands, aux fins qu'il soit notoire à tous ceux qu'il appartiendra. Signé, MASSIEUX Huissier.

ARREST DE REGLEMENT
DU CONSEIL PRIVE' DU ROY.

Donné en interprétation de l'Ordonnance des Marchands & Négocians, sur le fait des Lettres de Change.

EXTRAIT DES REGISTRES DU CONSEIL Privé du Roy.

ENtre Jean Vinatier Marchand Banquier de Bayonne, demandeur aux fins de la Requête inserée en l'Arrêt du Conseil du 27. Février 1685, des Lettres obtenuës en la grande Chancellerie le 12. Juillée, & Exploit d'assignations données en consequence d'une part; & Corneille Deby aussi Marchand audit Bayonne défendeur d'autre part; & Jean Duru Marchand à Paris aussi défendeur d'autre part : Et entre ledit Duru demandeur aux fins des Lettres par luy presentées en la grande Chancellerie le 27. Juillet 1685. & assignation donnée en consequence le 30. desdits mois & an d'une part; & Jean Coste & Jean-Baptiste Leprevier Marchands Bourgeois de Paris défendeurs d'autre part, sans que les qualitez puissent nuire ny préjudicier aux Parties. Veu au Conseil du Roy l'Arrêt rendu en iceluy ledit jour 27. Février 1685. sur les Requêtes dudit Vinatier, tendantes à ce que pour les causes y contenues, il plût à Sa Majesté, en interpretant en tant que besoin seroit les Articles 4. & 6. de l'Ordonnance pour la Jurisdiction Consulaire, & sans avoir égard à la Sentence rendue par les Consuls de Bayonne le 10. Octobre 1604. ledit Corneille Deby soit condamné payer audit Vinatier la somme de 270. livres qu'il luy a payée pour la valeur de la Lettre de Change que ledit Deby lui avoit donnée, & qui étoit revenue à protest contre luy, & en cas de contestation ledit Deby condamné aux dépens : Par lequel Arrêt auroit été ordonné qu'aux fins de ladite Requête ledit Deby seroit assigné au Conseil. Exploit de signification dudit Arrêt audit Deby, & assignation à luy donnée audit Conseil pour proceder aux fins d'iceluy le 2. Juin 1685. lesdites Lettres du grand Sceau dudit jour 12. Juillet 1685. obtenues par ledit Vinatier, portant permission de faire assigner audit Conseil ledit Duru, pour voir dire, qu'en cas que la Sentence des Juge & Consuls de Paris soit cassée & annullée, & qu'en consequence celle des Consuls de Bayonne soit declarée exécutoire, ledit Duru soit condamné de garder la Lettre de Change dont il s'agit pour son compte, & d'en rendre audit Vinatier ce qu'il se trouveroit en avoir reçû & les interêts, sauf son recours contre ledit Leprevier, ainsi qu'il aviseroit bon être, avec dépens, dommages & interêts. Exploit de signification desdites Lettres audit Duru, & assignation donnée audit Conseil pour y proceder aux fins d'icelle, le 18. Juillet 1685. Appointé de Reglement rendu entre ledit Vinatier & lesdits Deby & Duru le 31. Août 1685. Lesdites Lettres du 26. Juillet audit an 1675. obtenues par ledit Duru, portant permission de faire assigner audit Conseil lesdits Coste & Leprevier en assistance de cause, pour l'acquiter, garantir & indemnifer de la demande qui luy étoit faite, ensuite de luy rendre & restituer ladite somme de 1270. livres avec le change & rechange de ladite somme, au cas que par évenement de l'instance la Sentence des Consuls de Paris soit cassée, & que ledit Vinatier & le nommé Peyre ne soient pas condamnez à luy en tenir compte, ainsi qu'ils y étoient obligez, si ladite Sentence subsistoit. Exploit de signification desdites Lettres ausdits Coste & Leprevier, le 30. Juillet 1685. Procez verbal du Sieur Bignon Maître des Requêtes du 27. Décembre dernier, portant Reglement sur lesdites Lettres du 26. Juillet 1685. Copie de lettre de Change du 16. Juillet 1684. tirée par le nommé Ducornau à trois usances dans Paris, sur le Sieur Lanaute pour payer ladite lettre de Change en la maison des Sieurs Lafargue & Lasseur, & plus bas sont les differens endossemens faits sur ladite lettre de Change, & entr'autres celuy fait par ledit Corneille Deby en faveur dudit Vinatier, pour valeur reçûe de luy, celuy dudit Vinatier à l'ordre dudit Duru valeur reçûe en son compte, & celuy desdits Duru & Leprevier, ou ordre valeur reçûe de luy, protest de ladite lettre de Change, à la Requête dudit Leprevier, le 24. Octobre 1684. contre ledit Lanaute, faute par lesdits Lafargue & Lasseur d'en avoir fait payement, ensuite duquel protest est la dénonciation d'iceluy, à la Requête dudit Vinatier audit Corneille Deby, le 27. Novembre 1684. Sentence des Juge & Consuls de Paris, du 21 dudit mois d'Octobre, contradictoirement renduë entre lesdits Leprevier & Duru, qui condamne ledit Duru à payer audit Leprevier ladite somme de 1270. livres avec le protest, & interêt à raison de l'Ordonnance, autrement, & à faute de ce faire, qu'il y seroit contraint par corps. Sentence des Juge & Consuls de la Bourse de Bayonne du 10. Novembre 1684. & contradictoirement renduë entre ledit Vinatier & ledit Deby, par laquelle attendu que le protest n'avoit pas été fait dans le délay de l'Ordonnance, ledit Deby auroit été déchargé de la demande dudit Vinatier avec dépens, sauf à luy à se pourvoir, ainsi qu'il aviseroit bon être. Sommation faite à la Requête de Deby, le 27. Août 1685. à l'Avocat dudit Vinatier, de luy donner copie de ladite Sentence des Juge & Consuls de Paris.

Cayer contenant les pieces desdites Sentences baillées des Juge & Consuls de Paris & de Bayonne, copie de la Lettre missive écrite audit Vinatier, par ledit Duru le 30. Octobre, au sujet de ladite Lettre

Sur la Jurisdiction Consulaire. 217

pour contredits à la production dudit Deby du 22. Novembre dernier, Sentence des Consuls d'Amiens du 19. dudit mois de Novembre 1674. confirmatif d'icelle. Et Arrest du Conseil du 14. Septembre 1675. rendu entre Maître François le Gendre cy-devant adjudicataire des Fermes unies, d'une part, & Antoinete de Gastel veuve de Nicolas Baré & Louis Chauvet d'autre; par lequel ledit le Gendre est debouté de la demande en cassation par luy demandée contre l'Arrest du Parlement dudit jour 20. Mars 1674. ladite Requeste signifiée ledit jour 19. Janvier 1686. contredits dudit Deby, contre ladite production nouvelle du 16. Janvier, lesdits contredits signez le 26. dudit mois. Arrest du Conseil du 30. Janvier 1686. contradictoirement rendu entre les parties, par lequel sa Majesté auroit retenu à soy & à son Conseil le procez & differend, & ordonne qu'elles adjoûteront à leurs productions tout ce que bon leur semblera dans huitaine, pour au rapport du Commissaire à ce deputé leur être fait droit. Signification d'autres Arrêts aux Avocats de toutes les parties, le 6. Février dernier, Requête presentée au Conseil par ledit Vinatier le 11. dudit mois de Février employée pour production, pour satisfaire audit Arrêt de retention, & faisant droit sur l'instance casser & annuller celle des deux Sentences des Juge & Consuls de Paris, & de la Bourse de Bayonne qu'il luy plairoit, & en cas que celle des Juge & Consuls de Bayonne fut declarée executoire, il plût à sa Majesté condamner led. Duru à garder ladite Lettre de change dont il s'agissoit, luy rendre & restituer ou tenir conte de la valeur d'icelle, avec interêt, change & rechange; & en cas que la Sentence des Juge & Consuls de Paris fut confirmée, il plût à sa Majesté condamner ledit Deby à reprendre ladite Lettre de change en question, & rendre & restituer audit Vinatier la valeur d'icelle avec interêt d'icelle, change & rechange & au surplus condamner ceux qui se trouveront avoir mal contesté en tous ses dommages, interêts & dépens : au bas de laquelle Requête est l'Ordonnance, acte de l'employ, & au surplus en jugeant, signifiée le 12. dudit mois de Février. Requête presentée au Conseil par ledit Jean Coste & Jean Baptiste Leprevier, le 1. Mars 1686. afin de reception des pieces y mentionnées. Coppie collationnée de deux certificats & attestations sur l'usage pratiqué & durée des delais des protest des billets & Lettres de change : le premier donné par plusieurs Marchands

Banquiers à Paris, le 12. Février 1686. & le deuxiéme donné par le Greffier de la Jurisdiction consulaire de Paris, le 15. dudit mois de Février ; ladite Requête signifiée le 4. dudit mois de Mars 1686. Autre Requête presentée au Conseil par lesdits Costes & Leprevier le 11. dudit mois de Mars, afin de reception des pieces y mentionnées signifiée le même jour : & tout ce que par lesdites parties a été mis, écrit & produit par devers le sieur Bignon, Conseiller du Roy en son Conseil, Maître des Requêtes ordinaire de son Hôtel, Commissaire à ce deputé : Oüy son rapport, aprés en avoir communiqué aux Sieurs Pussort, Daligre, de Pommereu, & de la Renye, Conseillers d'Etat, suivant l'Ordonnance du Conseil du 14. Février 1686. & tout consideré.

LE ROY en son Conseil faisant droit sur l'instance, sans avoir égard à la Sentence des Juges de la Bourse de Bayonne, du 10. Novembre 1684. a ordonné & ordonne, que celle renduë par les Juges & Consuls de Paris, sera executée selon sa forme & teneur ; & en consequence condamne ledit Corneille Deby de rendre & restituer audit Vinatier la somme de douze cens soixante quatorze livres, pour le contenu en la Lettre de change dont est question, avec les interêts du jour de la demande faite pardevant lesdits Juges de Bayonne, dépens compensez entre toutes les parties. Ordonne sa Majesté, que l'article 4. de l'Ordonnance de 1673. sera executée, ce faisant, que les dix jours accordez aux porteurs de Lettres de change, pour les protests d'icelles, ne seront contés que du lendemain de l'échéance desdites Lettres, sans que ledit jour de l'écheance y puisse être compris : Et à cet effet toutes Lettres seront expediées. Fait au Conseil privé du Roy tenu à Versailles le 5. jour d'Avril 1686.

Collationné. BRUNET.

EXTRAIT DES REGISTRES DU CONSEIL d'Etat.

VEU par le Roy étant en son Conseil l'Arrest rendu en iceluy le 30. Mars 1683. par lequel Sa Majesté auroit Ordonné, que sur le different & contestation meuë entre les Officiers des Sieges de l'Admirauté, & les Maire & Jurats des Villes maritimes, sur l'execution de l'Ordonnance de Marine du mois d'Aoust 1681. lefdits Officiers de l'Amirauté & Jurats se pourvoiroient pardevant les Intendans, & Commiffaires départis pour l'execution de ses Ordres dans les Provinces & Generalitez où lesdites Villes sont scituées, & qu'ils leur remetroient inceffamment les Titres & Memoires concernant leurs pretentions, pour sur iceux être dressé procez verbal par lesdits Intendans & Commiffaires avec leurs avis, & y être ensuite pourvû par sa Majesté ainsi qu'il appartiendroit : Le procez verbal fait en consequence le 16. Janvier 1685. par le sieur de Ris Conseiller de sa Majesté en ses Conseils, Commissaire départy en la Generalité de Bordeaux, sur les Requêtes & Titres respectifs à luy remis, tant par les Officiers de l'Amirauté de ladite ville de Bordeaux, que par les Maire & Jurats d'icelle : en execution dudit Arrest & de l'article 23. du tit. 1. du livre 4. de la Police des Ports, de l'Ordonnance de Marine du mois d'Aoust 1681. ladite Requête des Maire & Jurats tendante à ce que pour les causes y contenues ils soient reçus opposans à l'execution de ladite Ordonnance, en ce qui est contenu és art. 4. du liv. & tit. 1. art. 11. du même tit. art. 4. 5. 6. 7. 8. 10. & 11. du tit. 2. art. 19. & 22. du tit. 1. du 4. liv. articles 1. 2. & 5. du tit. 2. art. 1. 2. 3. & 12. du tit. 3. art. 1. 3. & 8. du tit. 4. art. 30. du tit. 9. art. 16. du tit. 2. & 1. du tit. 8. du 5. liv. Celle des Officiers de l'Amirauté tendante à ce qu'il plaise à sa Majesté debouter lesd. Maire & Jurats de l'opposition formée aux susdits articles, & en consequence ordonner qu'ils seront executez selon leur forme & teneur, & que Mr. l'Admiral & lesdits Officiers de l'Admirauté seront maintenus dans tous les droits à eux attribuez, tant par ladite Ordonnance du mois d'Aoust 1681. que par celles des Roys predecesseurs de sa Majesté, avec inhibitions & défenses ausdits Maire & Jurats de les troubler en la possession & joüissance d'iceux, à peine de dix mil livres d'amande ; Comme aussi leur faire tres-expresses défenses d'exercer aucune justice sur les Rivieres de Garonne & Gironde, Ports & Greves d'icelles, ensemble de faire la levée d'aucuns droits sur les Vaisseaux qui viennent dans le Port de Bordeaux, François ou Etrangers, ny sur les Mariniers & Maîtres de Barques qui viennent de la Mer chargez de Sardines, Poiffon frais, Moules & autres Marchandises, à peine de concuffion, & en cas de contravention permettre audit sieur Amiral & ausdits sieurs Officiers d'en informer, & condamner lesdits Maire & Eschevins de rétablir les Magasins qu'ils ont vendus, donnez & alienez au préjudice du public & de la Navigation, pour y décharger comme par le passé le Lest hors de prise du flot, la susdite Ordonnance du mois d'Aoust 1681. L'avis dudit sieur de Ris étant au bas de sondit procez verbal, portant que sous le bon plaisir de sa Majesté il y a lieu de recevoir lesdits Maire & Jurats de Bordeaux opposans à l'execution de ladite Ordonnance art. 4. du tit. & livre premier concernant les maîtres de Quay, entretien des Feux, Tonnes & Balises, Lestage & Delestage des Bastimens de Mer, à l'art. 11. du tit. 2. au sujet de la connoissance des droits d'ancrage, de la vente & achapt de poisson dans les Batteaux, ou sur les Greves, Ports & Havres, de la levée des corps noyez, trouvez en Mer, sur les Greves, & dans les Ports : des Pirateries, Pillages & Desertion des Equipages, & generalement de tous crimes & délits commis sur la Mer, Ports, Havres & Rivages, & de la reception des maîtres Charpentiers de Navires, Calfateurs, Cordiers & Voiliers, aux art. 7. 19. & 22. du tit. 1. du liv. 4. en ce qui regarde les défenses faites aux Marchands, Facteurs & Commissionnaires, de laisser sur lesdits Quays les marchandises plus de trois jours, de lever aucuns droits de Lestage, Ancrage & autres, & en ce qui regarde les Grilles à mettre aux égouts qui ont leur décharge dans les Ports & Havres, aux art. 1. 2. & 5. qui portent que le Maître de Quay prêtera serment entre les mains du Lieutenant de l'Amirauté, qu'il aura soin de faire ranger & amarrer les Vaisseaux dans le Port, veiller à la Police desdits Quays, Ports & Havres, & indiquer les lieux pour chauffer les Bastimens, goldroner les cordages, travailler aux radoubs & calfats, & pour lester & delester les Vaisseaux, aux art. 1. 3. & 8. du tit. 4. en ce qui regarde la declaration de la quantité de Lest que les maîtres de Navires auront dans leur bord, & ordonner au surplus que l'Ordonnance du mois d'Aoust 1681. sera executée selon sa forme & teneur : Et tout consideré. LE ROY étant en son Conseil, conformement à l'avis du sieur de Ris, reçû lesdits Maire & Jurats de la ville de Bordeaux opposans à l'execution de ladite Ordonnance de 1681. art. 4. du tit. & livre premier, aux art. 5. 8. 10. & 11. du tit. 2. aux art. 7. & 22. du tit. 1. du 4. liv. aux art. 1. 2. & 5. du tit. 2. & aux art. 1. 3. & 8. du tit. 4. dudit quatriéme livre. Ce faisant Ordonne sa

Sur la Iurisdiction Consulaire. 221

Majesté que lesdits Maire & Jurats exerceront eux-mêmes la fonction de Maîtres de Quay, sans être obligez de prêter serment pardevant le Juge de l'Admirauté, & auront soin de l'entretien des Tonnes & Balises, Lestage & Delestage, de faire ranger & amarrer les Vaisseaux dans le Port, veiller à la police des Quays & dudit Port & Havre, & d'indiquer les lieux pour chauffer les Bastimens, Goldronner les cordages & travailler aux Radoubs & calfatages; qu'ils connoîtront de la vente & achapt du poisson dans les batteaux & sur les Greves, Ports & Havres de ladite Ville: Comme aussi de la levée des corps noyez, & crimes qui se commettront dans l'étendüe de ladite Jurisdiction, à l'exception toutefois de tous les endroits où le flot de Mars s'étend, dans lesquels la jurisdiction de l'Admirauté sera exercée: Que lesdits Jurats recevront les maitres Charpentiers, Calfateurs, Cordiers, Voiliers, tiendront la main à l'execution des art. 7. & 22. du tit. 1. du quatriéme livre, portant défenses aux Marchands, Facteurs & Commissionaires, de laisser sur les Quays leurs marchandises plus de trois jours, aux peines y contenues, & auront soin de l'entretien des grilles de fer, des égouts de ladite ville de Bordeaux, Quays & Ponts qui ont leur décharges dans le Port, nonobstant ce qui est porté par ladite Ordonnance du mois d'Aoust 1681. à laquelle sa Majesté a derrogé pour ce regard, sans tirer à consequence; Et à l'égard des autres demandes & pretentions deduites cy devant, sa Majesté en a debouté & deboute lesdits Jurats; Ordonne que le droit d'ancrage, tonnes & balises sera perceu au profit dudit Sr. Amiral, leur faisant tres-expresses défenses d'en prendre connoissance, ny d'en faire la levée à peine d'être constraint à la restitution, voulant seulement qu'ils continuent à recevoir les rapports de la quantité de Lest que les maîtres de Navires auront & qu'ils debarqueront; Enjoint au sieur Commissaire départy en la Generalité de Bordeaux, de tenir la main à l'execution du present Arrêt. Fait au Conseil d'Estat du Roy, sa Majesté y étant, tenu à Versailles le 7. jour de Juillet 1687. Signé COLBERT.

LOUIS par la grace de Dieu, Roy de France & de Navarre: A nôtre Amé & Feal Conseiller en nos Conseils, Commissaire départy pour l'execution de nos Ordres dans la Generalité de Bordeaux: Salut. Par l'Arrêt dont l'Extrait est cy-attaché sous le contrescel de nôtre Chancelie ce jourd'huy donné en nôtre Conseil d'Estat Nous y étant : Nous avons reglé les differens & contestations meuës entre les Officiers du Siege de l'Admirauté de Bordeaux, & les Maire & Jurats de ladite Ville, sur l'execution de nôtre Ordonnance de Marine du mois d'Aoust 1681. pour raison de leurs fonctions ; A ces causes Nous vous Mandons & Ordonnons par ces presentes signées de Nous, de tenir la main à l'execution dudit Arrêt, Commandons au premier nôtre Huissier ou Sergent sur ce requis de faire pour raison d'iceluy tous Commandemens, sommations & autres Actes & Exploits necessaires, sans pour ce demander autre permission ; Car tel est nôtre plaisir. DONNE' à Versailles le 7. Juillet 1687. Et de nôtre Regne le quarante cinquiéme. Signé LOUIS. Et plus bas par le Roy COLBERT.

LES Maire & Jurats, Gouverneurs de Bordeaux, Juges Criminels & de Police ; Ordonnent que l'Arrest du Conseil du 7. Juillet dernier sera lû, & publié à son de Trompe, & affiché tant aux portes du Port de la presente Ville, qu'aux Cantons & Carrefours accoûtumez d'icelle, & autres lieux ou besoin sera : & ce par le premier Huissier de l'Hôtel de Ville sur ce requis. Donné à Bordeaux en Jurade le 23. Aoust 1687. Ainsi signé, DUBOSCQ.

LEU, publié à son de Trompe & affiché a été le present Arrest & Commission, par tous les Cantons & Carrefours accoûtumez de la presente Ville, Port & Havre d'icelle, & aux Chartrons, par moy Huissier de l'Hôtel de Ville le 23. Aoust 1687. Signé LAVAL Huissier.

EXTRAIT DES REGISTRES DU CONSEIL
Privé du Roy.

SUR la Requête presentée au Roy en son Conseil, par Fermi de Labarriere, Marchand de la ville de Bayonne ; Contenant qu'étant porteur d'une Lettre de change de la somme de trois cens quarante livres, payable par Joseph de Sorhaindo, aussi Marchand de ladite ville de Bayonne : le Suppliant faute de payement l'auroit fait protester, par Acte du 15. du mois de May 1687. Et en consequence

Sur la Iurisdiction Consulaire. 223

l'ayant fait assigner pardevant les Juge & Consuls de ladite Ville de Bayonne, pour se voir condamner au payement de ladite somme portée par ladite Lettre de Change, il seroit intervenu entre les Parties un Jugement en dernier Ressort le 17. dudit mois de May, par lequel ledit Sorhaindo auroit été condamné par corps, au payement de ladite somme de trois cens quarante livres, avec dépens liquidez à une livre quatre sols, ce qui seroit exécuté suivant l'Edit, nonobstant oppositions ou appellations quelconques, en exécution duquel Jugement, le Suppliant ayant fait faire commandement audit Sorhaindo le 17. dudit mois de May, de luy payer ladite somme de trois cens quarante livres, au lieu d'y satisfaire, pour & où consumer le Suppliant en frais, il auroit par Acte du vingt-quatriéme du même mois de May, déclaré qu'il se rendoit appellant dudit Jugement : Et en conséquence dudit appel, en vertu d'une Commission du Parlement de Guyenne du même jour, il auroit fait donner assignation au Suppliant le 31. dudit mois de May, à comparoir audit Parlement de Guyenne, pour proceder sur ledit appel. Mais d'autant que par l'Edit de Charles IX. du mois de Novembre 1563. concernant la Jurisdiction Consulaire, confirmé par la Déclaration du mois d'Avril 1565. & par l'Edit de Sa Majesté du mois de Mars 1673. titre 12. article 1. la faculté & pouvoir de juger en dernier Ressort, & sans appel, est accordé aux Juges & Consuls dans les matiéres de leurs competances, jusqu'à la somme de cinq cens livres, avec défenses aux Cours Souveraines de recevoir les appellations de leurs Jugemens, au dessous de ladite somme, lesquelles sont déclarées nulles, ny de donner aucuns Reliefs ny Commissions pour assigner sur lesdites appellations, & que le Jugemenn rendu contre ledit Sorhaindo, pour raison de ladite Lettre de Change, n'est que pour la somme de trois cens quarante livres, il est certain que ledit appel qui a été interjetté par ledit Sorhaindo, n'a pû être reçu au Parlement de Guyenne, ny le Suppliant y être assigné pour proceder sur iceluy. Ce principe peut si peu être revoqué en doute, que toutes les fois qu'on s'est plaint à Sa Majesté de semblables entreprises sur la Jurisdiction desdits Juge & Consuls, elle a cassé les assignations qui avoient été données, pour proceder sur les appellations de leurs Jugemens rendus pour des sommes au dessus de cinq cens livres : Requeroit à ces causes le Suppliant, qu'il plût à Sa Majesté, ordonner conformement aux

Edits & Déclarations de Sa Majesté, & Arrêts de son Conseil rendus au sujet de la Jurisdiction Consulaire, que le Jugement en dernier Ressort des Juge & Consuls de Bayonne du 26. May 1687. rendu contre ledit Sorhaindo pour la somme de 340. livres de la Lettre de Change, sera exécuté sans appel, & ce faisant décharger le Suppliant de l'assignation à luy donnée audit Parlement de Guyenne, le 31. dudit mois de May dernier, pour proceder sur l'appel dudit Jugement, avec défenses audit Parlement d'en connoître, & audit Sorhaindo d'y faire aucune poursuite pour raison de ce, à peine de 1500. livres d'amande, & de tous dépens, dommages & interêts ; & au surplus condamner ledit Sorhaindo aux frais & coûts de l'Arrêt qui interviendra sur la présente demande. Veu ladite Requête signée Labalme Avocat du Suppliant, l'Acte de protest de ladite Lettre de Change de 340. livres, Jugement des Juge & Consuls de Bayonne, du 16. May 1687. portant condamnation contre ledit Sorhaindo de ladite somme de 340. livres, portée par ladite Lettre de Change. Exploit de signification dudit Jugement du 17. dudit mois de May : Acte d'appel dudit Sorhaindo du 24. dudit mois de May. Relief d'appel dudit Parlement de Guyenne dudit jour 24. May. Exploit d'assignation du 31. dudit mois de May donné au Suppliant à la Requête dudit Sorhaindo, à comparoir audit Parlement de Guyenne, pour proceder sur ledit appel, & autres pieces attachées à ladite Requête : Ouï le Rapport du Sieur Maupeou d'Ableige, Maître des Requêtes, Commissaire à ce député, & tout consideré. Le Roy en son Conseil, ayant égard à ladite Requête, conformément à l'Arrêt d'iceluy du 13. Avril 1683. a déchargé & décharge le Suppliant de l'assignation à luy donnée au Parlement de Guyenne, pour proceder sur l'Appel du Jugement rendu en dernier Ressort par les Juge & Consuls de Bayonne, concernant la somme de 340. livres en question. Fait défenses aux Parties de s'y pourvoir pour raison de ce. Condamne ledit Sorhaindo aux frais & coûts du present Arrêt, liquidez à la somme de 63. livres dix sols. Fait au Conseil Privé du Roy, tenu à Versailles le 17. jour de Septembre 1687. Signé, DESRIEUX. Et collationné.

LOUIS par la grace de Dieu, Roy de France & de Navarre : Au premier nôtre Huissier ou Sergent sur ce requis ; Nous te mandons & commandons, que l'Arrêt ci-attaché sous le Contre-scel de

Sur la Iurisdiction Consulaire.

nôtre Chancellerie, ce jourd'huy rendu en nôtre Conseil, sur la Requête presentée en iceluy par Fermy de Labarriere, Marchand de la Ville de Bayonne, tu signifies aux y dénommez, à ce qu'ils n'en ignorent; & ayent à y obéïr & satisfaire selon sa forme & teneur, & leur faire de par Nous les défenses y contenuës : Et pour son entiere execution, à la Requête dudit de Labarriere, toutes autres significations, sommations, actes & exploits sur ce requis & necessaires, sans demander autre permission ny Pariatis; CAR tel est nôtre plaisir. Donné à Versailles le 17. jour de Septembre l'an de grace 1687. Et de nôtre Regne le 45. *Signé*, Rar le Roy en son Conseil. DESRIEUX. Scellé & contre-scellé du grand Sceau de cire jaune.

Extrait sur les Grosses en forme, par moy Notaire Royal, & Greffier de la Cour de la Bourse de la presente Ville de Bayonne, soussigné, sans y avoir rien ajoûté ny diminué, pour servir & valoir, ce que de raison. Signé, BARROILLET, *Notaire Royal.*

Extrait des Régistres de Parlement.

Entre Arnaud Lalanne Bourgeois & Marchand Libraire de la Ville de Bordeaux, appellant d'un Appointement rendu par le Présidial de Guyenne d'une part : Et Jacques Balladier Marchand dudit Bordeaux, intimé d'autre part. Veu le procez, Arrêt de la Cour, & pieces mentionnées au veu d'iceluy du 27. Juillet dernier 1688. Exécutoire des dépens taxez en consequence dudit Arrêt du 31. dudit mois. Acte contenant l'opposition faite par ledit Balladier envers ledit Arrêt; & exécutoire du 2. Août audit an. Requête dudit Balladier contenant ses moyens d'opposition avec l'Ordonnance au pied, d'où viennent les Parties en la Chambre, du 7. dudit mois d'Août. Arrêt portant que les Parties se pourvoiront devers Monsieur le Rapporteur, du 9. dudit mois : Requête dudit Lalanne contenant ses contredits du 19. du même mois. Requête dudit Balladier du 15. Décembre aussi dernier. Autre Requête dudit Lalanne contenant ses repliques du 19. du present mois. Autre Requête dudit Balladier contenant ses réponses du 22. aussi du present mois, & autres pieces produites par les Parties avec Acte à droit, ensemble les Conclusions de Monsieur le Procureur General du Roy, signées DENIS DIT a été que la Cour a mis & met l'appel interjetté par ledit Lalanne de l'Appointement rendu par ledit Senéchal de Guyenne dudit jour 30. Avril 1687. & ce dont a été appellé au neant, en émandant a ordonné ordonne que pour être fait droit aux Parties au fonds de principal, elles se pourvoiront devant les Juge & Consuls de la Cour de la Bourse à Bordeaux, ausquels ladite Cour enjoint de faire bonne & briéve Justice, condamne ledit Balladier aux dépens envers ledit Lalanne. Dit aux Parties à la Réolle en Parlement le 21. May 1689. Signé à l'Original, DE VIGNERAS.

Messieurs LATRENNE Président. DARCHE Rapporteur.

Extrait des Regiſtres de Parlement.

ENTRE Bernard Arnaud Bourgeois & Marchand de Bordeaux au nom & comme mary de Louise David Damoiselle relicte de feu Pierre Calmeis aussi Bourgeois & Marchand de Bordeaux, appellant d'une Sentence renduë par le Senéchal de Guienne, & incidament de deux Appointemens rendus par le même Senéchal, l'un donné sur Requête du 6. de Mars 1684. portant inhibitions de ramener l'Appointement des Juge & Consuls de la Bourse de Bordeaux, portant condamnation de la somme de six cens vingt-six livres à execution; & l'autre portant jonction d'une Requête presentée par Arnaud Dorat, à ce que l'appel déclaré par ledit Arnaud dudit Appointement sur Requête fut declaré deçû, du 12. Mars 1687. d'une part, & Arnaud Dorat Bourgeois & Marchand de Bordeaux intimé & demandeur en main-levée des sommes de 110. liv. 5. s. portée par un executoire du 9. Juillet 1687. d'une part, & de la somme de 179. liv. 2. s. d. portée par les executoires des 14. Avril 1685. & 6. Septembre audit an 1687. d'autre, & ledit Arnaud défendeur à ladite main-levée & demandeur en compensation encore d'autre. Veu le procez, Sentence & Appointement dont est appel, & pieces mentionnées au vû de ladite Sentence des 6. Mars 1684. 12. Mars & 10. de Juin 1687. Lettres d'anticipation & la premiere assignation donnée en la Cour audit Arnaud, à la Requête dudit Dorat du 25. & 26. dudit mois de

Juin.

Sur la Iurisdiction Consulaire.

Juin. Arrêt de conclusion sur ledit appel du 6. Aoust audit an, dire dudit Arnaud contenant ses griefs d'appel du 17. dudit mois d'Aoust audit an. Appointement de condamnation de la somme de 620. liv. des Juge & Consuls de la Bourse, obtenuë par ladite Loüise David femme dudit Arnaud, contre ledit Dorat, sans préjudice de la somme de 1800. liv. du 14. Mars 1684. avec un Exploit de commandement au bas du même jour. Exploit d'emprisonnement du sieur Dorat à défaut de payement de ladite somme du 7. Mars audit an. Exploit d'assignation donné audit Dorat devant les Juge & Consuls pour le payement de ladite somme de 1800. liv. du 18. Janvier 1685. Appointement de condamnation de ladite somme du 23. dudit mois : Appointement desdits Juge & Consuls qui déboute ledit Dorat du renvoy, du 18. Fevrier audit an. Requête presentée par Arnaud devant les Juge & Consuls, à ce qu'il luy fut expedié un extrait de la nomination Consulaire de l'année 1675. avec l'Appointement & extrait au bas du 10. Avril 1685. pour faire voir que Dorat a été porté dans l'Election des Eleus en qualité de Marchand. Extrait de divers Actes pour faire voir que ledit Dorat a pris la qualité de Marchand du même jour. Appointement donné devant lesdits Juge & Consuls, ou Dorat prend la qualité de Marchand, du même jour. Deux Actes de declaration faites par Pierre Degaux & Jean Pradens, qu'ils ont emprunté dudit Dorat des farines & des barriques qu'ils declarent avoir prises de lad. David par l'ordre dudit Dorat, du 29. & 30. Avril audit an, le tout pour justifier desdits griefs. Compte produit par ledit Arnaud, par lequel il se voit que ledit Dorat est debiteur de ladite David ou Arnaud de plus grande somme que celle de 1800. liv. du 10. Janvier 1682. Dire dudit Dorat contenant ses réponses du 23. Aoust 1687. Exploit d'assignation donné à la Requête dudit Arnaud audit Dorat, devant le Senéchal, pour se voir condamner à garnir la main de ladite somme de 1800. liv. contenuë en ladite promesse avec copie d'autre Exploit & compte du 5. & 18. Janvier 1685. Requête dudit Dorat devant lesdits Juge & Consuls, avec un Appointement de surseance de l'Appointement de condamnation de ladite somme de 1800. liv. Exploit d'emprisonnement dudit Dorat, du 25. Janvier 1685. Requête en cassation dudit emprisonnement. Arrest qui casse avec dépens, dommages & interests des 27. Janvier & 6. Fevrier 1685. Autre Arrest qui met l'appel de l'Appointement du dény de renvoy & ce dont a été appellé au neant, & renvoyé les parties au Senéchal, du 17. May suivant. Acte d'appel fait par d'Arnaud & l'Appointement donné sur Requeste par les Presidiaux le 6. Mars 1684. & 29. dudit mois d'Aoust 1687. Requête presentée par ledit d'Arnaud qui tient l'appel pour relevé, & joint comme incident au procez principal du 30. dudit mois d'Aoust. Autre Requête dudit d'Arnaud contenant ses contredits, & appel incident par luy fait de l'Appointement de jonction de la Requête en desertion. Appel donné par ledit Senéchal le 12. Mars 1687. avec l'Ordonnance detenu pour relevé, & de jonction dudit appel au procez principal du 2. Septembre audit an. Compte par lequel ledit Dorat se trouve debiteur de ladite David femme dudit d'Arnaud de la somme de 626. liv. 11. s. sans préjudice de la somme de 1800. liv. du 14. Juin 1682. Appointement de condamnation de ladite somme de 626. liv. obtenuë par ladite David contre ledit Dorat, du 6. Mars 1684. Deux Requêtes dudit Dorat responsives à celles dudit Arnaud des 4. & 5. dudit mois de Septembre audit an. Deux copies d'Actes signifiez audit Dorat à la Requête de Arnaud des 29. & 30. Avril 1685. Executoire de la somme de 110. liv. 5. s. obtenu par ledit Dorat contre ledit Arnaud du 9. Juillet 1687. Exploit de commandement du 14. dudit mois. Copie d'Acte de consignation de ladite somme fait par ledit Arnaud és mains de Jacques Geraud, portant offre de compensation sur ladite somme de 1800. liv. & jusques à ce s'oppose à la main-levée, du même jour. Requête en main-levée du même jour. Requête en main-levée baillée en grand-Chambre par ledit Dorat, avec l'Ordonnance de faux du 17. dudit mois de Juillet Arrest que les parties mettront leurs pieces pardevant Mr. de Senaud, pour leur être prononcé Arrest du 27. Aoust audit an. Requête en conclusions dudit Dorat devant ledit sieur Commissaire, signée Dorat & Ducournau. Requête dudit Arnaud concluant ses conclusions en renvoy à la seconde & en compensation, signée Arnaud & Herman son Procureur. Autre Executoire de dépens obtenu par ledit Dorat de la somme de 164. liv. 1. s. 6. den. du 14. Avril 1685. Arrest qui met l'appel interjetté par Arnaud d'un article de taxe du 1. Septembre 1687. Executoire de 12. liv. d'amande & 5 liv. de dépens, ensemble de la somme de 164. liv. 2. s. 6. den. portée par l'executoire du 14.

Avril du 6. Septembre audit an. Copie d'autre Acte de consignation faite par ledit Arnaud, és mains dudit Geraud de la somme de 186. liv. 12. s. 6. d. du 6. dudit mois de Septembre. Exploit de saisie d'un cheval fait à la Requête dudit Dorat, au préjudice dudit Arnaud du 12. dudit mois de Septembre audit an. Copie d'opposition faite par ledit Arnaud à la délivrance dudit cheval du 18. dudit mois. Procez verbal de refus fait par le depositaire dudit cheval de le representer, du 22. du même mois. Requête dudit Dorat presentée devant le Lieutenant General, à ce que la detentrice dudit cheval eût à le representer, avec l'Appointement qu'elle y seroit contrainte, & l'Exploit d'emprisonnement du 23. dudit mois de Septembre. Copie d'Acte d'appel fait par ledit Arnaud dudit Appointement du 14. dudit mois. Acte de consignation fait par ladite Poussines de la somme de 179. liv. és mains du Concierge Gourdal. Acte d'opposition de la main levée fait ensuite par ledit Arnaud du 25. Septembre audit an. Appointement dudit Senéchal, que ledit Arnaud seroit assigné, du 3. d'Octobre suivant. Requête presentée par ledit Dorat en main-levée de lad. somme consignée és mains dudit Gourdal du 1. Decembre 1687. Arrest donné en la Grand Chambre qui ordonne que les parties se pourvoiront en la seconde des Enquêtes devers le sieur de Fayard, du 9. dudit mois de Septembre audit an. Autre Arrest donné en la seconde Chambre entre lesdites parties, qui joint leurs Requêtes au procez principal, & qui ordonne qu'elles se pourvoiront devers Mr. le Rapporteur, du 20. Fevrier 1688. & autres pieces desdites parties, avec l'Acte à Droit du 18. du present mois. DIT A ETE' que la Cour a mis & met les appellations interjettées par ledit Arnaud de la Sentence & Appointement desdits jours 6. Mars 1684. 12. Mars & 10. Juillet 1687. & ce dont a été appellé au neant, en émandant ordonne que l'Appointement de condamnation de la somme de 626. liv. rendu par les Juge & Consuls dudit jour 4. Mars 1684. sera executé : attend sur la cassation d'emprisonnement fait en consequence de la personne dudit Dorat, par l'Exploit dudit jour 7. dudit mois de Mars, a mis & met les parties hors de Cour & de procez : Et avant faire droit tant de la condamnation de la somme de 1800. liv. portée par la promesse dudit Dorat dudit jour dernier Decembre 1682. prétendue par ledit Arnaud, que main-levée des sommes de 110. liv. 5. s. d'une part 179. liv. 2. s. 5.

E e ij

den. d'autre demandée par ledit Dorat, & compensation desdites sommes requises par ledit Arnaud : Ordonne ladite Cour que dans huitaine ledit Dorat contredira le comte produit par ledit Arnaud sous cotte double L, du 10. Janvier 1682. pour ce fait ou à faute de ce faire, ledit délay passé, être ordonné ce qu'il appartiendra : condamne ledit Dorat envers ledit Arnaud en la moitié des dépens, l'autre moitié reservé. Dit aux parties à la Reolle en Parlement le 25. May 1689. Signé DE VIGNERAS. Collationné sur les Originaux.

Messieurs DE MULLET DE VOLUSAN, President.
FAYARD, Rapporteur.

Epices dix écus.

ARREST NOTABLE
DE LA COUR DE PARLEMENT.

Rendu contre ceux qui prêtent aux Enfans de Famille.

Extrait des Régistres de Parlement.

Entre Jean Bâtier Sieur de Brie, appellant tant comme des Juges incompetans qu'autrement, des Sentences de condamnation par corps contre luy rendues par surprises, tant au Châtelet que par les Juges & Consuls de Paris, les 11. Août 1684. 6. Juin, 16. Juillet & 23. Novembre 1685. sous le nom & au profit des intimez & Défendeurs ci-après nommez, des emprisonnemens & recommandations faites de sa personne és prisons du Fort-l'Evêque, en vertu desdites Sentences les 25. & 29. Octobre, & 29. Novembre audit an 1685. & 7. Janvier 1686. & de tout ce qui s'en est ensuivy; & Demandeur en Requête du 22. Février audit an, afin d'élargissement de sa personne desdites prisons, d'une part : Et Jean de Peyrelongue se disant Marchand Bourgeois de Paris. Henry Berthe Sieur de la Rue, se disant avoir droit par transport du même Bouchet Scelier, Jacques Fourneau Marchand Apoticaire, & Pierre de la Chaussée aussi se disant Marchand, intimez & défendeurs d'autre. Et entre ledit Bâtier demandeur en enterinement de Lettres de Rescision par luy obtenuës en la Chancellerie le 12. Juin audit an 1686. suivant sa Requête du 23. Juillet ensuivant, d'une autre part. Et lesdits de Peyrelongue, Berthe, Fourneau & de la Chaussée, défendeurs encore d'autre. Et entre ledit Bâtier appellant tant comme de Juges incompetans qu'autrement, de deux Sentences contre luy rendues par défaut par lesdits Juge & Consuls de Paris, les 3. & 5. Avril audit an 1686. & de l'emprisonnement fait de sa personne en vertu d'icelles és prisons du petit Châtelet, & Demandeur esdites Lettres de Rescision du 12. Juin 1686. d'une part ; & Nicolas Pottin se disant Bourgeois de Paris, & avoir droit par transport de Hubert Nicolas Gamard intimé & défendeur d'autre. Et entre Me. Jean Bâtier Procureur en la Cour, Curateur creé à l'interdiction dudit Jean Bâtier de Brie son fils par Sentence dudit Châtelet du 18. Décembre 1683. demandeur en Requête par luy presentée à la Cour le 1. Avril 1688. afin d'intervention, d'une part : Et lesdits Bâtier fils, Berthe, de Peyrelongue, de la Chaussée, Fournau & Pottin défendeurs d'autre. Et encore entre ledit Bâtier pere audit nom de Curateur, demandeur en Requête du 28. Juillet audit an 1688. d'une autre part. Et lesdits Berthe, de Peyrelongue, de la Chaussée, & autres défendeurs encore d'autre : Veu par la Cour lesdites Sentences dont est appel, celle desdits Juge & Consuls de paris du 11. Août 1684. obtenuë sur défaut par ledit de Peyrelongue, ayant l'ordre de Pierre de Monteville, qui l'avoit dudit Bâtier fils, par laquelle iceluy Bâtier auroit été condamné solidairement avec le nommé de Savoye & par corps, ledit de Savoye comme accepteur, & ledit Bâtier comme Endosseur, à payer audit de Peyrelongue la somme de 3000. livres contenuës en la Lettre de Change du 26. Décembre 1682 payable audit Bâtier, tirée par le nommé Moreau sur ledit de Savoye, & aux interêts & dépens : Celle du Châtelet de Paris donnée contradictoirement le 6. Juin 1685. entre ledit Berthe, ayant droit par transport dudit Boucher demandeur d'une part, & ledit Bâtier fils défendeur d'autre, par lequel ledit Bâtier auroit été condamné & par corps, comme garant de l'ordre qu'il avoit passé audit Bouchet le 3. Janvier audit an 1684. pour recevoir le contenu en la Lettre de Change du 15. Décembre 1683. & suivant sa soûmission portée par l'écrit du premier Août audit an, à payer audit Berthe audit nom la somme de 3500. livres contenuë en ladite Lettre de Change, avec le profit & interêts de ladite somme, & dépens de l'instance, & ceux faits contre ledit de Savoye adjugez par Sentence du 19. Juillet audit an 1684. frais & mises d'execution, sauf audit Bâtier son recours contre qui & ainsi qu'il avisera, & aprés qu'il avoit requis terme, payerojt moitié dans un mois, l'autre moitié un mois aprés, sinon faute du premier payement seroit contraint pour le tout. Celle desdits Juge & Consuls du 16. Juillet 1685. obtenuë sur défaut par ledit Fourneau, par laquelle ledit Bâtier fils auroit été condamné de rendre audit Fourneau la somme de 850. livres contenuë en la Lettre de Change dattée à Reims le 29. Janvier audit an 1685. & tirée par ledit Moreau sur ledit de Savoye, & par luy acceptée pour payer audit Bâtier profit & interêts de ladite somme, & aux dépens, en baillant caution. Et celle dudit Châtelet du 23. Novembre audit an 1685. donnée contradictoirement entre ledit Pierre de la Chaussée défendeur & demandeur d'une part, & ledit Bâtier fils demandeur & défendeur, & encore demandeur en sommation contre le nommé Manoury d'autre, par laquelle ledit Bâtier auroit été debouté de sa demande contre ledit de la Chaussée, & sans y avoir égard faisant droit sur celle incidente dudit de la Chaussée, ledit Bâtier auroit été condamné & par corps à payer à iceluy de la Chaussée la somme de 1250. livres, contenuë en son Billet payable au porteur, valeur reçuë dudit Manoury, dattée du 1. May audit an 1685. avec le profit & interêts de ladite somme, à raison de l'Ordonnance, & aux dépens, & faisant droit sur la demande en sommation dudit Bâtier contre ledit Manoury, auroit été condamné de l'acquiter de ladite condamnation avec dépens, tant en demandant, défendant, que de la sommation, jugemens de receptions de cautions, en execution desdites Sentences; lesdits Exploits desdites recommandations de la personne dudit Bâtier fils és prisons du Fort l'Evêque, faites en vertu desdites Sentences, & à la Requête desdits Berthe, de Peyrelongue, de la Chaussée & Fourneau, les 25. 29. Octobre, 23. 29. Novembre audit an 1685. & 7. Janvier 1686. Requête dudit Bâtier du 22. Février audit an, aux fins d'être reçû appellant desdites Sentences & emprisonnement de sa personne, & cependant élargi desdites prisons. Arrêt du 5. Mars audit an 1686. par lequel les Parties auroient été appointées au Conseil, & cependant seroit ledit Bâtier mis hors des prisons à

Sur la Jurisdiction Consulaire. 233

la caution dudit Bâtier pere, qui auroit fait les soûmissions. Autre Arrêt du 31. dudit mois de Mars, portant reformation des erreurs de dattes d'aucunes desdites Sentences & Exploits de recommandations qui étoient dans ledit Arrêt du 5. dudit mois. Production desdits Bâtier fils, de Peyrelongue, Berthe & de la Chauffée. Requête dudit Berthe employée pour contredits contre la production dudit Bâtier fils. Lettres de Rescision obtenuës en Chancellerie par ledit Bâtier fils, le 12. Juin audit an 1686. pour être restitué, tant contre les Contrats, obligations par luy passées, & lesdits Billets, Lettres de Change, Ordre, Endossemens, & autres Actes de cette nature, que contre les consentemens qu'il pouvoit avoir prêtez dans les Jugemens qui l'avoient suivis. Requête dudit Bâtier fils du 23. Juillet audit an, afin d'enterinement desdites Lettres, au bas de laquelle est l'Ordonnance de ladite Cour, qui auroit appointé les Parties en droit sur lesdites Lettres, donné acte audit Bâtier de ce que pour écritures & productions il avoit employé le contenu en sadite Requête, & ordonne que les défendeurs seront tenus de fournir défenses, écrire & produire. Causes d'appel dudit Bâtier fils, contenant les moyens desdites Lettres de Rescision, réponses desdits Fourneau & de Peyrelongue : Requête desdits de la Chauffée & Berthe employées aussi pour réponses, même celles desdits de la Chauffée & de Peyrelongue encore pour contredits contre ladite production dudit Bâtier fils. Production dudit Fourneau contre iceluy Bâtier, suivant lesdits Arrêts du 5. Mars, & Ordonnance du 23. Juillet 1686. Requête dudit Bâtier employée pour contredits contre lesdites productions desdits de Peyrelongue, Berthe, de la Chauffée & Fourneau. Requête dudit de Peyrelongue employée pour salvations. Requête dudit de la Chauffée du 6. Août audit an, employée pour défenses, écritures & productions, même pour contredits sur ladite demande en Lettres, reglée par ladite Ordonnance du 23. Juillet precedent. Sommation ausdits de Peyrelongue & Berthe de produire suivant ladite Ordonnance. Production nouvelle desdits Berthe, de la Chauffée, Fourneau & Peyrelongue, par Requête des 29. Août & 2. Septembre 1687. 10. Février, 27. Mars & 2. Avril 1688. Sommation de contredire. Sentence desdits Juge & Consuls sur défaut obtenuë par ledit Pottin, ayant droit par transport dudit Gamard, le 3. Avril audit an 1686. par laquelle ledit Bâtier auroit été condamné payer par corps audit Pottin la somme de 6600. livres, contenuë en deux Lettres de Change dattées d'un même jour 12. Décembre 1685. par ledit Bâtier fils, sur le nommé Girard Banquier à Lyon, valeur reçûë dudit Gamard, & aux interêts suivant l'Ordonnance, change & rechange & frais du procez, & ce par provision en baillant caution. Sentence de reception de la caution dudit Pottin du 5. dudit mois d'Avril. Procez verbal d'emprisonnement dudit Bâtier és prisons dudit Châtelet le 8. Mars 1687. en vertu desdites Sentences, la Requête dudit Pottin, ayant droit par transport dudit Gamard. Arrêt du 24. Juillet audit an, par lequel sur ledit appel les Parties auroient été appointées au Conseil, & sur lesdites Lettres de Rescision du 12. Juin 1686. en droit, causes d'appel & moyens desdites Lettres audit Bâtier, réponses dudit Pottin servans aussi d'avertissemens, productions respectives desdits Bâtier & Pottin, production nouvelle dudit Bâtier fils contre ledit Potin, par Requête du 13. du present mois, sommation de contredire, Requête dudit Bâtier Procureur en ladite Cour, Curateur créé à l'interdiction dudit Bâtier son fils, du 1. Avril 1688. tendante à ce qu'il fût reçû Partie intervenante en ladite Instance; faisant droit sur ladite intervention, toutes les fins & conclusions prises par ledit Bâtier fils, leur fussent adjugées avec dépens, & acte de ce que pour moyens d'intervention ledit Bâtier avoit employé le contenu en ladite Requête, avec ce qui avoit été dit, écrit & produit par ledit Bâtier fils, au bas de laquelle Requête est l'Ordonnance de ladite Cour, qui auroit reçû ledit Bâtier pere Partie intervenante en ladite Instance, donné acte de sondit employ, & ordonné que ledit Bâtier fils, Berthe, de Peyrelongue, de la Chaussée, Fourneau & Pottin fourniroient de réponses, & produiroient. Requête desdits Berthe, de la Chaussée, Fourneau & Peyrelongue des 2. 3. & 12. Avril audit an 1688. employées pour réponses ausdits moyens d'intervention, écritures & production sur icelles, sommation ausdits Bâtier pere & fils, de Peyrelongue, Fourneau, de la Chaussée & Pottin de satisfaire à tous les Reglemens d'entre les Parties, & suivant iceux écrire, produire & contredire, même les uns à l'encontre des autres, & mettre les incidens en état. Lettres de Rescision obtenuës en Chancellerie par ledit Bâtier pere audit nom le 3. dudit mois d'Avril 1688. afin d'être restitué contre lesdits Billets, Lettres de Change, ordres, acceptations de Lettres, promesses, recon-

noissances.

Sur la Jurisdiction Consulaire.

noissances & consentemens dudit Bâtier fils, & être les Parties remises en même état qu'elles étoient avant iceux, ladite Requête dudit Bâtier pere audit nom du 28. Juillet audit an 1688. à ce que lesdites Lettres de Rescision incidemment obtenuës en Chancellerie le 3. Avril audit an fussent enterinées ; ce faisant ledit Bâtier audit nom fût restitué contre lesdits prétendus Billets, Lettres de changes, consentemens, déclarations, & actes produits en l'Instance, ce faisant les conclusions prises par lesdits Bâtier pere & fils leur fussent adjugées, & luy fut donné acte de ce que pour tous moyens, écritures & productions, il employoit le contenu desdites Lettres, & en ladite Requête les pieces y mentionnées, au bas de laquelle Requête est l'Ordonnance de ladite Cour portant acte dudit employ, & que les Défendeurs seroient tenus de défendre, écrire & produire. Requête desdits Berthe, de la Chauffée & de Peyrelongue des 30. Juillet 3. & 4. Août audit an 1688. employées pour défenses, écritures & productions, même celle dudit de la Chauffée pour contredits suivant ladite Ordonnance. Contredits dudit de Peyrelongue contre les pieces produites par ledit Bâtier pere par sadite Requête du 28. Juillet. Sommation ausdits Fourneau & Pottin de fournir de défenses & produire, même à eux, audit Bâtier pere, & audit Berthe de contredire suivant ladite Ordonnance ; tout joint & consideré. LA Cour faisant droit sur le tout, ayant égard à l'intervention & Lettres obtenuës par ledit Bâtier pere, & à celles dudit Bâtier fils, & icelles enterinant, a remis les Parties en tel & semblable état qu'elles étoient avant les Billets, Lettres de changes, actes obligatoires & consentemens dont est question, & en consequence les déclarant nuls, a mis les appellations & ce dont a été appellé au neant ; emendant déboute lesdits Berthe, Peyrelongue, de la Chauffée, Fourneau & Pottin de toutes leurs demandes ; déclarer les emprisonnemens & recommandations faites de la personne dudit Bâtier fils injurieux & déraisonnables ; ordonne que les écrous seront rayez & biffez, les Geolliers, ensemble ledit Bâtier pere déchargez de la representation dudit Bâtier fils ; condamne lesdits de Peyrelongue, Berthe, de la Chauffée, Fourneau & Pottin chacun à leur égard pour tous dommages & intérêts, en tous les dépens desdits Bâtier pere & fils. Fait en Parlement le 21. Juin 1689. *Signé*, par collation GRENU & DU TILLET, avec paraphe.

A MONSEIGNEUR
DE FAUCON,

CHEVALIER SEIGNEUR DE RIS, CONTE DE BOCQUEVILLE, Marquis de Charleval, Conseiller du Roy en ses Conseils, Maître des Requêtes ordinaire de son Hôtel, & Commissaire départy pour l'execution des Ordres de sa Majesté en la Generalité de Guienne.

SUPPLIENT humblement les Juge & Consuls de la Bourse de Bordeaux : Disant qu'ils sont obligez de recourir à vôtre Grandeur pour demander la décharge des conclusions prises contr'eux par le Sr. Jacques Buisson, Fermier du Domaine de sa Majesté, dans une Requête qu'il leur a fait signifier le premier du courant, pour raison de la vente qui se fait par les Marchands Forains de leur marchandises, au dedans & au devant l'Hôtel de la Bourse pendant les Foires de Mars & d'Octobre, qui durent quinze jours chacune, & sont les seules Foires permises dans la presente Ville : Les moyens de leur décharge sont pris de ce que la Maison de la Bourse leur appartient en proprieté comme un Domaine particulier, qu'ils ont des proprietaires des places & des maisons dont ledit Hôtel est à present composé, & comme avant l'année 1653. les Supplians avoient accoûtumé de bailler à loüer une grande partie de ladite maison à divers locataires pour en retirer quelque revenu, ayant été obligés de faire des dépenses considerables pour reparer & orner ladite maison, & ayant consideré que le public recevoit beaucoup d'incommodité pendant les Foires, de ce que les Marchands Forains étoient dispersez en divers lieux de la Ville, où chacun d'eux loüoit une boutique pour étaler & debiter sa marchandise, ce qui rendoit beaucoup plus difficile le commerce de la Foire. Comme ils avoient été assez heureux pendant les derniers mouvemens de la Province, de marquer avec beaucoup de fidelité, le zele qu'ils ont toûjours eu pour sa Majesté, ils eurent recours à sa Justice, afin qu'il luy pleût, en procurant le bien public, par la facilité & commodité

Sur la Iurisdiction Consulaire. 237

des Foires, de pourvoir par même moyen à l'indemnité des grands frais dans lesquels ils s'étoient constituez pour la reparation & decoration de ladite maison, & des notables dépenses par eux faites pour le service de sa Majesté, ils auroient à ces fins demandé par la Requête qu'ils luy presenterent le 20. de Novembre 1653. qu'Elle eût la bonté d'ordonner aux Marchands Forains d'étaler leurs marchandises pendant les Foires, au dedans & au devant ledit Hôtel de la Bourse & non ailleurs, afin que le public en reçût plus de commodité, & que les Supplians peussent tirer quelque dédommagement par les gratifications qui leur seroient faites par forme de loyer des places qui sont au dedans & au devant de ladite maison, ce que sa Majesté auroit eu la bonté de leur accorder le 20. Novembre 1653. & auroit été depuis executé de l'autorité des Sieurs Maire & Jurats de la presente Ville, en consequence du renvoy à eux fait par sa Majesté; & bien qu'en cela, lesdits Supplians ne fassent que louer une maison qui leur appartient en propre, comme ont accoûtumé de faire les proprietaires des autres maisons, comme ils faisoient eux-mêmes à divers locataires avant l'an 1653. & comme avoient accoûtumé de faire les divers particuliers ausquels les Marchands forains s'adressoient en divers lieux dispersez de la Ville, que même par une plus grande precaution, lesdits Supplians (quoy qu'ils ne fassent qu'user de leur droit) n'ayans rien voulu faire ny entreprendre à ce sujet que par permission & autorité du Roy: neanmoins ledit Dubuisson sous pretexte qu'il allegue que les Foires & les Marchez sont des droits dépendans de la Couronne, demande que lesdits Supplians ayent à luy rendre les loyers qu'ils ont reçûs de leur propre Maison, & qu'il en soit mis en possession pour en joüir à l'avenir, ce qui les oblige, Monseigneur, de representer à vôtre Grandeur, qu'ils ne peuvent pas être de pire condition que tous les autres proprietaires du Royaume, qui jouissent paisiblement des biens qui leur sont propres, sans être troublez ny inquietez dans leurs revenus; Car il ne s'agit pas icy d'un droit de Foire, ny d'une imposition ou levées faites sur les Marchands Forains, les Supplians sçachant fort bien que l'intention de sa Majesté est que les Foires soient franches de pareilles levées & impositions: Mais il est seulement question des loyers de leur Maison, que les Marchands Forains payent aux Supplians pour y loger & debiter leurs marchandises, comme ils avoient accoûtumé de les payer aux particuliers dont ils loüoient les boutiques en divers lieux de la Ville, pour étaler leurs marchandises, avant que le Roy pour la commodité du public eût eût ordonné qu'il les étaleroient au dedans & au devant de ladite Maison de la Bourse, ce qui fait que cela n'a aucun rapport au droit Domanial des Foires & Marchez dont parle ledit sieur Buisson. Ce consideré, Monseigneur, il vous plaise de vos graces, décharger lesdits Supplians de la demande fins & conclusions cont'reux prises par ledit sieur Buisson, & ils prieront Dieu pour vôtre prosperité. Signez BILLATTE Juge, FOUQUES Premier Consul, GEOFFRET second Consul.

Soit la Requête signifiée audit Buisson. Fait le sixiéme Juillet 1679. *Signé* DE FAUCON.

ME Jacques Buisson Fermier general des Domaines de France & droits y joints, répondant à la susdite Requête : dit qu'il faut faire difference de ce que les Supplians reçoivent pour les loyers de leur Maison, avec ce qu'ils exigent des Marchands pendans les Foires, sous le titre de gratification & d'un loyer qui se paye volontairement, à un droit necessaire & forcé, ledit Buisson ne demande quant à present, aucune chose sur les justes loyers de ladite maison : mais seulement sur ce qu'on prend au delà à la loccation des Foires, & sur les loyers qu'on tire du devant de lad. maison qui est une place publique dependante du Palais de l'Ombriere & de l'ancien Domaine de sa Majesté, ce que lesdits Juge & Consuls ne sçauroient luy disputer, en effet, ils le reconnoissent si bien, que dans la Requête presentée au Roy le 20. Novembre 1653. & même dans celle-cy, ils ayent avancé qu'ils contraignoient les Marchands à étaler leurs marchandises en temps de Foire dans la Maison de la Bourse, & que pour cet étalage ils exigeoient des gratifications forcées : ils veulent faire tout passer pour des loyers de maison qu'ils prennent comme les autres proprietaires du voisinage, au lieu que les pretenduës gratifications excedent les loyers legitimes de plus de 4000. livres par an : mais pour faire cesser ce pretexte, le Suppliant consent, ou que les loyers de ladite maison soient reglez à proportion de ceux des maisons voisines, ou que ladite maison soit estimée, & que le prix d'icelle soit remboursé ausdits Juge & Consuls, & sous la pertinence de ses offres, il demande dés-maintenant ou dans ce qui excede lesdits loyers, ensemble de ce qu'ils ont perceu pour la Place qui est au devant, ou dans la jouïssance du tout, en cas qu'ils acceptent le remboursement, avec la restitution des induës jouïssances, à quoy il conclud.

VEU la presente Requête & celle à nous presentée par Me. Jacques Buisson Fermier general des Domaines de France, vû aussi le placet presenté au Roy par les Supplians, au bas duquel est la réponse de sa Majesté du 20. Novembre 1653. Ensemble les réponses dudit Buisson : Et tout consideré. NOUS Commissaire susdit, faisant droit sur lesdites Requêtes respectives, avons maintenu les Supplians en la proprieté de la maison de la Bourse, circonstances & dépendances : & en consequence avons débouté ledit Buisson de la demande par luy faite du droit de détalage sur les marchandises qui se debitent & étalent dans l'enclos & enceinte de ladite maison, pendant les deux foires qui se tiennent dans la ville de Bordeaux au mois de Mars & Octobre, & avant faire droit sur ladite maison, Ordonnons que ladite Requête sera communiquée aux Maire & Jurats de Bordeaux, pour y fournir de réponse dans huitaine & sur icelle être fait droit ainsi qu'il appartiendra. FAIT à Bordeaux ce 21. Juillet 1679.
Signé DE FAUCON.
Par Mondit Sieur, CHATANIER.

EXTRAIT DES REGISTRES DE LA COUR de la Bourse de Bordeaux.

NOuvelle de Mr. Maître Pierre des Innocens Conseiller du Roy, Receveur Provincial des Dixmes de Guienne demandeur, comparant par Boursin d'une part, & Jean Boué Marchand défendeur comparant en personne d'autre ; ledit sieur demandeur requiert que ledit défendeur soit condamné luy payer la somme de sept cens cinquante huit livres quatorze sols dix deniers, contenus en une Lettre de change protestée, suivant l'Exploit du vingt-neuf d'Avril dernier, fait par Vallade, Contrôllé par Terrasson ; à quoy conclud & aux dépens.

Ledit Boüé défendeur dit que mal à propos ledit sieur demandeur luy demande la restitution de la Lettre de change en question, d'autant que le porteur de la Lettre n'a point fait ses diligences dans le temps, & qu'il n'a fait le protest de ladite Lettre que le onziéme jour aprés l'écheance, & que la Lettre étant tirée à deux usances, le dix-septiéme Janvier 1689. elle devoit être protestée le 27. de Mars suivant l'Ordonnance, dans le dixiéme jour ; cependant il a demeuré jusques au vingt-huit Mars, ainsi que ledit Boüé prie la Cour de remarquer qu'il y a septante jours dépuis la Lettre jusques au protest, outre que ladite Lettre des partis a été envoyée à DunKerque sur le tireur & acceptant, à qui l'on a notifié le protest, qui pretendant se disculper de la restitution d'icelle, à cause que le porteur n'a pas fait ses diligences dans le temps, d'autant même que l'accepteur avoit remis provision pour payer ladite Lettre à Mr. de Larvoire à Paris, dans le temps du délay ou écheance d'icelle, dans lequel temps ledit sieur Larvoire a manqué, ayant la provision en main des deniers de l'accepteur ; & partant ledit Boüé demande sa relaxance avec dépens, attendu que le porteur de la Lettre n'a pas été dans le temps demander le payement de sa Lettre audit de Larvoire, ou la provision avoit été remise par l'accepteur, partant requiert sa relaxance avec dépens. Ledit Boursin pour ledit sieur demandeur, dit que mal à propos le défendeur veut se dispenser de payer audit sieur demandeur la somme de sept cens cinquante huit livres quatorze sols dix deniers énoncée dans la Lettre de change dont est question, parce que puis qu'il demeure d'accord des dattes de la Lettre de change & du protest fait d'icelle ; il faut aussi qu'il demeure d'accord que ledit protest a été fait dans le temps porté & prescrit par l'Ordonnance de 1673. art. 4. du tit. des Lettres de change, puis qu'à compter le temps de deux usances portées par ladite Lettre, & les dix jours de faveur accordez par ladite Ordonnance au susdit article, & le jour que le protest a été fait, il ne se trouvera pas qu'il y ait que septante jours inclusivement, au lieu que le défendeur en prétend faire trouver septante-un : Et c'est encore mal à propos que ledit Boüé fomente cette dispute, puis qu'une semblable a été condamnée par Arrêt du Conseil privé du Roy du cinquiéme d'Avril 1686. faisant Reglement sur cette matiere, & qui confirme une Sentence donnée par lesdits Sieurs Juge & Consuls de la

Sur la Iurisdiction Consulaire.

Cour de la Bourse de Paris, portant condamnation de payer une Lettre de change tirée à trois usances, le 16. Juillet 1684. & qui n'avoit été protestée que le vingt-quatriéme Octobre de la même année : c'est Arrêt casse une Sentence donnée par Messieurs les Juge & Consuls de la Cour de la Bourse de Bayonne, parce qu'elle avoit déclaré que ledit protest du vingt-quatriéme Octobre n'étoit pas fait suivant l'Ordonnance : & comme cét Arrêt du Conseil que ledit Boursin rapporte en main fait un reglement sur la matiere pour tout le Royaume, partant persiste à demander ladite condamnation, à quoy conclud & aux dépens. Surquoy lesdits Juge & Consuls de ladite Cour assistez de Messieurs les anciens d'icelle, octroyent acte aux parties de leurs dites : Et vû l'Arrêt du Conseil privé du Roy du cinquéme d'Avril 1686. portant reglement general sur la matiere dont est question, ont condamné & condamnent ledit Boüé de rembourser audit sieur des Innocens demandeur la Lettre de Change par tout le jour avec dépens ensemble les frais & interêts suivant l'Ordonnance, ou le rechange s'il est justifié qu'il en aye été payé par ledit sieur des Innocens : Et sera le present Appointement lû & publié les plaids tenans, & affiché tant à la porte de la Sale de l'Audiance qu'aux endroits de la place du Change de la Maison Commune, afin que personne n'en prétende cause d'ignorence, & ledit délay passé, sera ledit défendeur contraint par saisie & vente de ses biens & par corps, nonobstant oppositions ou appellations quelconques, & sans préjudice d'icelles, par le premier Huissier ou Sergent Royal sur ce requis, ausquels est donné pouvoir & mandement de ce faire par ses presentes. Fait à Bordeaux en jugement de ladite Cour le vingt-sixiéme May mil six cens huitante neuf. Signé à l'original de Messieurs LAPEYRE Juge, & RIBAIL second Consul.

Extrait des Régistres de Parlement.

ENtre Abel Cazabonne Marchand appellant de certains Appointemens rendus par le Juge & Consuls de la Bourse de cette Ville, d'une part : Et Jacob Marraud Marchand intimé d'autre. Oüi Dubarry

Avocat de l'intimé, Planche Avocat de l'appellant. LA COUR attendu qu'il s'agit d'une somme au dessous de cinq cens livres, a mis & met sur l'appel interjetté par la Partie de Planche, les Parties hors de Cour & de procez: Condamne l'appellant en douze livres d'amande envers le Roy, & aux dépens envers l'intimé, sans préjudice à ladite Partie de Planche de ses exceptions qu'il n'a pas fait le Billet en question, & qu'il ne sçait lire ny écrire, & de ce pourvoir pardevant les Juge & Consuls de la Bourse, pour raison de ce, ainsi & comme il verra être à faire. Fait à Bordeaux en Parlement, le quatriéme Juillet 1692. *Signé*, ROGER. Et collationné.

Monsieur DE LATRENNE, Président.

Extrait des Registres de Parlement.

ENtre Philibert Pradillon, Bourgeois de cette Ville appellant de certains Appointemens rendus par les Juge & Consuls de la Bourse de Bordeaux d'une part: Et Loüis Delais Bourgeois & Marchand de Bordeaux, au nom & comme Cessionnaire de Jean Touron aussi Bourgeois & Marchand dudit Bordeaux, intimé, & demandeur en exécution d'Arrêt d'autre part. Veu le procez, Arrêt, de l'exécution duquel est question, & pieces mentionnées au Veu d'iceluy du 26. Août 1690. Requête dudit Pradillon contenant ses conclusions du 5. Septembre audit an. Requête dudit Touron avec l'Ordonnance de la Cour au bas d'icelle, portant sommation au procez principal des conclusions prises par ledit Pradillon, du 6. dudit mois de Septembre audit an. Contrat de cession fait par ledit Touron de la somme de cent vingt-six livres de capital à luy dûë par ledit Pradillon, interêts & dépens consentis en faveur dudit Delais du 27. Avril 1693. Requête dudit Delais, & reprise de ladite Instance du 4. Juillet audit an. Extrait de la redistribution dudit procez fait à Monsieur de Panaut à la place de feu Monsieur de Launay dudit 8. dudit mois de Juillet audit an. Quitance de la demande de douze livres consignées par ledit Delais pour le Jugement dudit appel du 24. dudit mois de Juillet audit an. Requête dudit Pradillon, à ce qu'il luy soit permis d'appeller audit procez le nommé Movisens, ci-devant Secrétaire dudit feu Sieur de Launay, du 4. Août dernier,

Arrêt

Sur la Iurisdiction Consulaire. 243

Arrêt rendu en la Chambre, portant que sur la Requête dudit Pradillon, les parties se pourvoiront pardevers le Rapporteur du procez du 17. dudit mois d'Août dernier. Requête dudit Delais contenant contredits à celle dudit Pradillon du 28. dudit mois, avec l'acte à droit aux fins du Jugement du procez, & autres pieces & productions des Parties. DIT a été que la Cour, sans avoir égard à chose ditte ou alleguée par ledit Pradillon, a mis l'appel par luy interjetté des appointemens rendus par les Juge & Consuls de cette Ville des 29. Juillet & d'Août 1689. au neant : Ordonne que ce dont a été appellé sortira son effet., le condamne en l'amande de douze livres envers le Roy, & aux dépens de l'Instance envers ledit Delais, même en ceux reservez par l'Arrêt dudit jour 26. Août 1690. Dit aux Parties à Bordeaux en Parlement, le 4. Septembre 1693. reçû les Epices. *Signé*, LIBERET.

Messieurs DE LATRENNE, Président.
ET DESENAU, Rapporteur.

Extrait des Régistres de Parlement.

ENtre Antoine Mercier Bourgeois & Marchand de Bordeaux, appellant d'un Appointement rendu par les Juge & Consuls de la Bourse de la presente Ville, d'une part : Et Jean & Cyprien Mengaud Bourgeois & Marchands de Narbonne, appellez & autrement demandeurs en déboutement de Requête d'autre: Et Guillaume Dadou Bourgeois & Marchand de Bordeaux, demandeur en Requête encore d'autre. Ouis amplement Fontanel Avocat dudit Mercier appellant, Mounerau Avocat dudit Dadou, Eyraud Avocat desdits Mengaud. La Cour sans avoir égard à chose ditte ny alleguée par la Partie de Mounerau intervenante sur l'appel interjetté par la Partie de Fontanel, de l'Appointement rendu par les Juge & Consuls de la presente Ville, dont est question, a mis & met les Parties hors de Cour & de procez : Condamne ladite Partie de Fontanel en douze livres d'amende envers le Roy, & ladite Partie de Fontanel aux deux tiers des dépens envers celle d'Eyraud, l'autre tiers demeurant compensé avec les dépens de commination faits par ladite Partie de Fontanel, & celle de Mounerau en tous les dépens envers ladite Partie d'Eyraud. Fait à Bordeaux en

Parlement ce 22. Février 1694. Solvit onze sols & neuf deniers. Solvit seize livres, compris les plaidés.

Monsieur DE LATRENNE, Président.

Extrait des Requêtes de la Cour de la Bourse.

Entre Sieurs Jean & Cyprien Mengaud Marchands de Narbonne, demandeurs, comparans par Sieur Roudes fondé de procuration d'une part : Et Sieur Antoine Mercier Marchand de Bordeaux, défendeur, comparant en personne d'autre. Ledit Sieur Roudes pour lesdits demandeurs, requerant qu'attendu qu'il a satisfait à vôtre Appointement du 24. du courant, signifié le 29. par Rastoüil, controllé à Bordeaux par Dufour, que ledit défendeur soit condamné de reprendre une Lettre de change de 2000. livres, & luy en payer le montant, sans préjudice de l'action desdits Sieurs Mengaud contre le tireur & autres Endosseurs, à quoy consent & à dépens, ledit défendeur répond que c'est mal à propos que ledit Sieur Mengaud luy fasse la demande de luy rembourser la Lettre de change en question, attendu que ledit Mercier n'est en nulle obligation par deux raisons invincibles, qui sont, la première, que la Lettre de change en question n'a pas été protestée dans le tems, ayant été tirée de Bordeaux par Dadou le 16. de Juillet dernier, payable à deux usances, laquelle dite Lettre échoit le 24. Septembre, y compris les dix jours de grace : Cependant ladite Lettre n'a été protestée que le 28. dudit mois de Septembre. Et à l'égard de la seconde raison, ledit défendeur dit qu'aux termes de l'Ordonnance art 13. du tit. 5. tout porteur de Lettre doit faire ses diligences pour l'action en garantie, dans la quinzaine après le protest fait. Ainsi ledit Mengaud ne l'ayant fait que dans trois mois après, il est non recevable dans ladite action en garantie, & partant ledit Mercier conclud aux fins de non recevoir, & à sa relaxance, comme étant bien fondé pour les raisons ci-dessus dites, & a signé à l'Original, *Signé*, Mercier. Ledit Sieur Roudes audit nom dit que ledit Mercier n'a rien dit de pertinent, ny n'a aucune raison pour éviter le remboursement de la Lettre de change en question avec le change, frais & dépens, attendu que la Lettre de change en question ne peut être protestée plûtôt, comme il pa-

Sur la Jurisdiction Consulaire.

roit par l'endossement fait en faveur desdits démandeurs par le Sieur Ricard associé dudit Mercier, & que le protest n'est pas afferant dans quel tems qu'il soit fait, qu'il suffit aux demandeurs que la provision de ladite Lettre de change n'aye pas été remise lors de l'échéance, comme fait foy le protest fait audit Roche à Paris, sur qui la Lettre de change avoit été tirée ; l'art. 16. de l'Ordonnance veut que lors que la provision n'a pas été remise, les Endosseurs soient garans desdites Lettres, sans qu'il y ait de tems prescrit au porteur d'icelles pour l'action en garantie, partant requiert que ledit Mercier soit tenu par tout le jour de payer ou consigner la valeur de ladite Lettre de Change, & a signé à l'Original, *signé*, Roudes. Ledit Sieur Mercier en persistant à son dire precedent dit qu'il n'est point associé dudit Sieur Ricard, & a signé à l'Original, *signé*, Mercier. Sur quoy les Juge & Consuls de ladite Cour, assistez du Conseil d'icelle, octroyent acte aux parties de leurs dires & requisitions, pour leur être fourny d'appointement. Fait à Bordeaux en Jugement de ladite Cour, le 30. du mois de Décembre 1693. *Signé*, LEYSSON.

SUr quoy les Juge & Consuls de ladite Cour, assistez du Conseil d'icelle, lecture faite de la Lettre de change en question, le protest d'icelle fait faute de payement, ensemble les dires & requisitions desdites Parties, avant faire droit à icelles, ordonnent que dans six semaines ledit Mercier fera apparoir, que lors & au tems de l'échéance de ladite Lettre de change, le Sieur Roche avoit provision pour le payement d'icelle, pour ce fait, ou à faute de ce faire, sera fait droit ainsi qu'il appartiendra. Cependant ordonnent que par tout le jour ledit Mercier consignera entre les mains de Monsieur de Poumiers Receveur des consignations, conformement à ses Lettres enregistrées au Greffe de la presente Cour, la somme de deux mil livres contenuë en ladite Lettre de Change, ou donnera ledit Mercier bonne & suffisente caution à quoy faire il sera contraint par saisie & vente de ses biens, & par corps, nonobstant oppositions ou appellations quelconques, & sans préjudice d'icelles, par le premier nôtre Huissier ou Sergent Royal sur ce requis, ausquelles est donné pouvoir & mandement de ce faire par ces Presentes. Fait à Bordeaux en Jugement de ladite Cour, le septiéme Janvier 1694. *Signé*, LEYSSON.

S Ignifié le 9. Janvier 1694. audit Mercier, & icéluy sommé d'obéir au susdit Appointement. Fait à Bordeaux en son domicile, & parlant à luy qui a pris copie desdits deux Appointemens des autres parts, ausquels a fait réponse qu'il est appellant du susdit Appointement en la Souveraine Cour de Parlement, pour les torts & griefs qui luy sont faits, & qu'il déduira en tems & lieu, & a signé le present Original aux fins de sa réponse. *Signé*, MERCIER.

LES NOMS DES BOURGEOIS QUI ONT été Juge & Consuls de la Bourse, depuis l'installation de ladite Bourse.

LE 8. May 1564. *Messieurs les Jurats, suivant l'Edit du Roy, convoquerent dans l'Hôtel de Ville quarante notables Bourgeois pour proceder à l'élection d'un Juge & de deux Consuls. Et fut en ladite assemblée élû Noble Jean de Bonneau pour Juge, Jean de Reynac & François de Pontcastel Consuls, lesquels pour ce coup prêterent le serment devant les Sieurs Maire & Jurats. Et faut noter que la premiere séance de ladite Bourse fut établie dans l'Hôtel de la Monnoye par lesdits Sieurs Maire & Jurats, où lesdits Juge & Consuls exercerent leurs Charges pendant trois mois, & depuis se remuerent au lieu où ils sont de present, qui fut acquis par l'avis des trente du Conseil de la Ville, des hoirs de feu Lescale.*

La seconde élection un an après fut faite par les quarante Bourgeois, sans l'assistance desdits Sieurs Maire & Jurats, & ce suivant l'Edit du Roy: & furent élus pour Juge Jean de Reinac, pour Consuls Pierre Sauvage & Jean Duprat, lesquels prêterent le serment devant les anciens Juge & Consuls à l'issuë de leurs Charges, comme il s'observe de present.

En l'année 1566. furent élûs,
De Ville-Neuve, Juge.
Le nom des Consuls ne se trouve.
En l'année 1567. furent élûs,
Jean de Pont-Castel, Juge.

Matthieu du Joncqua, 1. Consul.
Le nom du second ne se sçait.
En l'année 1568. furent élûs,
Jacques Pichon, Juge.
Jean Lambert, 1. Consul.

Sur la Iurisdiction Consulaire.

Jean Boucault, 2. Consul.
 En l'année 1569. *furent élûs*,
François Pont-Castel, Juge.
Le nom des Consuls ne s'est trouvé
 En l'année 1570. *furent élûs*,
Jean de Biarrotte, Juge.
Estienne du Vignau, 1. Consul.
Charles Bastié, 2. Consul.
 En l'année 1571. *furent élûs*,
Loüis Roux, Juge.
Les noms des Consuls n'est écrit.
 En l'année 1572. *furent élûs*,
Estienne du Vignau, Juge.
Pierre Regnier, 1. Consul.
Salinet, 2. Consul.
 En l'année 1573 *furent élûs*,
Jean de Boucault, Juge.
Jean Moussi, 1. Consul.
François Treilhes, 2. Consul.
 En l'année 1574. *furent élûs*,
Estienne Cruzeau, Juge.
Estienne Berard, 1. Consul.
Antoine Paulte, 2. Consul.
 En l'année 1575. *furent élûs*,
Pierre Regnier, Juge.
Gratien Dolive, 1. Consul.
André du Brocqua, 2. Consul.
 En l'année 1576. *furent élûs*,
Jean le Doux, Juge.
Estienne Goubineau, 1. Consul.
Claude Gazet, 2. Consul.
 En l'année 1577 *furent élûs*,
Antoine Paulte, Juge.
George Dupuy, 1. Consul.
Guillaume Casaubon, 2. Consul.
 Le 3. *Juillet de ladite année, le-*

dit Dupuy *premier Consul étant decedé, fut procedé à l'élection d'un Consul; & fut élû pour second Consul Pierre* Montaudon, *& ledit Casaubon qui n'étoit que second Consul avant le decez dudit* Dupuy, *fut le* 1. *Consul.*
 En l'année 1578 *furent élûs*,
François Treilhes, Juge.
Jean Martin, 1. Consul.
Claude Gain-pain, 2. Consul.
 En l'année 1579. *furent élûs*,
Pierre Dugua, Juge.
Jean de Barats, 1. Consul.
Jean Lapeyre, 2. Consul.
 En l'année 1580. *furent élûs*,
Estienne Roux, Juge.
Gerault Treilhes, 1. Consul.
Guillaume de Noüault, 2. Cons.
 En l'anné 1581. *furent élûs*,
Estienne Berard, Juge.
Jean Lalyon, 1. Consul.
Jacques Bouchet, 2. Consul.
 En l'année 1582. *furent élûs*,
Gratien Dolive, Juge.
François Fouques, 1. Consul.
François du Cournault, 2. Cons.
 En l'année 1583. *furent élûs*,
Pierre Montauldon, Juge.
Guillaume Boucault, 1. Consul.
Raymond Gros, 2. Consul.
 En l'année 1584. *furent élûs*,
Jean de Barats, Juge.
Arnaud Maillard, 1. Consul.
Pierre Fourré, 2. Consul.
 En l'année 1585. *furent élûs*,
Guillaume Casaubon, Juge.

Jean de Guichannet, 1. Conful.
Antoine Becquel, 2. Conful.
 En l'année 1586. *furent élûs*,
Jean de Martin, Juge.
Philip. de Minvielle, 1. Conful.
Jean de Mons, 2. Conful.
 En l'année 1587. *furent élûs*,
Jean Lalyon, Juge.
Pierre Rouftault, 1. Conful.
Jean Mercadé, 2. Conful.
 En l'année 1588. *furent élûs*,
Guillaume du Novalt, Juge.
Fortis du Caffe, 1. Conful.
Nicolas Truchon, 2. Conful.
 En l'année 1589. *furent élûs*,
François du Cournault, Juge.
Jean Ayral, 1. Conful.
Michel Guichannet, 2. Conful.
 En l'année 1590. *furent élûs*,
François Fouques, Juge.
François Jonchet, 1. Conful.
Mathurin Salomon, 2. Conful.
 En l'année 1591. *furent élûs*,
Jean Guichannet, dit Vieille, Juge.
Raymond Cauffe, 1. Conful.
Pierre Maillard, 2. Conful.
 En l'année 1592. *furent élûs*,
Jean Ayral, Juge.
Raymond Martin, 1. Conful.
Arnaud Peleau, 2. Conful.
 En l'année 1593. *furent élûs*,
Fortis Ducaffe, Juge.
Arnaud de Minvielle, 1. Conful.
Arnaud Dejean, 2. Conful.
 En l'année 1594. *furent élûs*,
Raymond Cauffe, Juge.

Bertrand Minvielle, 1. Conful.
Jean Jolly, 2. Conful.
 En l'année 1595. *furent élûs*,
Jean Mercadé, Juge.
Robert du Vignié, 1. Conful.
Iean Truchon, 2. Conful.
 En l'année 1596. *furent élûs*,
Guillaume Boucaut, Iuge.
Iean Tefte, 1. Conful.
Eftienne Berard, 2. Conful.
 Le 7. *May de ladite année, qui eft deux jours après l'élection, ledit Tefte* 1. *Conful deceda, & fut procedé à l'élection d'un autre Conful, & fut élû Iean Roux pour fecond Conful, & ledit Berard qui n'étoit que fecond, fut le premier durant ladite année.*
 En l'anné 1597. *furent élûs*,
Arnaud Peleau, Iuge.
Iacques Paty, 1. Conful.
Pierre Maurian, 2. Conful.
 En l'année 1598. *furent élûs*,
Pierre Fourré, Iuge.
Bernard Conftantin, 1. Conful.
Iean Orti, 2. Conful.
 En l'anuée 1599. *furent élûs*,
Nicolas Truchon, Iuge.
Bertrand Pallot, 1. Conful.
Iean de la Rocque, 2. Conful.
 Le 5. *Fevrier fuivant, ledit Truchon Iuge deceda, & les Confuls adminiftrerent la Iuftice le refte de l'année de leurs Charges, fans élection de Iuge, par déliberation des anciens.*
 En l'année 1600. *furent élûs*,
Mathurin Salomon, Iuge.

Jean Duvigneau, 1. Conful.
Martin Soffiando, 2. Conful.
En l'année 1601. furent élûs,
Iacques Paty, Iuge.
Marc Seguin, 1. Conful.
Iean Hugla, 2. Conful.
En l'année 1602. furent élûs,
Arnaud de Minvielle, Iuge.
Pierre Arpalange, 1. Conful.
Iulien Sage, 2. Conful.

Contestation entre les Bourgeois qui ont Charges de Iurats, Iuge ou Confuls, Treforiers de l'Hôpital, ou d'Avitailleurs des Châteaux ; & les Procureurs en la Cour pour les prefceances, toutes Parties fe pourvûrent vers le Roy. Y a eu au Confeil divers Arrêts, tant ladite année qu'autres fubfequentes à mefure que lefdits differens ont continué : Mais toûjours les Procureurs ont perdu leur caufe.

En l'année 1603. furent élûs,
Philippe de Minvielle, Iuge.
François Verdale, 1. Conful.
Antoine Hugla, 2. Conful.

Audit an, Monfieur de Pichon, lors Confeiller au Grand Confeil, exécuta dans la Maifon de Ville un Arrêt à la pourfuite defdits Iuge & Confuls, touchant ladite prefceance.

En l'année 1604. furent élûs,
Bertrand Pallot, Iuge.
Pierre Dathia, 1. Conful.
Nicolas Cazenave, 2. Conful.
En l'année 1605. furent élûs,
Jean de la Rocque, Iuge.

Eymeric de Lagarde, 1. Conful.
Arnaud Bordenave, 2. Conful.
En l'année 1606. furent élûs,
Eftienne Berard, Iuge.
Iean Guerin, 1. Conful.
Mathurin Urignon, 2. Conful.
En l'année 1607. furent élûs,
Iean Hugla, Iuge.
Nicolas de Sainctaulary, 1. Conf.
Iean de Leftrilhes, 2. Conful.
En l'année 1608. furent élûs,
Iulien Sage, Iuge.
Iacques Pineau, 1. Conful.
Eftienne Martiny, 2. Conful.
En l'année 1609. furent élûs,
Pierre Dathia, Iuge.
Iean Dorat, 1. Conful.
Iean Sanguinet, 2. Conful.
En l'année 1610 furent élûs,
Martin Soffionda, Iuge.
Iean Devancens, 1. Conful.
Philippe de Minvielle, 1. Conful.
En l'année 1611. furent élûs,
Nicolas Cazenave, Iuge.
Raymond Dejean, 1. Conful.
Gerault Chatry, 2. Conful.
En l'année 1612. furent élûs,
Antoine Hugla, Iuge.
Charles Devic, 1. Conful.
Iean Roux, 2. Conful.
En l'année 1613. furent élûs,
Eymery de Lagarde, Iuge.
Iean Dejean, 1. Conful.
Bernard de Lavigne, 2. Conful.
En l'année 1614. furent élûs,
Iean de Leftrilhes, Iuge.

Iean Raoul, 1. Conful.
Pierre Ducournault, 2. Conful.
En l'année 1615. furent élûs,
Arnaud de Bordenave, Iuge.
Arnaud Demalle, 1. Conful.
Pierre Duvergier, 2. Conful.
En l'année 1616. furent élûs,
Iean Guerin, Iuge.
Loüis Tuquoy, 1. Conful.
Arnaud Claverie, 2. Conful.
En l'année 1617. furent élûs,
Mathurin Urignon, Iuge.
Pierre Dubofcq, 1. Conful.
Iean de Guichanner, 2. Conful.
En l'année 1618. furent élûs,
Iacques Pineau, Iuge.
Charles Lacarre, 1. Conful.
Iean Labroche, 2. Conful.
En l'année 1619. furent élûs,
Philippe de Minvielle, Iuge.
François Carriffoles, 1. Conful.
Iacques Treilhes, 2. Conful.
En l'année 1620. furent élûs,
Eftienne Martin, Iuge.
Matthieu Capdam, 1. Conful.
Iofeph Brignon, 2. Conful.
En l'année 1621 furent élûs,
Nicolas de Sainctaulary, Iuge.
George Frucheteau, 1. Conful.
Pierre Moras, 2. Conful.
En l'année 1622. furent élûs,
Giraud Chatry, Iuge.
Pierre de la Fevriere, 1. Conful.
Anthoine Guichaneres, 2. Conf.
En l'année 1623. furent élûs,
Iean Roux, Iuge.

Bernard Duboufquet, 1. Conful.
Gilles Maleret, 2. Conful.
En l'année 1624. furent élûs,
Iean Raoul, Iuge.
Gaillard Portes, 1. Conful.
Iean Xans, 2. Conful.
En l'année 1625. furent élûs,
Pierre Du Cournan, Iuge.
Raymond Dorlic, 1. Conful.
Arnaud Fontebride, 2. Conful.
En l'année 1626. furent élûs,
Pierre Dubofcq, Iuge.
Iean Quentin, 1. Conful.
Antoine Roche, 2. Conful.
En l'année 1627. furent élûs,
Philippe Minvielle, Iuge.
Iean Treilles, 1. Conful.
Pierre Roy, 2. Conful.
En l'année 1628. furent élûs,
Arnaud Damalle, Iuge.
Iean Lafon, 1. Conful.
Michel Cazenave, 2. Conful.
En l'année 1629. furent élûs,
André Alenet, Iuge.
François Guerin, 1. Conful.
Gabriel Malhard, 2. Conful.
En l'année 1630. furent élûs,
Arnaud Claverie, Iuge.
Iean Nicolas, 1. Conful.
Iacques Berthet, 2. Conful.
En l'année 1631. furent élûs,
Raymond Orlic, Iuge.
Richard Fouques, 1. Conful.
Iean Raymond, 2. Conful.
En l'année 1632. furent élus,
Gaillard Portes, Iuge.

Jean

Sur la Iurisdiction Consulaire.

Iean Truchon, 1. Conful.
Pineau, 2. Conful.
En l'année 1633. furent élûs,
Iean Quentin, Iuge.
Iean Banos, 1. Conful.
André Minvielle, 2. Conful.
En l'année 1634. furent élûs,
Joseph Brignon, Juge.
Joseph Dinematin, 1. Conful.
Jean Dumeste, 2. Conful.
En l'année 1635. furent élûs,
Arnaud Fontebride, Iuge.
Estienne Boisson, 1. Conful.
Iean Durancau, 2. Conful.
En l'anné 1636. furent élûs,
Iean Nicolas, Iuge.
Iean Mercier, 1. Conful.
Iean Bernage, 2. Conful.
En l'année 1637. furent élûs,
Iean Lafon, Iuge.
Iacques Lestrilles, 1. Conful.
Claude Daran, 2. Conful.
En l'année 1638. furent élûs,
Gabriel Maillard, Iuge.
Jean Roulier, 1. Conful.
Gilles Dandaldegui, 2. Conful.
En l'année 1639. furent élûs,
Richard Fouques, Juge.
Pierre Larcebaut, 1. Conful.
Jean Paty, 2. Conful.
En l'année 1640. furent élûs,
François Fouques, Juge.
Jean Augier, 1. Conful.
François Mavarre, 2. Conful.
En l'année 1641. furent élûs,
Arnaud Pineau, Juge.

Pierre Dubosq, 1. Conful.
Michel Lacrompe, 2. Conful.
En l'année 1642. furent élûs,
André Minvielle, Juge.
Jean Motyé, 1. Conful.
Bernard Lapeyre, 2. Conful.
En l'année 1643. furent élûs,
Jean Ramond, Juge.
Pierre Martini, 1. Conful.
Gassiot Duthen, 2. Conful.
En l'année 1644. furent élûs,
Jean Mercier, Iuge.
Pierre Lafon, 1. Conful.
Jean-Baptiste Bounieres, 2. Conf.
En l'année 1645. furent élûs,
Jean Banos, Iuge.
Paul Lestrilles, 1. Conful.
Raymond Minvielle, 2. Conful.
En l'année 1646. furent élûs,
Iacques de Lestrilles, Iuge.
Iean Lavaud, 1. Conful.
Guillaume Lafon, 2. Conful.
En l'année 1647. furent élûs,
Iean Dumeste, Iuge.
Bernard Sanguinet, 1. Conful.
Iean Lamarque, 2. Conful.
En l'année 1648. furent élûs,
Iean Rullier, Iuge.
Gratien Pissebeuf, 1. Conful.
Iean Dubosc, 1. Conful.
En l'année 1649. furent élûs,
Ioseph Dinematin Dorat, Iuge.
Philippe Minvieille, 1. Conful.
Pierre Mercier, 2. Conful.
En l'année 1650. furent élûs,
Pierre de Larcebaut, Iuge.

François Benesse 1. Consul.
Pierre Tourchon, 2. Consul.
En l'année 1651. furent élûs,
Iean Baptiste Bounieres, Iuge.
Iacques Verdalle, 1. Consul.
Pierre Nantiac, 2. Consul.
En l'année 1652. furent élûs
Pierre Tourchon, Iuge.
Philippe Minvielle, 1. Consul.
Iean Dulaurens, 2. Consul.
En l'année 1653. furent élûs,
Pierre Martini, Iuge.
Philippe Iuge, 1. Consul.
Guillaume Crozilhac, 2. Consul.
En l'année 1654. furent élûs,
Iean Moryé, Iuge.
Iean Dejean, 1. Consul.
Iean Lavergne, 2. Consul.
En l'année 1655. furent élûs,
Paul Lestrilles, Iuge.
Pierre Gauvaing, 1. Consul.
Iean Sociando 2. Consul.
En l'année 1656. furent élûs,
Raymond Minvielle, Iuge.
Bertrand Laborde, 1. Consul.
Raymond Durribau, 2. Consul.
En l'année 1657. furent élûs,
Gratian Pissebeuf, Iuge.
Jean Sabatier, 1. Consul.
Iean Roche, 2. Consul.
En l'année 1658. furent élûs,
Pierre Lafon, Juge.
Bertrand Bertet, 1. Consul.
Jeantil Pineau, 2. Consul.
En l'année 1659. furent élûs,
Jean Lavau, Juge.

Guillaume Mercier, 1. Consul.
Pierre Valoux, 2. Consul.
En l'année 1660. furent élûs,
Bernard Sanguinet, Juge.
Guillaume Lavau, 1. Consul.
Pierre Cornut, 2. Consul.
En l'année 1661. furent élûs,
Bertrand Laborde, Juge.
Jean Fenelon, 1. Consul.
Pierre Lostau, 2. Consul.
En l'année 1662. furent élûs,
Pierre Nantiac, Iuge.
Antoine Hugla, 1. Consul.
Antoine Pontoise, 2. Consul.
En l'année 1663. furent élûs,
Bernard Labeyre, Juge.
Pierre Tillaud, 1. Consul.
Joseph Desbats, 2. Consul.
En l'année 1664. furent élûs.
Raymond Durribau, Iuge.
Pierre Larcebaut 1. Consul.
Leonard Lanardonne, 2. Consul.
En l'année 1665. furent élûs,
Jean Dejean, Iuge.
Pierre Lasevriere, 1. Consul.
Antoine Carros, 2. Consul.
En l'année 1666. furent élûs.
Philippe Juge, Iuge.
Lourens Boisson, 1. Consul.
François Decoud, 2. Consul.
En l'année 1667. furent élûs,
Philippe de Minvielle, Iuge.
Laurens Labatut, 1. Consul.
Pierre Leautart, 2. Consul.
En l'année 1668. furent élûs,
Guillaume Mercier, Iuge.

Sur la Jurisdiction Consulaire. 253

Arnaud Chatry, 1. Consul.
Iean Roche, 2. Consul.
En l'année 1669. furent élûs,
Iean Sabatier, Iuge.
Antoine Lamarque, 1. Consul.
Gabriel Poncet, 2. Consul.
En l'année 1670 furent élûs,
Iean Roche, Iuge.
François Sage, 1. Consul.
Pierre Pallote, 2. Consul.
En l'année 1671. furent élûs,
Antoine Hugla, Iuge.
Simon Miramon, 1. Consul.
Raymond Compte, 2. Consul.
En l'année 1672. furent élûs,
Pierre Cornut, Iuge.
André Delbreil, 1. Consul.
Arnaud Roche, 2. Consul.
En l'anné 1673. furent élûs,
Pierre Loftau, Iuge.
Arnaud Minvielle, 1. Consul.
Philippe Sage, 2. Consul.
En l'année 1674. furent élûs,
Pierre Valoux, Iuge.
Reymond Partarieu, 1. Consul.
Reymond Dalbis, 2. Consul.
En l'année 1675. furent élûs,
Antoine Pontoise, Iuge.
Pierre Lafosse, 1. Consul.
Thibaud Dumas, 2. Consul.
En l'année 1676. furent élûs,
Laurens Boisson, Iuge.
Iean Lapeyre, 1. Consul.
Jacques Jeoffret, 2. Consul.
En l'année 1677. furent élûs,
Jean Roche, Iuge.

Iean Minbielle Bessan, 1. Consul.
Iean-Pierre Malleret, 2. Consul.
En l'année 1678 furent élûs,
Iean Fenelon, Iuge.
Mathurin Lavergne, 1. Consul.
Pierre Sauvage, 2. Consul.
En l'année 1679. furent élûs,
Pierre Billate, Iuge.
Mathurin Fouques, 1. Consul.
Barthelemy Jeoffret, 2. Consul.
En l'année 1680. furent élûs,
Emerich Buchon, Iuge.
Arnaud Fau, 1. Consul.
Iean Dupin, 2. Consul.
En l'année 1681. furent élûs,
Pierre Larchebaut, Iuge.
Pierre Montalant, 1. Consul.
Michel Porlodes, 2. Consul.
En l'année 1682. furent élûs,
Antoine Lamarque, Iuge.
André Bechon, 1. Consul.
Simon Saintmillion, 2. Consul.
En l'année 1683. furent élûs,
Gabriel Poncet, Iuge.
Noel Gignous, 1. Consul.
Bertrand Massieu, 2. Consul.
En l'année 1684. futent élûs,
Loüis Leglise, Iuge.
François Barreyre, 1. Consul.
Pierre Brivasac, 2. Consul.
En l'année 1685. furent élûs,
Thibaut Dumas, Iuge.
Iean Lavau, 2. Consul.
Gentille Demora, 2. Consul.
En l'année 1686. furent élûs,
Pierre Pallote, Iuge.

H h iij

Joseph Sigal 1. Conful.
Pierre Lamy 2. Conful.

En l'année 1687. furent élûs
Mathurin Lavergne Juge.
Jean Carpentey 1. Conful.
Pierre Seguin 2. Conful.

En l'année 1688. furent élûs
Philippe Sage Juge.
Jean Baptiste Fenelon 1. Conful.
Jean Audat 2. Conful.

En l'année 1689. furent élûs
Jean Lapeyre Juge.
Jean Loftau 1. Conful.
Jean Ribail 2. Conful.

En l'année 1690. furent élûs
Simon Miramon Juge.
Jean Roche 1. Conful.
Jacques Verdery 2. Conful.

Mr. Miramon étant mort en 1691. on ne nomma point d'autre Juge, à caufe qu'il n'y avoit que quatre mois à paffer. Les Confuls continuerent à rendre la Juftice.

En l'année 1691. furent élûs
Mathurin Foucques Juge.
Pierre Billate 1. Conful.
Pierre Drouïllard 2. Conful.

En l'année 1692. furent élûs
Bertrand Maffieu Juge.
Jean Taufin 1. Conful.
Antoine Reymond 2. Conful.

En l'année 1693. furent élûs
François Barreire Juge.
Pierre Duberger 1. Conful.
Jean Duperrieu 2. Conful.

Le prefent Livre fut réimprimé dans cette même année, & augmenté par les foins dudit Sieur Duperrieu.

En l'année 1694. furent élûs
Jean Lavau Juge.
François Salles 1. Conful.
Etienne Luc Mercier 2. Conful.

Mr. Lavau ayant exercé trois jours mourut le 18. May, & le 22. dudit mois on fit une nouvelle élection, & fut élû avec les mêmes Confuls.

Jean Minvielle Beffan Juge.

En l'année 1695. furent élûs
Jantille de Mora Juge.
Michel Benffe 1. Conful.
Jean Aquart 2. Conful.

M. de Mora étant mort le 8. Mars 1696. les deux Confuls exercerent la Juftice jufques au 5. May qu'on fit la nouvelle élection.

En l'année 1696. furent élûs
Arnaud Fau Juge.
Jean Piffon 1. Conful.
Martial Marchandon 2. Conful.

TABLE
DES MATIERES

INſtruction generale ſur la Juriſdiction Conſulaire, page 1
De la Juriſdiction deſdits Juge & Conſuls és cauſes dont ils peuvent connoître, 13

Edit du Roy portant Erection des Juge & Conſuls des Marchands en la Ville de Bordeaux, avec les Declarations intervenués pour le Reglement de ladite Juriſdiction. 17

Declaration de ſa Majeſté en interpretation dudit Edit, 23

Autre Declaration du Roy Charles IX. ſur l'Edit precedent. 27

Declaration du Roy Charles IX. qui regle en cas de maladie, abſence, ou empêchement legitime, ceux qui doivent tenir la ſeance. 31

Declaration du Roy concernant les Billets de Change qui ſont faits par les Gens d'affaires. 32

Articles de l'Ordonnance de Louïs XIV. Roy de France & de Navarre, qui doivent être obſervez dans la Cour des Juges & Conſuls de la Bourſe de Bordeaux. 34

Inſtruction Sommaire ſur le fait du Commerce. 91

Creation, Erection & établiſſement fait par le Roy de deux Foires Franches en la Ville de Bordeaux, chacun an, à perpetuité & à toûjours. 99

Lettres du Roy Henry IV. Roy de France & de Navarre, par leſquelles ſa Majeſté veut & entend, que les Juge & Conſuls de la Bourſe des Marchands de Bordeaux joüiſſent des Declarations octroyées aux Juge & Conſuls de Paris, Orleans, & autres Villes du Royaume. 105

Lettres parentes du Roy, touchant le pouvoir donné aux Juge & Conſuls de la Bourſe des Marchands de Bordeaux, 108

TABLE DSS MATIERES.

Arrêts du Privé Conseil du Roy, par lesquels a été ordonné que les Bourgeois Marchands de Bordeaux, qui ont été Jurats, Iuges ou Consuls de la Bourse, Tréforiers de l'Hôpital & Avitailleurs des Châteaux, précederont les Procureurs du Parlement en toutes Assemblées. 111.

Extrait des Regiftres du Conseil Privé du Roy. 114.

Arrêt de la Cour de Parlement de Bordeaux, portant cassation du Reglement fait par les Presidiaux de Guyenne. 119.

Extrait des Regiftres du Conseil Privé du Roy. 118.

Arrêt de la Cour de Parlement de Bordeaux, portant adjournement personnel contre le Lieutenant general de Bergerac. 122.

Lettres Patentes du Roy, portans défenses de troubler les Juges & Consuls de Bordeaux en leur Iurisdiction. 123.

Privileges des Bourgeois de Bordeaux, qui ont été Jurats, Juges de la Bourse, Consuls, Tréforiers de l'Hôpital, & Avitailleurs des Châteaux. 125.

Autre prise de possession pour les préséances contre les Procureurs en Procession generale. 127.

Arrêt de la Cour de Parlement, portant défenses au Prevôt de Paris, de proceder par cassation des Sentences des Juge & Consuls. 129.

Arrêt du Conseil privé du Roy, donné sur la Requête presentée par la Communauté des Marchands de Poitou, concernant les Presidiaux. 130.

Arrêt de la Cour de Parlement, par lequel la Cour a cassé & annullé tout ce qui avoit été fait par ledit Prevôt de Paris, contre les Sentences des Juge & Consuls. 132.

Arrêt de la Cour de Parlement, portant défenses audit Prevôt de Paris, de proceder par cassation des Sentences des Juge & Consuls. 133.

Arrêt de la Cour de Parlement, portant défenses au Bailly de Vermandois, de prendre aucune connoissance des causes pendantes pardevers les Consuls de Reims. 135.

Arrêt de la Cour de Parlement, rendu au profit des Juge & Consuls de la Ville de Troyes. 136.

Arrêt de la Cour de Parlement, portant Reglement entre les Juges Presidiaux & les Juge & Consuls de Troyes. 138.

Arrêt de la Cour de Parlement, qui casse & annulle tout ce qui avoit

TABEE DES MATIERES.

été fait par le Juge de Laval & Château-Gonthier, & ordonne que les Parties se pourvoiront pardevant les Juge & Consuls d'Angers. 140

Arrêt de la Cour de Parlement, par lequel la Cour a dit avoir été mal jugé par le Prevôt de Paris, & fait main-levée des défenses par luy faites aux Huissiers de donner les assignations, & exécuter les Jugemens des Juge & Consuls, & enjoint à eux d'y proceder. 144

Arrêt de la Cour de Parlement, par lequel le procez verbal & information faite par les Juge & Consuls de Paris, a été avoüé. 150

Arrêt de la Cour de Parlement, par lequel les Huissiers Audienciers des Jurisdictions Consulaires ne doivent être reçûs que pardevant les Juges & Consuls des Marchands. 151

Arrêt de la Cour de Parlement, donné au profit des Juge & Consuls de Reims, contre les Officiers du Bailliage dudit Reims. 156

Arrêt de la Cour de Parlement, donné au profit des Juge & Consuls d'Abbeville. 159

Arrêt de la Cour de Parlement, confirmatif des Sentences, portans contrainte par corps pour fait des Lettres de Change. 160

Requête presentée au Roy par les Juge & Consus de la Ville de Bordeaux, concernant l'établissement des Foires. 162

Arrêt de la Cour de Parlement, qui casse & revoque tout ce qui avoit été fait par le Bailly de Riccy, & fait défenses aux intimez d'empêcher les Parties de se pourvoir pardevant les Juge & Consuls. 164

Article tiré de la Mercuriale de la Cour de Parlement, touchant le pouvoir donné par icelle pour l'exécution des Sentences des Iuge & Consuls. 166

Arrêt de la Cour de Parlement, portant Reglement entre les Juge & Consuls de la Ville de Soissons, & les Officiers du Presidial de ladite Ville. 167

D'un gros Registre contenant les Edits & Déclarations du Roy, & Arrêts, tant de son Conseil, que du Parlement de Normandie donnez en faveur de la Iurisdiction des Prieurs & Consuls des Marchands à Roüen. 174

Arrêt de la Cour de Parlement, qui ordonne que par les Juge & Consuls il sera pouvû aux prisonniers détenus és prisons en vertus de leus Sentences. 179

Autre Arrêt de la Cour de Parlement séant au Châtelet. ibid.

TABLE DES MATIERES.

Procez Verbal fait par les Juge & Consuls, contre certain Quidam accusé d'avoir pris une bourse l'Audience tenant, avec l'extrait des Registres du Greffe, & Arrêt de la Cour de Parlement. 180. 181

Extrait des Regiftres du Conseil d'Etat. 182

Extraits des Regiftres de Parlement. 208 & 210

Arrêt de Reglement du Conseil Privé, en interpretation de l'Ordonnance des Marchands & Négocians. 213

Extrait des Regiftres du Conseil d'Etat. 218

Extrait des Regiftres du Conseil Privé du Roy. 222

Extraits des Regiftres de Parlement. 225 & 226

Arrêt notable de la Cour de Parlement, rendu contre ceux qui prêtent aux Enfans de famille. 230

Requête presentée à Monseigneur l'Intendant, en faveur des Iuge & Consuls de la Bourse de Bordeaux, contre Iacques Buisson Fermier du Domaine. 236

Extrait des Regiftres de la Cour de la Bourse de Bordeaux. 239

Extraits des Regiftres de Parlement. 241 242 & 243

Extrait des Regiftres de la Cour de la Bourse. 244

Les noms des Bourgeois qui ont été Iuges & Consuls de la Bourse, depuis l'installation d'icelle jusques à present. 246

Fin des Matieres de la Table.

EXTRAIT DES REGISTRES du Conseil d'Etat.

EU au Conseil d Etat du Roy l'Arrêt rendu en iceluy le vingt-deux Octobre dernier, par lequel Sa Majesté auroit commis le Sieur de Bezons Conseiller d Etat, Commissaire départy en la Generalité de Bordeaux, pour dresser un Etat des droits qui se payent au Greffe de la Bourse de Bordeaux, & donner son avis pour arrêter au Conseil un Tarif desdits droits, le Procez verbal dudit Sieur de Bezons, dressé en consequence, par lequel il paroît qu'il se seroit fait representer les Tarifs des droits desdits Greffes arrêtez l'un en 1668. par le Sieur de Vivey Tresorier de France à Bordeaux, Subdelegué du feu Sieur Pelot lors Intendant en Guienne, duquel Tarif l'exécution auroit été ordonnée en 1669. par Ordonnance du Sieur d'Aguesseau Conseiller d'Etat ordinaire, lors Intendant en ladite Province; l'autre fait en 1682. par le Juge conjointement avec deux Consuls de leur autôrité privée, & autres pieces & mémoires à cét effet, & l'avis dudit sieur de Bezons sur chacun des articles desdits Tarifs, le tout après avoir entendu les Consuls, les Marchands les plus experimentez & les Fermiers desdits Greffes : OUY le Rapport du sieur Phelypeaux de Pontchartrain Conseiller ordinaire au Conseil Royal, Contrôlleur general des Finances. LE ROY EN SON CONSEIL, a Ordonné & Ordonne que les droits du Greffe de la Bourse de ladite Ville de Bordeaux seront à l'avenir perçûs ainsi qu'il ensuit.

Sçavoir.

Pour le premier Enregistrement ou droit de presentation tant par le demandeur que par le défendeur, cinq sols, cy . . . . . 5. s.
Pour le second Enregistrement, un sol six deniers, cy . 1. s. 6. d.
Pour un Appointement par défaut, ou sauf causes & raisons, treize sols, cy . . . . 13. s.
Pour un Appointement pur & simple, ou portant que le precedent sortira effet, pareille somme, cy . . . . . 13. s.
Pour les Appointemens parties oüies, quinze sols, cy . . 15. s.

Pour la grosse des Appointemens contradictoires, si les parties baillent leurs dires, & qu'ils seront inserez dans le Veu desdits Appointemens, lors qu'ils ne contiendront qu'une feüille de quatorze lignes à la page, seize sols, cy. 16. s.

S'ils contiennent deux feüilles, vingt-six sols, cy . . . 26. s.

S'ils contiennent deux feüilles jusques à trois, trente-neuf sols, cy . 39. s.

Pour ceux qui excedent trois feüilles, de quelque grandeur qu'ils soient, cinquante-deux sols, cy . . . . . 52. s.

Pour les Appointemens de renvoy devant des Commissaires appellez en procedant, & autres concernant l'instruction des procez, treize sols, cy . 13. s.

Pour un Appointement ou Ordonnance sur Requête portant surséance, sera payé treize sols quand la Requête sera portée par la partie, cy . 13. s.

Et si le Greffier dresse la Requête, vingt sols, cy . . . 20. s.

Pour un Acte à droit, treize sols, cy . . . 13. s.

Sera payé audit Greffier lors qu'il dressera la Requête sur laquelle on met joint au procez, si elle a une feüille six sols, cy 6. s.

Et si elle en a davantage, dix sols, cy . . . . 10. s.

Pour les Sentences par rapport qui ne contiendront que jusques à trois feüilles de quatorze lignes à la page, trois livres quatre sols, cy . . 3. l. 4. s.

Et quand elles excederont sera payé vingt sols par rôlle.

Pour les Sentences interlocutoires, & celles renduës par forclusion, trente-deux sols, cy . . . . . . 32. s.

Pour les Exécutoires de dépens, quinze sols six deniers, cy . . 15. s. 6. d.

Pour le retrait des sacs, cinq sols, cy . . . 5. s.

Pour chaque Collationné de pieces, trois sols, cy . . 3. s.

Et autant pour châque paraphe de pieces remises au Greffe, cy . 3. s.

Pour les Mandemens sur des Condamnations surannées, treize sols, cy 13. s.

Pour les Pareatis sur Requête, vingt sols, cy . . 20. s.

Pour la recherche des Appointemens aprés trois années jusques à dix, trente sols, cy . . . . 30. s.

Et le double aprés dix ans, cy . . . . 3. livres

Pour la reception de châque caution, quarante sols, outre l'appointement, 40. s.

Pour la prestation de serment de chaque Expert, cinq sols, cy . 5. s.

Pour l'expedition de chaque rapport qui ne contiendra qu'une feüille, dix sols cy . . . . 10. s.

Et s'il excede sera payé dix sols par feüille outre l'appointement, cy 10. s.

Pour l'audition de chaque témoin, cinq sols, cy . . 5. s.

Pour le transport du Greffier avec le Commissaire pour recevoir la déposition

d'un témoin, vingt cinq sols, cy . . . . 25. f.
Pour assister aux sermens solemnels, quarante-sept sols six deniers, cy 47.f.6.d.
Pour les autres sermens dans la Chambre du Conseil ou chez le Juge en cas qu'il en soit ordonné, vingt sols, cy . . . . 20. f.
Et ne sera dû aucun droit pour les sermens prêtez à l'Audience.
Pour un Mandement de bris de portes, cinq sols, cy . 5. f.
Pour un Acte d'inscription de faux, soit qu'il se fasse au Greffe ou en Jugement, seize sols, cy . . . . . 16. f.
Pour décrouër un prisonnier, vingt-cinq sols, cy . . 25. f.
Pour un procez verbal de marchandises trouvées défectueuses, trente-deux sols, cy . . . . . . 32. f.
Et pour les Actes d'affirmations, dix sols, cy . . 10. f.

FAIT SA MAJESTÉ défenses aux Greffiers de ladite Jurisdiction & leurs Commis de prendre à l'avenir autres & plus grands droits que ceux cy-dessus à peine de concussion: Enjoint sa Majesté aux Juge & Consuls dudit Siege d'y tenir la main; & sera à cét effet le present Arrêt regitré és Regitres de ladite Jurisdiction. FAIT au Conseil d'Etat du Roy tenu à Marly le dixiéme jour d'Avril mil six cens quatre-vingt-seize. Collationné. Signé DUJARDIN.

LES Juge & Consuls de ladite Cour assistez des Elûs du Conseil, lecture faite du present Tarif & Arrêt du Conseil, Ordonnent qu'il sera regitré és Regitres de ladite Cour, publié & affiché où besoin sera, pour être executé selon sa forme & teneur; & font tres-expresses inhibitions & défenses au Greffier, ses Commis & tous autres de prendre de plus grands droits que ceux qui sont portez par le present Tarif, à peine de concussion. FAIT à Bordeaux dans l'Audience de ladite Cour, le plaid tenant, jour d'Audience Royalle, le vingt-deuxiéme Juin mil six cens quatre vingt-seize. Signé sur le Regitre de Messieurs FAU Juge, PIFFON & MARCHANDON Consuls. Signé LEYSSON Greffier.

ARRESTS DU CONSEIL D'ETAT du Roy,

L'un du 23. Avril 1697. Portant, qu'en consequence de l'Edit du mois de Novembre 1696. les Sentences & Executoires de dépens qui seront rendus en la Iurisdiction Consulaire de Paris, seront scellez, sçavoir pour les Sentences ou Executoires de 100. liv. & au dessus 20. sols, pour ceux au dessous de 100. liv. jusqu'à 50. l. sera payé 10. sols, & pour ceux au dessous de 50. l. sera payé 6. s. Et défenses aux Greffiers de les délivrer, aux Huissiers & Sergens de les executer, & aux parties de s'en ayder qu'ils ne soient scellez, à peine de nullité, interdiction, & cent livres d'amende payables solidairement.

Et l'autre du trente dudit mois d'Avril, Ordonne que celuy cy-dessus sera executé dans toutes les Iurisdictions Consulaires, & des Bourses du Royaume, Terres & Seigneuries de l'obéissance de Sa Majesté, & les droits du Scel desd. Sentences & Executoires payez conformément audit Arrest, & sous les peines y portées; A l'effet dequoy les Proprietaires des Offices de Gardes-Scels créez par ledit Edit, ou les Commis preposez à l'exercice d'iceux, seront tenus de se rendre assidus auprés desdites Iurisdictions pour sceller lesdites Sentences & Executoires & recevoir lesdits Droits.

EXTRAIT DES REGISTRES DV CONSEIL D'ETAT.

SUR les Requêtes respectives presentées au Roy, l'une par Me. Henry Hucherard chargé par Sa Majesté du recouvrement de la finance qui doit provenir de la vente des Offices de Conseillers Gardes-scels créez par Edit du mois de Novembre 1696. dans les Iurisdictions Royales du Royaume; & l'autre par les Juge & Consuls des Marchands de la Ville de Paris : CONTENANT, sçavoir la Requête dudit Hucherard, Qu'encore que toutes les Sentences, Executoires, Ordonnances sur Requêtes, & toutes autres Expeditions qui sont renduës en lad. Jurisdiction Consulaire de ladite Ville de Paris, doivent être scellées conformément audit Edit, comme lesd. Sentences executoires l'ont toûjours été depuis cent ans & plus, & les droits payez sur le pied du Tarif arrêté au Conseil en execution dudit Edit ; neanmoins lesd. Juges Consuls & leurs Greffiers font difficulté de payer les droits des Défauts & Actes de remises, Continüations, Ordonnances apposées sur les Requêtes, & autres, & pretendent qu'il n'y a que les Sentences & Executoires de dépens qui soient sujets audit Scel : Pourquoy le Suppliant requeroit qu'il plût à Sa Majesté ordonner que toutes les Sentences, Actes & Expeditions qui seront renduës en ladite Jurisdiction seront scellées, & lesdits droits payez, à peine de nullité, & des amandes portées par ledit Edit. Et la Requeste desdits Juges Consuls, contenant, qu'il a toûjours plû à Sa Majesté de considerer lesdites Jurisdictions Consulaires en faveur du negoce, & du soulagement de ses Sujets, & que si toutes les Expeditions de ladite Jurisdiction étoient sujettes audit Scel : les particuliers qui ont accoûtumé d'y plaider seroient obligez d'abandonner leurs affaires : & que pour éviter les contestations qui pourroient survenir, & faciliter le commerce, ils supplioient sa Majesté, dérogeant au Tarif arrêté en son Conseil au mois de Novembre dernier, fixer les droits dudit Scel, prétendus pour les Expeditions de la Jurisdiction ; sçavoir les Sentences portant condamnation, soit par défaut ou contradictoires, & les Executoires de dépens au dessus de cent livres à vingt sols, les Sentences & Executoires de dépens au dessous de cinquante livres, six sols ; & moyennant ce, qu'il plût à Sa Majesté de charger dudit droit de Scel les défauts ou Ordonnances de réassignez, & tous les autres Actes de ladite Jurisdiction qui ne portent point de condamnations, & ceux qui ne prononcent que des continuations de causes ou renvoys devant des arbitres. Veu lesdites Requêtes, lesdits Edits du mois d'Avril 1685. & Novembre 1696. Et Ouy le Rapport du Sr Phelyppeaux de Ponchartrain Conseiller ordinaire au Conseil Royal, Contrôlleur General des Finances. LE ROY EN SON CONSEIL, ayant égard ausdites Requêtes, & dérogeant au Tarif arrêté le vingt-sept Novembre dernier, a ordonné & ordonne, que toutes les Sentences & Executoires de Dépens qui seront rendus en ladite Jurisdiction Consulaire de Paris, seront scellées, & les droits du Scel payez, sçavoir, pour chacune Sentence ou Executoire de Dépens rendus par défaut, ou Contradictoires, Provisoires ou diffinitifs de cent livres & au dessus, vingt sols : pour ceux audessus de cent livres jusqu'à cinquante livres, dix sols : Sa Majesté faisant défenses aux Greffiers de les delivrer, à tous Huissiers ou Sergens de les signifier, & aux parties de se servir desdites Sentences & Expeditions qu'elles ne soient scellées, & les droits payez à peine de nullité, interdiction des Huissiers ou Sergens, & de cent livres d'amende payables solidairement par les parties, Greffiers, Huissiers & Sergens : & à l'égard des Défauts & actes de remises

B

renvois pardevant des Arbitres, & tous autres qui ne porteront aucune condamnation, Sa Majesté les a déchargé & décharge dudit droit de Scel pour la facilité du commerce, & sans tirer à consequence. Ordonne Sa Majesté que les Proprietaires de l'Office de Garde-scel & en attendant la vente dudit Office, ledit Hucherard, seront tenus d'établir un Commis prés de ladite Jurisdiction Consulaire, pour sceller lesdites Sentences & Executoires sans retardation. Et sera le present Arrêt executé nonobstant oppositions quelconques, seront toutes Lettres pour l'éxecution dudit present Arrêt expediées. Fait au Conseil d'Etat du Roy, tenu à Marly le vingt-troisiéme jour d'Avril mil six cens quatre-vingt-dix-sept. Collationné. Signé, DU JARDIN.

EXTRAIT DES REGISTRES DU CONSEIL D'ESTAT.

SUR les Requêtes respectives presentées au Roy en son Conseil, par les Juges Consuls des Jurisdictions Consulaires, & des Bourses des Villes de Roüen, Toulouse, Bordeaux, Reims, Rennes, Marseille, Amiens, Beauvais, & autres Villes du Royaume, contenant; Sçavoir celles desdits Juges, Consuls, qu'encore que lesdites Jurisdictions ne soient pas dénommées dans l'Edit du mois de Novembre 1696. par lequel Sa Majesté a créé des Offices de Gardes-scels, avec attribution de Droits dans toutes les Jurisdictions Royales du Royaume; néanmoins Maître Henry Hucherard chargé de la vente desdits Offices, n'a pas laissé de se mettre en devoir d'établir des Commis pour sceller les Sentences, & toutes les autres Expeditions desdites Jurisdictions, ce qui auroit obligé lesdits Juges Consuls de se retirer pardevant les sieurs Commissaires départis dans les Provinces & Generalitez, pour faire défenses audit Hucherard & ses Commis de les inquieter, pour raison du Scel desdites Sentences & Actes: Mais qu'au lieu de ce faire, ils les auroient renvoyez vers Sa Majesté; pourquoy ils la suplioient tres humblement de considerer que lesd. Jurisdictions étant établies pour faciliter le commerce, ils se trouveroient troublez & inquietez si tous lesd. Actes, Sentences & Expeditions étoient sujets audit Scel, & requeroient qu'il plût à Sa Majesté les en décharger; Faire défenses audit Hucherard, ses Procureurs & Commis de les troubler pour raison de ce; Et celle dudit Hecherard, contenant que tous les Edits & Declarations qui ont ordonné que les Expeditions des Jurisdictions Royales seroient scellées du Scel de Sa Majesté, notamment celuy de l'année 1568. Il est expressément porté. Que toutes les Sentences & Expeditions desdites Jurisdictions seront scellées, & qu'ils ont été executez en la Jurisdiction Consulaire de Paris, pour laquelle Sa Majesté a par Arrêt de son Conseil du 23.

Avril 1697. ordonné, Que les Sentences provisionales ou diffinitives, & tous les Executoires de dépens, qui seroient rendus & expediez seront scellez, & les droits dudit scel payez ; & par consequent, que les autres villes du Royaume où lesdites Jurisdictions sont établies, ne peuvent pas pretendre d'en être déchargées, d'autant plus qu'elles sont comprises dans ledit Edit du mois de Novembre dernier, sous le titre de Jurisdiction Royale ordinaire & extraordinaire ; & que si elles n'y ont pas été expressement dénommées, ç'a esté par la raison que Sa Majesté n'a pas voulu y établir des Juges en titre d'Office afin d'en laisser toûjours le choix libre aux Marchands & Habitans des Villes où ils sont établis ; ce qui a fait que Sa Majesté n'a entendu y établir qu'un simple Garde-scel pour faire sceller lesdites Expeditions par ceux des Jurisdictions ordinaires, comme celuy du Châtelet de Paris a toûjours fait jusqu'à present celles de ladite Jurisdiction Consulaire de Paris : Pourquoy il requeroit qu'il plût à Sa Majesté ordonner que ledit Edit sera executé dans les autres Jurisdictions comme en celle de Paris. Et en consideration des décharges du Droit dudit scel, que Sa Majesté a accordé pour les défauts, Actes de remises, Continuations, Ordonnances sur Requêtes & autres ; fixer les Droits des Sentences & Executoires de Dépens, sur le même pied que ceux de Paris. Veu lesdites Requêtes & Edits, notamment celuy du mois de Juin mil cinq cens soixante-huit, portant creation desdits Gardes-scels, & autres rendus en consequence, dans lesquels les Jurisdictions Consulaires sont expressement dénommées, l'Arrêt rendu au Conseil entre lesdits Juges Consuls de Paris & ledit Hucherard ledit jour vingt-trois Avril mil six cens quatre-vingt-dix-sept ; Et oüy le Rapport du Sieur Phelypeaux de Ponchartrain Conseiller ordinaire au Conseil Royal, Contrôlleur General des Finances. LE ROY EN SON CONSEIL a ordonné & ordonne, Que ledit Arrêt rendu pour les droits du Scel des Sentences, Executoires de la Jurisdiction Consulaire de la Ville de Paris, sera executé dans toutes les autres Jurisdictions Consulaires, & des Bourses du Royaume, Païs & Terres de l'obeïssance de Sa Majesté ; Ce faisant qu'en consequence dudit Edit du mois de Novembre dernier, toutes les Sentences & Executoires de Dépens qui seront rendus dans lesdites Jurisdictions, seront scellez, & les droits payez, sçavoir, pour chacune Sentence ou Executoire de dépens par défaut, contradictoire provisional ou diffinitive de cent livres & au dessus, vingt sols ; pour ceux au dessous de cent livres jusqu'à cinquante, dix sols ; & pour ceux au dessous de cinquante, six sols : sans qu'ils puissent être délivrez ny signifiez qu'ils ne soient scellez, à peine de nullité, interdiction des Huissiers ou Sergens, & cent livres d'amende payables solidairement par les parties, Greffiers, Huissiers & Sergens ; & à l'égard des Défauts, Actes de remises & renvois pardevant des Arbitres, & tous autres Actes & expeditions desdites Jurisdictions qui ne porteront aucune condamnation, Sa Majesté les a déchargé & décharge dudit droit de Scel en faveur au commerce, & sans tirer à consequence. Ordonne Sa Majesté que les proprietaires desdits Offices, ou les Commis preposez à l'exercice d'iceux, seront tenus de se rendre assidus prés desdites Jurisdictions pour y sceller sans retard lesd. Sentences ou executoires. Enjoint Sa Majesté aux Commissaires par Elle départis de tenir la main à l'execution de ce que dessus, & du present Arrêt, lequel sera executé nonobstant opposition, appellation ou empêchemens quelconques, & sans préjudice d'icelles; & seront toutes Lettres sur ce necessaires expediées. Fait au Conseil d'Etat du Roy, tenu à Versailles le trentiéme jour d'Avril mil six cens quatre vingt-dix-sept. Collationné. Signé, DUJARDIN.

LOUIS par la grace de Dieu Roy de France & de Navarre, Dauphin de Viennois, Comte de Valentinois, Diois, Provence, Forcalquier & Terres adjacentes : A nos amez & feaux Conseillers en nos Conseils les Sieurs Intendans & Commissaires départis pour l'execution de nos ordres dans les Provinces & Generalitez de nôtre Royaume ; Salut. Nous vous mandons & enjoignons de tenir la main chacun endroit soy à l'execution de l'Arrêt dont l'extrait est cy-attaché sous le contrescel de nôtre Chancellerie, ce jourd'huy donné en nôtre Conseil d'Etat sur les Requêtes respectives à Nous presentées en iceluy par les Juges Consuls des Jurisdictions Consulaires & des Bourses de nos Villes de Roüen, Toulouse, Bordeaux, Reims, Rennes, Marseille, Amiens, Beauvais & autres Villes de nôtre Royaume : Commandons au premier nôtre Huissier ou Sergent sur ce requis de signifier ledit Arrêt à tous qu'il appartiendra, à ce qu'aucun n'en ignore, & de faire en outre pour l'entiere execution d'iceluy à la requête de Henry Hucherard, chargé de la vente des Offices de Gardes-Scels créez par Edit du mois de Novembre mil six cens quatre-vingt-seize, dans toutes les Jurisdictions Royales de nôtre Royaume, tous commandemens, sommations, & autres Actes & Exploits necessaires, sans autre permission, nonobstant clameur de Haro, charte Normande, & Lettres à ce contraires, oppositions, ou autres empêchemens quelconques, & sans préjudice d'icelles; Voulons qu'aux copies dudit Arrêt & des presentes collationnées par l'un de nos amez & feaux Conseillers-Secretaires foy soit ajoûtée comme aux Originaux, CAR tel est nôtre plaisir. Donné à Versailles le trentiéme jour d'Avril, l'an de grace mil six cens quatre-vingt-dix-sept, & de nôtre Regne le cinquante-quatriéme. Par le Roy Dauphin Comte de Provence, en son Conseil.
Signé, DUJARDIN Et scellez.

Collationné aux Originaux par Nous Conseiller-Secretaire du Roy, Maison, Couronne de France, & de ses Finances. Signé, THEVENIN.

LOUIS BAZIN, Chevalier Seigneur de Bezons Conseiller d'Etat, Intendant de Justice, Police & Finances en la Generalité de Bordeaux.

VEU les Arrests du Conseil des 23. & 30. Avril dernier cy-dessus. Nous Ordonnons qu'ils seront executez selon leur forme & teneur, dans l'étenduë de cette Generalité FAIT à Bordeaux ce dix-neuf May mil six cens quatre-vingt-dix-sept. Signé, BAZIN DE BEZONS. Et plus bas : Par Monseigneur. DEJEAN.

www.ingramcontent.com/pod-product-compliance
Lightning Source LLC
Chambersburg PA
CBHW060129190426
43200CB00038B/1860